Diálogo sobre el gusto
y otros escritos de estética

50
Estètica & Crítica

Anacleto Ferrer, director

Romà de la Calle, director fundador

Allan Ramsay

Diálogo sobre el gusto
y otros escritos de estética

Introducción, traducción y notas
Jorge López Lloret

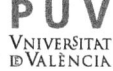

PUV
VNIVERSITAT
ID VALÈNCIA

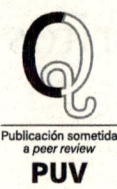

Publicación sometida
a *peer review*
PUV

© Introducción, traducción y notas: Jorge López Lloret, 2024

© De esta edición: Universitat de València, 2024

Coordinación editorial: Maite Simón

Diseño del interior y maquetación: Inmaculada Mesa

Diseño de la cubierta:
Celso Hernández de la Figuera y Maite Simón
Tratamiento gráfico: Inmaculada Mesa

Corrección: David Lluch

ISBN: 978-84-1118-314-7
Depósito legal: V-439-2024

Impresión: Safekat S. L.

Índice

ENSAYO SOBRE EL RIDÍCULO

(pp. 59-105)

DIÁLOGO SOBRE EL GUSTO
———
(pp. 107-163)

INVESTIGACIÓN SOBRE LA SITUACIÓN
Y EL ENTORNO DE LA VILLA SABINA DE HORACIO,
ESCRITA DURANTE UNOS VIAJES A ITALIA
EN LOS AÑOS 1775, 76 Y 77
———
(pp. 165-225)

Estudio introductorio

Allan Ramsay: el eslabón perdido en el siglo del gusto

1. UN INJUSTO OLVIDO

Con suerte, a una pequeña parte de los historiadores de las ideas les sonará el nombre de Allan Ramsay (1713-1784) por dos retratos que pintó de su amigo David Hume y otro de Jean-Jacques Rousseau. Con más suerte, por otro que hizo de Francis Hutcheson.

El primer retrato de Hume es de 1754 (Campbell, 2013: 24; Ingamells, 1999: 138-139). Hume ya era conocido en Europa, pues había ejercido como secretario de la embajada británica en Viena y Turín y había publicado el *Tratado sobre la naturaleza humana*, parte de sus *Ensayos* (entre ellos no «La norma del gusto»), la *Investigación sobre el entendimiento humano* y la *Investigación sobre los principios de la moral*, y veía en ese momento la luz la primera entrega de su *Historia de Gran Bretaña*.[1] Por su parte, Ramsay era un pintor reconocido en Gran Bretaña. Su primer viaje a Italia (1736-1738) le sirvió para

---

1. Esta parte de la vida de Hume se recoge en Mossner, 2001: 106-208.

asumir las fórmulas retratísticas propias del Barroco tardío italiano (Smart, 1992*b*: 29-30), pero en 1754 estaba desarrollando un estilo más naturalista y controlado (ibíd., pp. 91-93). En sintonía con esto, el mismo año compuso su *Diálogo sobre el gusto*, donde rechazó el gusto como criterio estético y afirmó la importancia de la imitación.

El segundo retrato de Hume forma pareja con otro que Ramsay hizo de Rousseau, ambos de 1766 (Smart, 1992*a*: 143-145). Ese año Rousseau vino con Hume a Gran Bretaña huyendo del Gobierno francés.[2] Hume, quien ya había publicado completa su *Historia de Inglaterra* y volvía de París, donde ejerció como secretario del embajador británico, consiguió instalar a Rousseau en Wootton Hall, la mansión de Richard Davenport, fervoroso admirador de la obra del ginebrino (Mossner, 2001: 423-556). En cuanto a Ramsay, tras su segundo viaje a Italia (1754-1757), llegó a ser en 1761 el retratista oficial de la Corte británica (Smart, 1992*b*: 160-167).

Estos retratos de Hume y de Rousseau, muy diferentes en cuanto a pose, atuendo y color, están concebidos como pareja. Hume es representado de frente, con el llamativo traje escarlata de su época en la embajada y con su brazo izquierdo apoyado en dos volúmenes de Tácito, lo que lo cualifica como historiador. Frente a su asertiva y afable monumentalidad, Rousseau es retratado con un cierto inseguro retraimiento; viste su exótico atuendo armenio con el que se mostraba al margen de las enajenantes modas occidentales, entre las que Hume estaba muy a gusto (López Lloret, 2010: 252). Pocas personas fueron más diferentes entre sí que Hume y Rousseau, algo que Ramsay representó genialmente, pues dos personalidades bien marcadas se muestran simultáneamente con apariencias y gustos no conmensurables entre sí. Ramsay consideraba que la tarea del retratista era representar lo más significativamente posible la personalidad del retratado, lo que incluía la moda que adoptaba. Para

---

2. Sobre Rousseau en Inglaterra véase Cranston, 1997: 150-172.

él el gusto privado era relativo, pero la representación convincente en un cuadro de un individuo a la moda era algo colectivo que se podía baremar.

Es conocido el final que tuvo la aventura británica de Rousseau y su ruptura con Hume.[3] Ramsay formó parte de esta polémica porque Rousseau llegó a pensar que estos dos retratos formaron parte de una estrategia orquestada por Hume para presentarse a sí mismo como superior, de manera que Ramsay habría presentado a Rousseau desfavorablemente, «a pesar de ser fiel» (Rousseau, 2015: 187). Rousseau se quejaba de que este retrato suyo fuera «ponderado como una obra maestra de la pintura» cuando, según su opinión, Ramsay le había representado como «un espantoso cíclope» (ibíd., p. 184). La crítica retrospectiva que hizo Rousseau de estos retratos solo se debe tomar en serio para conocer mejor su tortuosa personalidad, pero en ella se trasluce la gran reputación que tenía en Europa la pintura de Ramsay, de quien André Rouquet afirmó en 1754:

> Ramsay es un competente pintor que no reconoce más guía que la naturaleza y que trajo consigo desde Italia un gusto racional por el parecido [...]. Sus obras serían aún mejores si la pintura fuera de alguna manera susceptible a la influencia conjunta de un juicio sólido y un extenso conocimiento (Rouquet, 1970: 36-37).[4]

La expresión *gusto racional* le hubiera parecido a Ramsay un oxímoron, como después veremos. De momento resaltamos el reconocimiento de su maestría mimética (incluso Rousseau reconoció su fidelidad) y la alabanza de su erudición por parte de sus contemporáneos. A pesar de su fama como pintor, Ramsay siempre aspiró a ser reconocido como un intelectual, especialmente desde mediados del siglo XVIII, cuando escribió el *Ensayo sobre el ridículo* y el *Diálogo sobre el gusto* y comenzó a interesarse por la casa del poeta Horacio en la

---

3. Es el tema del fascinante estudio de Zaretsky y Scott, 2010.
4. Si no se indica lo contrario, las traducciones son nuestras.

Sabina italiana. Como pintor, Ramsay se movió entre lo más grana-
do de la sociedad ilustrada de la época (especialmente femenina), lo
que también sucedió con su obra escrita (Dulau, 2013: 67-88).

Dada la sobriedad formal de sus composiciones y la banali-
dad cotidiana de sus temas, a partir del prerromanticismo su obra
perdió interés, algo que actualmente se ha revertido. Sin embargo,
no ha sucedido lo mismo con su obra escrita, muy relevante en su
momento y hoy olvidada, lo que ha dado lugar a que malinterprete-
mos la evolución de la estética británica del siglo XVIII. Nada dicen
de ella los dos estudios de referencia sobre la época y el lugar, *El
séptimo sentido*, de Peter Kivy, y *El siglo del gusto*, de George Dickie;
tampoco Walter John Hipple en *Lo bello, lo sublime y lo pintoresco* ni,
más recientemente, Timothy M. Costelloe en *La tradición estética
británica* o Elio Franzini en *La estética del siglo XVIII*. Esto es una
injusticia histórica y una tara hermenéutica, pues Ramsay dio lugar al desplazamiento del análisis del gusto por el debate en torno a
la norma del gusto y ayudó a que el Neoclasicismo aticista despla-
zara al Clasicismo romanista.

He seleccionado tres de sus obras relacionadas con la estética:
el *Ensayo sobre el ridículo* (1753), el *Diálogo sobre el gusto* (1754) y la
Investigación sobre la situación y el entorno de la villa sabina de Horacio
(redactada entre 1777 y 1783).[5] Estas obras muestran adecuadamente la aportación de Ramsay a los debates estéticos del siglo XVIII:
la negación de la norma del gusto y la afirmación del valor de la
imitación. Su longevo interés por la situación, el paisaje y la distribución de la villa de Horacio en la Sabina se debía a que interpreta-
ba la poesía horaciana (y, por extensión, toda poesía valiosa) como
una obra mimética ajena al gusto y la moda, en lo cual, según creía,
residía su valor modélico para el siglo XVIII.

---

5. Para las dos primeras sigo Ramsay, 1762; para la tercera, nunca publicada
en vida de Ramsay, me atengo a la edición inmejorable de Frischer y Brown, 2001.

2. ESBOZO BIOGRÁFICO

Puesto que Ramsay es un autor bastante desconocido entre el público de habla hispana, no está de más que proporcionemos una breve semblanza de su biografía intelectual.

Ramsay perteneció a la Ilustración escocesa, la generación cultural más importante que ha producido Escocia y una de las más relevantes en la historia moderna de Occidente, resultado del esfuerzo por desarrollar una cultura homologable con lo mejor de Europa tras la unión de Inglaterra y Escocia en 1707. Fue preparada por la generación previa, a la que pertenecieron Allan Ramsay padre y su amigo John Clerk, segundo baronet de Penicuik, quienes en parte determinaron la carrera de Ramsay.

Ramsay padre fue uno de los principales poetas escoceses de la primera mitad del siglo XVIII y, como muchos contemporáneos, pensaba que la poesía y la pintura eran «artes hermanas». En algún momento deseó ser pintor, condicionando que su hijo fuera un pintor que quiso ser escritor, lo que canalizó su afán literario hacia el género ensayístico, el diálogo y la erudición arqueológica al servicio de una teoría mimética general de las artes, a tono con el famoso dicho horaciano: «ut pictura poesis» (Brown, 1984: 6).

John Clerk, amigo de Ramsay padre y protagonista en la unión con Inglaterra, fue un arqueólogo aficionado y una figura importante en el desarrollo del jardín de paisaje escocés, al que dedicó el poema inédito *The Country Seat* (1727), según el cual erigió su nueva villa de Mavisbank (Brown, 1987: 12-15; Hunt y Willis, 1975: 196-203). Clerk era defensor del Clasicismo romanista, conociéndosele en la Sociedad de Caballeros Romanos con el seudónimo de Agrícola.[6] Deseaba organizar su vida como los romanos antiguos y para

---

6. Cneo Julio Agrícola culminó la conquista y romanización de Britania en el año 84 de nuestra era (Ayres, 1997: 93).

eso su inspiración fundamental fue Horacio,[7] pero también Catón
el Viejo, Vitruvio, Varrón, Columela, Plinio el Joven y Paladio, a
quienes Robert Castell recogió en su obra *Las villas de los antiguos
ilustradas* (1728). En este contexto se detectó el interés y el talento
pictórico de Ramsay.

Ramsay padre abrió en 1721 en Edimburgo un negocio de edición y venta de libros y grabados, lo que familiarizó a su hijo con
la cultura visual de la época y lo decantó hacia la pintura (Smart,
1992*b*: 4-6). Ramsay padre tenía sólidas conexiones con el mundo
intelectual y creativo de la ciudad, incluidos algunos de los pintores
escoceses más relevantes del momento, como John Smibert o William Aikman (este retrató dos veces a John Clerk). Ramsay realizó
en 1729 un retrato de su padre que superaba a los que habían hecho
Smibert (en 1717) y Aikman (en 1722) (Brown, 1984: 15-17; Smart,
1992*a*: 94-95), aunque, como ellos, seguía la estética de Peter Lely
y Godfrey Kneller, quienes condujeron las fórmulas creativas y teatrales de Anton van Dyck hacia un inexpresivo formulismo, conservando su capacidad para reflejar el glamur y la contextura de las
telas, es decir, priorizando la moda sobre el carácter (Waterhouse,
1994: 92-100, 138-143 y 147-151).

En 1732 Ramsay comenzó a estudiar en Londres con Hans
Hysing, pupilo de Michael Dahl que seguía el formulismo referi-
do, el cual, lógicamente, apareció en los primeros retratos del joven
Ramsay, como los de Margaret Calderwood (1735) o Mary Campbell de Lochlane (1736) (Smart, 1992*b*: 18-22; Waterhouse, 1994:
146-147). Esto cambió con su viaje formativo a Roma y Nápoles
entre 1736 y 1738, donde entró en contacto con Francesco Impe-
riali, Francesco Solimena y Pompeo Batoni, absorbiendo las téc-
nicas visuales y escenográficas del Barroco italiano tardío (Smart,

---

7. En una entrada de su diario Clerk anotaba: «Hoy, 19 de enero de 1748, he
leído *De arte poetica* de Horacio, que creo haber leído ya 50 veces» (Gray, 1892: 215).

1992*b*: 27-40). En este momento tuvo sus primeros contactos con
la arqueología italiana a través de su amistad con el pintor Cami-
llo Paderni, quien había pintado el paisaje de la villa de Horacio
en Licenza y, en breve, reproduciría frescos romanos que estaban
apareciendo en las excavaciones de Herculano. Ramsay consiguió
hacerse un hueco en la Sociedad de Anticuarios de Londres tra-
duciendo para la Royal Society cartas de Paderni sobre Herculano
(Smart, 1992*b*: 67; Bonehill, 2013: 94).

A su regreso de Italia en 1738 Ramsay se estableció en Londres, donde desarrolló su carrera de retratista hasta 1754 (Smart,
1992*b*: 41-114). Comenzó aplicando las fórmulas aprendidas en Italia, como puede verse en el soberbio retrato de Richard Mead que
hizo en 1747 para el hospital Foundling, o el de Archibald Campbell, tercer duque de Argyll, de 1749 (Smart, 1992*a*: 107-109); pero
a comienzos de los cincuenta, influido por la pintura francesa y, en
parte, por Willam Hogarth, se decantó por una mayor simplicidad
y naturalismo, como muestra su primer retrato de Hume o el extraordinario de Hew Dalrymple, lord Drummore, también de 1754
(ibíd., p. 117). Es la época en la que comenzó su desarrollo como
autor de ensayos (entre ellos el *Ensayo sobre el ridículo* y el *Diálogo
sobre el gusto*) y a verse a sí mismo como historiador y arqueólogo
aficionado, sobre todo a través de su conexión con la Sociedad de
Anticuarios de Londres (Smart, 1992*b*: 98-102 y 139-148; Bonehill,
2013: 94). En este periodo se casó dos veces, primero con Anne
Bayne en 1739 (de la que hizo un delicioso retrato ese mismo año)
y, tras la muerte de esta, con Margaret Lindsay en 1752. A finales de esta etapa, en 1754, fundó en Edimburgo junto con Hume
y Adam Smith la Sociedad Selecta (McElroy, 1951-1952: 138-145;
Flessenkämper, 2010: 117-125), de cuya relevancia en los debates
sobre el gusto de la época nos ocuparemos después.

En 1754 Ramsay inició un segundo viaje a Italia que duró hasta
1757 (Smart, 1992*b*: 115-138). Como era un viaje formativo profesional, atendió a las clases de dibujo del natural de la Academia

Francesa en Roma, lo que lo familiarizó con la pintura francesa del momento y lo puso en contacto con pintores arqueólogos como Hubert Robert y Charles-Louis Clérisseau. Estos años son relevantes sobre todo por la cultura artística, arqueológica y reconstructiva en la que Ramsay se movió, entonces en ebullición. Frecuentó a Robert Adam, quien en breve estudiaría las ruinas del palacio de Diocleciano en Split, y publicó sobre ellas un libro en 1764; a Robert Wood (le hizo un magnífico retrato en 1755), quien ya había publicado sobre las ruinas de Palmira en 1753 e iba a publicar sobre las de Baalbek en 1757, y a Giovanni Battista Piranesi, quien estaba a punto de publicar sus *Antigüedades romanas* (1756) (Fleming, 1962: 144-192). En este contexto intelectual y artístico, durante un viaje a Tívoli y su entorno junto con Adam y Clérisseau, Ramsay comenzó a interesarse por la villa sabina de Horacio y su entorno, del que tomó apuntes (Andrew, 2001: 53). En cuanto a su trabajo como pintor, sus retratos fueron pocos, destacando el ya citado de Wood, donde aplicó la que será su fórmula compositiva básica (exceptuando los retratos reales) en años posteriores: un uso minimalista y ortogonal de la escenografía y la inscripción del retratado en una forma triangular que realzaba su rostro y, sobre todo, sus ojos, lo que se podría calificar como «neoclasicismo simpatético».[8]

En 1757 Ramsay retornó a Londres, abriéndose una época que llegó hasta 1775, cuando inició su tercer viaje a Italia (Smart, 1992*b*: 149-240). Social, profesional y literariamente fue su época más prestigiosa y fecunda, gracias sobre todo al apoyo de John Stuart, tercer conde de Bute, la persona más influyente en la política y en el gusto británicos del momento. Bute encargó a Ramsay en 1757 un retrato del príncipe de Gales y este, a su vez, otro de Bute en 1758, lo que condujo a que el ya rey Jorge III le encargara en 1761

---

8. Sobre el retrato de Wood, véase Smart, 1992*a*: 119; refiriéndose a la pintura de Ramsay, Smart usó en numerosas ocasiones la expresión *retrato simpatético*; por ejemplo, Smart, 1992*b*: 70, 84, 104, 104, 157, 167 o 179.

su retrato de coronación y el de la reina Carlota, nombrándosele pintor principal del rey (Smart, 1992*a*: 125-126 y 133-136). Gracias a esto, los referentes sociales y principales árbitros de la moda británica le encargaron sus retratos, destacando los de lady Louisa Conolly (1759); Martha, condesa de Elgin (1759); el magnífico de lady Mary Coke (1762); el de Elizabeth Montagu (1762), de cuyo círculo intelectual fue asiduo, o el de Philip, cuarto conde de Chesterfield (1765) (Barlow, 2013: 60-80). Se trata de esa sociedad pudiente y refinada que reflejó en su *Diálogo sobre el gusto*, en la que Ramsay se movía con fluidez. Dado su dominio de la lengua y la literatura alemanas, fue el pintor predilecto de la reina Carlota hasta que esta acabó prefiriendo al alemán Johan Zoffany (Smart, 1992*b*: 166, 212 y 230; Treadwell, 2009: 114-116). La obra maestra de este periodo fue el retrato que hizo en 1759 de su esposa Margaret, sobre el que volveremos en nuestra conclusión. Por desgracia, su carrera pictórica acabó en 1773, cuando una caída le produjo una lesión irreversible en su brazo derecho. En cuanto a su producción literaria, comenzó a centrarse en temas históricos, judiciales y políticos, algo en gran medida debido a su condición de accionista de la Compañía de las Indias Orientales, publicando el *Ensayo sobre la constitución de Inglaterra* (1766), los *Pensamientos sobre el origen y la naturaleza del gobierno, con motivo de las últimas disputas entre Gran Bretaña y sus colonias americanas* (1769), la *Investigación sobre el derecho de la Compañía de las Indias Orientales a declarar la guerra y la paz y a poseer sus territorios adquiridos sin la participación ni la supervisión del Gobierno británico* (1772) o el *Plan para el Gobierno de Bengala y para la protección de los otros asentamientos británicos en las Indias Orientales* (1772) (Campbell, 2013: 41-43).

En 1775 inició con Margaret su tercer viaje a Italia, que duraría hasta 1777 (Smart, 1992*b*: 244-249). En este periodo su trabajo gráfico se redujo a unos pocos dibujos a la sanguina (destaca, por su excelente técnica, el sensible retrato de su esposa, de 1776) y su producción ensayística se limitó a las *Cartas sobre los disturbios* *presentes en Gran Bretaña y sus provincias americanas* (1777) (ibíd., pp. 249-251). Lo más interesante de este viaje es que retomó su investigación sobre la villa sabina de Horacio, conceptuándose a sí mismo como historiador y arqueólogo aficionado, a la manera de sus modelos John Clerk o Richard Mead, y pensando en publicaciones como las de Adam, Wood o Stuart y Revett (Bonehill, 2013: 92-94 y 102-107). La necesidad de identificar la villa del poeta más admirado y editado durante el siglo XVIII británico, que serviría como modelo a los «patricios» británicos que se consideraban herederos de Roma (Ayres, 1997: 31-32), condujo a Ramsay de nuevo al lugar, ocupando unas habitaciones que el conde Orsini puso a su disposición en su palacio de Licenza. El paisajista Jacob More pintó para Ramsay varias vistas del lugar (Andrew, 2001: 52-58).

Los Ramsay volvieron a Londres en octubre de 1777. El taller de Ramsay seguía produciendo las reproducciones de la pareja real, pero Ramsay ya no pintaba y se dedicó a la vida social (pertenecía al círculo de Samuel Johnson, entre otros) y a publicar panfletos políticos y jurídicos, como el *Plan para la reunificación de Gran Bretaña y sus colonias* (1778) y las *Observaciones sobre la ley contra los motines* (1781) (Smart, 1992*b*: 251-263).

La muerte de Margaret en 1782 dio lugar al cuarto y último viaje de Ramsay a Italia. En esta última parte de su vida el tema dominante fue la villa de Horacio, un asunto que, como hemos visto, le acompaño desde 1755. Realizó apuntes del paisaje para dárselos a More, pero su reencuentro con Jacob Philipp Hackert (el pintor amigo de Goethe) le hizo descartar sus propias ilustraciones (Andrew, 2001: 59-66). Hacker, quien pintó en 1780 diez vistas del entorno de la casa de Horacio para realizar a partir de ellas diez grabados (De Angelis, 1993: 9-13; Krönig, 1983: 8-20), visitó a Ramsay y este le aconsejo algunas modificaciones que Hacker introdujo, incluyendo la elaboración de un mapa de la zona que permitiera ubicar cartográficamente las distintas vistas. Por entonces le quedaba poco más de un año de vida, durante el que se relacionó con personalidades como su antiguo amigo Batoni, el paisajista John Robert Cozens, el pintor neoclásico y marchante de arte Gavin Hamilton o el embajador británico en Nápoles William Hamilton, conocido por sus estudios sobre el Vesubio y su colección de vasos de la Antigüedad (Smart, 1992*b*: 272-276).

Retornó a Londres para coincidir con sus hijas Amelia y Charlotte, que volvían de Jamaica, pero no llegó. Enfermó en París y murió en Dover el 10 de agosto de 1784, diez días después que Denis Diderot. Quizás un buen epitafio de su vida sea la publicación, ese mismo año, de *¿Qué es la Ilustración?*, de Immanuel Kant.

3. DEL GUSTO A LA IMITACIÓN: LA ESTÉTICA DE RAMSAY Y SU PAPEL HISTÓRICO

La estética de Ramsay se basó en dos tópicos del setecientos: primero, el del gusto, para él un criterio estético indecidible; y, segundo, que el valor de una obra de arte residía en su función imitativa. Son dos temas venerables con historias diferentes. Mientras que la teoría mimética era tan antigua como la reflexión filosófica sobre el arte surgida en Grecia, el tópico del gusto apenas se había abordado filosóficamente hasta la segunda mitad del siglo XVI (Tatarkiewicz, 1990: 301-310; Kivy, 2003: 3-23). Ramsay lo abordó y eso dio una relevancia peculiar a su defensa de la imitación en el arte.

3.1 *Allan Ramsay como actor central en el «siglo del gusto»*

Como muestra su biografía, los escritos de Ramsay fueron importantes en su contexto social e intelectual, que abarcaba la Ilustración escocesa en sus distintas manifestaciones (historiadores, filósofos, economistas, pintores, literatos, arqueólogos, políticos y arquitectos) y se extendía a París y a Roma. Los historiadores de las ideas nos basamos en textos y documentos, entre los cuales los más personales son los epistolarios, los diarios y las memorias, que tienen mucho de ficción, pero no podemos presenciar relevantes e influyentes conversaciones que, sin duda, existieron. Por ejemplo, ¿cuántas horas pasó Ramsay con Hume mientras lo retrataba en 1754, cuando redactó su *Diálogo sobre el gusto*? Sería increíble que no hubiesen hablado de estética.

3.1.1 Antes del *Diálogo sobre el gusto*

A comienzos del siglo XVIII, en Gran Bretaña no se dudaba de la legitimidad normativa del modelo heredado de Grecia y Roma, ni siquiera tras la proliferación de las estéticas de lo sublime o lo pintoresco. Durante la primera mitad del siglo, en los análisis del gusto el problema de la norma del gusto no fue relevante, pero en la segunda mitad pasó a ser prioritario (Franzini, 2000: 131-136). ¿Por qué? Creo que a causa del *Diálogo sobre el gusto* de Ramsay, quien dio entidad filosófica a lo que hasta ese momento solo había sido un dicho popular de que sobre gustos no hay nada escrito.

Antes de 1754 importaba más analizar la naturaleza del gusto. Bastará con que muestre algunos ejemplos significativos, todos conocidos por Ramsay. En el contexto escocés el más relevante fue Francis Hutcheson (Kivy, 2003: 24-87; Dickie, 2003: 21-61; Costelloe, 2013: 21-29). En términos generales se ha exagerado la importancia en su estética del sentido interno, pues este carece de significado sin el complemento objetivo y mensurable de la belleza objetiva (López Lloret, 2020: 1493-1516). La expresión *sentido interno*, que respondía a una estrategia argumentativa y semántica más que a la naturaleza de las cosas (Hutcheson, 2008: 22), se refería a una reacción placentera inmediata, que podía ser correcta o incorrecta (ibíd., p. 24), a la forma bella o armónica, que Hutcheson definió con precisión en 1725:

> Lo que denominamos bello en los objetos parece ser, por hablar en el estilo matemático, la razón compuesta de uniformidad y

> variedad, de manera que, donde la uniformidad de los cuerpos es la misma, la belleza reside en la variedad; y, donde la variedad es la misma, la belleza reside en la uniformidad (ibíd., p. 29).

Esta definición de la belleza objetiva era una variante de lo que Wladislaw Tatarkiewicz denominó la «gran teoría» de la belleza en Occidente (Tatarkiewicz, 1990: 157-160). Hutcheson estaba convencido de que si a alguien le desagradara este equilibrio de uniformidad y variedad su gusto sería malo.

Es importante que Hutcheson se expresase en «estilo matemático». Los historiadores de la estética no solemos leer el segundo tratado de su *Investigación*, dedicado a la virtud, aunque es el que compuso con más cuidado. En la sección III, dedicada al «sentido de la virtud», hay un largo apartado sobre «cómo computar la moralidad de las acciones en nuestro sentido de ellas». Es una serie de axiomas que adoptan la forma de razones matemáticas compuestas. Basta con que veamos el primero:

> I. La importancia moral de cualquier agente, o la cantidad de bien público que produce, es una razón compuesta de su benevolencia y sus habilidades, o (sustituyendo las palabras por sus letras iniciales, es decir, M = momento de bondad, y μ = momento de maldad) M = B × H (ibíd., p. 128).

Y el final del sexto:

> En el primer caso, M = (B + S) × H = BH + SH, y, por lo tanto, BH = M − SH = M − I, y B = (M − I) / H. En el segundo caso, M = (B − S) × H = BH − SH; por lo tanto, BH = M + SH = M + I, y B = (M + I) / H (ibíd., p. 129).

Hutcheson quiso matematizar la moral de una manera que ni René Descartes pensó posible. Esto debería reconducirnos a la «razón compuesta» presente en la experiencia de la belleza, donde la variedad y la uniformidad podrían ser cuantificables, especialmente en sus ejemplos geométricos, como el triángulo y el cuadrado (ibíd., p. 29). Era algo irrealizable, pero resulta interesante que Hutcheson considerara viable matematizar el gusto. Como muchos en su época, él también trató de asegurar la objetividad del gusto recurriendo a Dios, pero dejaré de lado este último recurso de los que dudan, dado que después de Ramsay (salvo en el caso de Archibald Alison) fue algo meramente testimonial.

Quizás quien más trabajó con la idea de la belleza de Hutcheson fue Hogarth en su *Análisis de la belleza* (1753) (Costelloe, 2013: 63-68; Hipple, 1957: 54-66), que presentó como un esfuerzo por fijar las ideas sobre el gusto (Hogarth, 1997: 23). Desarrolló un planteamiento objetivista y técnico que explotaba los principios de uniformidad (en el capítulo III) y variedad (en el capítulo II), que acababan definiendo como preferibles las líneas serpentina y ondulada (capítulos IX y X) (ibíd., pp. 51-52, 50 y 75-87), un ejemplo de origen manierista geométricamente más complejo que el triángulo de Hutcheson, pero fácil de encajar en la estética de mediados del siglo XVIII.

Había otros precedentes de intentos de cuantificar el gusto. Por ejemplo, la «escala de pintores» que Roger de Piles añadió al final de su *Curso de pintura basado en principios* (1708), muy leído en Gran Bretaña. De Piles organizó una tabla con cuatro entradas, dedicadas a la composición, el dibujo, el color y la expresión. La máxima puntuación que se podía adjudicar en cada entrada era 18 (De Piles, 1989: 236-241). A Rafael le concedió 65 puntos y a Giovanni Francesco Penni 23. Alguien podría preferir a Penni, pero sería un caso de mal gusto (lo mismo dijo Hume en *La norma del gusto* de quien prefiriese al poeta escocés John Ogilvy antes que a John Milton). Esto también es discutible (¿por qué 18 puntos y cómo asignarlos más allá del capricho subjetivo de quien los asigna?), pero lo interesante es que se pensara que la preferencia, es decir, del gusto, era cuantificable, pues a esto le subyacía la certeza de que hay un gusto bueno y otro malo que se pueden cuantificar.

De Piles tuvo seguidores en Gran Bretaña. Referiré solo dos. En 1719 Richardson adoptó las tablas de De Piles, aunque le añadió tres entradas más: pincelada, invención y gracia/grandeza (Gibson-Wood, 2000: 143 y 164). Como ejemplo analizó el retrato que Van Dyck hizo de Frances Cecil, condesa viuda de Exeter, al que adjudicó 108 puntos (Richardson, 1719: 57-70). El segundo caso es la obra *Crito o diálogo sobre la belleza* (1752), de Joseph Spence, quien aplicó las tablas de De Piles a la belleza corporal femenina (usando las entradas de color, forma, expresión y gracia), convirtiéndolas en un recurso estético general, aplicable a la «belleza en general, que se extiende a toda la creación» (Beaumont, 1752: 10-11). No obstante, introdujo algunas modificaciones, pues, a diferencia de lo que sucedía con las tablas de De Piles, no todos los criterios de belleza se evaluaban igual: «en esta escala cualifico la mayor excelencia en el color con diez puntos, en la forma con veinte, en la expresión con treinta y en la gracia con cuarenta» (ibíd., p. 50). Spence puntuó a la señora P. con 6 en color, 4 en forma, 25 en expresión y 10 en gracia, lo que genera un total de 45 puntos; y a la señora B con 8 puntos en color, 10 en forma, 25 en expresión y 30 en gracia, con un total de 73 puntos (ibíd., p. 51). Nuevamente, cualquiera podría considerar a la señora P más bella, pero 45 puntos son menos que 73, de manera que su gusto sería «objetivamente» incorrecto.

Hume no se tomaría esto muy en serio, pero antes de escribir *La norma del gusto* pertenecía en gran medida a este horizonte objetivista, que en su caso provenía de Vitruvio en forma de funcionalismo, presente en su *Tratado de la naturaleza humana* (1739) y su *Investigación sobre los principios de la moral* (1751) (López Lloret, 2003: 27-32). Pondré solo un ejemplo. Hume consideraba que la elocuencia era la manifestación artística suprema de una época y que la elocuencia grecorromana era superior a la moderna; refiriéndose a esto, afirmó:

> Cuando un gusto falso en poesía o elocuencia prevalece en cualquier nación, en pocas o ninguna ocasión hallamos que se haya preferido a uno verdadero mediante la comparación o la reflexión. Normalmente prevalece por ignorancia del verdadero

y por la falta de modelos perfectos que dirijan a los hombres a una apreciación más justa y a un paladeo más refinado de las producciones del genio (Hume, 1994: 107).

El «paladeo refinado» reaparecerá en *La norma del gusto* con los precisos catadores de vinos familiares de Sancho Panza. Lo que deseo resaltar es que Hume usó sin matizaciones escépticas las expresiones *gusto falso* y *gusto verdadero*, no dudando de que había un modelo, el grecorromano, que había de imitarse y de que si no se hacía así, se estaría manifestando un «gusto falso».

Así estaban las cosas en el tema del gusto cuando apareció en 1754 en Gran Bretaña el primer libro publicado cuyo título lo identifica como dedicado monográficamente al gusto, las *Cartas sobre el gusto*, de John Gilbert Cooper. A lo largo de sus veinte cartas Cooper tampoco dudó de que hay un buen y un mal gusto, alineándose con el Clasicismo grecorromano. Cooper aceptó tanto el sentido interno de Hutcheson como los baremos de De Piles, definiendo el gusto como una combinación de sensación, imaginación y juicio (Cooper, 1757: 6, 21 y 27). Recurriendo a una metáfora que Hume usó en el *Tratado de la naturaleza humana*, Cooper afirmó que estas tres partes eran como otras tantas almas de un cable que resonaba cuando se pulsaba otro cable, el de la belleza del objeto natural o artístico. En un tono claramente proveniente de lord Shaftesbury y de la teología natural, Cooper concluyó:

> ... aquellas emociones placenteras desacostumbradas que surgen en tu pecho al observar la elegancia moral o natural son causadas por una percepción más rápida e íntima de la VERDAD universal que el absolutamente perfecto CREADOR de este sistema armonioso dispuso como la VENUS de cada objeto en el mundo material, en las artes imitativas o en los caracteres y las costumbres de la vida (ibíd., p. 2).

Las *Cartas* de Cooper son una buena síntesis de la estética del gusto de la primera mitad del siglo XVIII. Por eso es relevante que

Ramsay pusiera en duda todo este dispositivo ese mismo año, 1754, en su *Diálogo sobre el gusto*, dando lugar a que desde entonces resultara prioritario resolver el problema de la norma del gusto.

3.1.2 El *Diálogo sobre el gusto*[9]

Ramsay defendió filosóficamente la naturaleza indecidible del gusto a partir de la experiencia palatal. El diálogo comienza con una polémica entre sus dos protagonistas, lord Modish y el coronel Freeman (alter ego de Ramsay), sobre si es mejor Hudibras o Virgilio, la cual da lugar al debate sobre si es mejor el vino de Canarias o el de Champaña (recordemos de nuevo a los familiares de Sancho). Según Freeman, cuando usamos palatalmente el término *gusto* nos referimos a dos capacidades, una objetiva de distinguir y otra subjetiva de preferir:

> La palabra *gusto* pertenece originalmente al paladar y no es inoportuno tener esto a la vista cuando sospechamos que se ha aplicado mal de manera metafórica. Gracias al gusto, sin duda, podemos distinguir la sal del azúcar y la mostaza del pastel de manzana, pues su tarea en tales casos es informarnos de qué es cada cosa (Ramsay, 1762: 4).

El gusto es la capacidad palatal de discriminar matices objetivos. Volviendo al vino:

> Lleve usted a su bodega a un experto y, sin mirar las etiquetas, podrá decirle no solo que este barril contiene oporto y aquel clarete, sino que podrá distinguir entre los claretes que este es de tal viñedo y añada y aquel de tales otros (ibíd., p. 5).

En principio se trataba solo de distinguir. Si el experto afirmara que uno de los claretes es mejor ya se trataría de preferencia

---

9. El mejor análisis y contextualización del *Diálogo sobre el gusto* es, hasta la fecha, el de Smart, 1992*b*: 139-148.

subjetiva, lo cual ayuda a centrar el diálogo: lord Modish no acusa a Freeman de no distinguir un vino de otro, sino de preferir el peor, lo cual, para Freeman-Ramsay, es indecidible porque las preferencias son individuales y se guían por inclinaciones privadas no transferibles a otros. Freeman-Ramsay piensa que esto no puede ser desmentido por los argumentos intersubjetivo y utilitario. El primero, un argumento estadístico del gusto que usaron Jean-Baptiste Dubos y Hume, afirmaba que «el buen o el mal gusto propio ha de determinarse a partir del gusto de la mayoría» (ibíd., p. 6). Freeman-Ramsay lo rebate mostrando que esto significa que alguien no quiere quedarse al margen de una opinión general, no que cambie su gusto personal. El utilitario fue uno de los argumentos preferidos por los empiristas británicos de la primera mitad del siglo XVIII, pero Freeman-Ramsay lo rechazó con dos ejemplos: un medicamento es útil, pero no suele gustar, y a algunos llegan a gustarles cosas que son perniciosas, como el tabaco. Tras esto centra el diálogo en la existencia o no de una unidad de medida:

> Todo aquello que posee una regla o norma a la que puede referirse y que es capaz de comparación no es objeto del gusto, sino de la razón y el juicio. Por otra parte, los objetos adecuados del gusto o sentimiento se refieren solo a la persona sobre la que actúan, que es la única que puede juzgar si tales sentimientos son agradables o no, la cual, al informar por sí misma de este simple hecho, no permite sacar consecuencia alguna ulterior ni admite disputa. Así, cuando alguien me dice que el venado sabe mejor con salsa de grosellas que con jugo de carne solo me informa de su opinión privada sobre ello. Esto no admite razonamiento a favor o en contra. Aquí debe pararse y tener la misma paciencia que yo al oír sin replicar, si tiene un grano de sentido, que para mí el jugo de carne es mucho mejor que la salsa de grosellas. Es bastante diferente cuando él o yo afirmamos que el palacio de Westminster es mayor que el puente de Westminster o que el peso específico de la madera de roble es mayor que el del cobre, pues en cada uno de esos casos se puede aplicar un patrón [standard], a saber, una regla de un pie en un caso y un par de pesas en el otro, lo cual impide completamente que la opinión juegue papel alguno en el debate (ibíd., pp. 9-10).

En el uso no metafórico de la palabra *gusto* (y de la palabra *estándar*) hay dos posibilidades semánticas: es la capacidad de discriminar, común y objetiva, o la capacidad de preferir, privada e indecidible. Solo la segunda se exporta a la estética cuando se habla de buen o mal gusto. En lo que se refiere al estándar, su significado estricto es unidad identificable de medida que puede aplicarse a objetos cuantificables, perdiendo todo su sentido cuando se aplica a objetos preferenciales no cuantificables. ¿Cuánto mide la gratificación que suscita la salsa de grosellas? ¿Ocupa espacio, pesa o posee una cantidad medible de algún tipo que se pueda remitir a una unidad de medida o estándar? Ramsay pensaba que no. Las consecuencias eran las mismas cuando esto se aplicaba metafóricamente a objetos no palatales, como una pintura o una mujer, como dejó claro Ramsay al ridiculizar las tablas de Spence con un argumento que se podría extender a todo planteamiento objetivista en el uso no palatal preferencial de la palabra *gusto*:

> ... teniendo curiosidad esta mañana por conocer con exactitud en cuánto superaba la belleza de la señora D*** a la de la señora C***, establecí la cuestión de la siguiente manera: *como un gato es a una carretilla, así es la señora C*** a la señora D****; no obstante, aunque me empleé hasta que mi cerebro estuvo a punto de estallar, nunca pude averiguar cómo multiplicar un gato por una carretilla, de modo que no pude ir más allá en mis cálculos. Ahora bien, si usted, o cualquier otro virtuoso, pudiera dar con la forma de multiplicar y dividir tales cosas, estoy convencido de que hallaría un método cierto para calibrar la belleza de cada mujer, *evitando con ello que se deje*, como usted justamente denuncia, *al capricho individual de la gente ignorante* (ibíd., p. 31, cursiva mía).

Después del *Diálogo sobre el gusto*, como veremos, se argumentó que la especie humana poseía una fisiología compartida, de manera que si, por ejemplo, la estructura de nuestro paladar es la misma, es lógico pensar que sus respuestas y preferencias también lo sean. Era una respuesta al uso, por parte de Ramsay, de una hipótesis muy radical, la del organismo humano como fuente de diferencias:

... los artistas, al representar a una Venus, una Helena o cualquier otro personaje al que se le supusiera la belleza, debieron hallar que sus esfuerzos por complacer fueron inefectivos a causa de la variedad de sentimientos que los distintos hombres, debido a *la estructura diferente de sus nervios y órganos*, tenían de la belleza.[10]

Para Ramsay, la estructura fisiopsicológica de cada ser humano era idiosincrásica, sobre todo en el caso de las preferencias, que eran respuestas diferentes a los mismos hechos objetivos. Ramsay no se planteó la existencia de estados fisiológicos más aptos ni situaciones de enfermedad orgánica, de manera que no creía que se pudiera hablar de preferencias equivocadas o deficiencias estructurales ante una norma del gusto objetiva o intersubjetiva. Con el gusto preferencial era imposible, pues, el consenso estético. La conclusión fue tan radical que dejó estupefactos a sus contemporáneos:

... deberíamos evitar decir que estas personas tienen un gusto bueno o malo, puesto que lo que pertenece verdaderamente al gusto, ya sea innato en los nervios o inducido en estos por el hábito, no admite comparación en cuanto a su excelencia. Todo lo que podemos afirmar con propiedad es que tal hombre tiene gusto por el tabaco, por el dulce de azúcar o por lo antiguo. Esto no tiene en sí ningún valor comparativo, es una afirmación que solo se refiere a un hecho del tipo más simple (ibíd., p. 26).

Era el dicho popular, pero basado en un sólido razonamiento filosófico.

3.1.3 Después del *Diálogo sobre el gusto*

Ramsay estaba enfrascado en estos planteamientos cuando retrató por primera vez a Hume y creó con él y con Smith en Edim-

---

10. Freeman continua: «tendría pocas posibilidades de encantar a los espectadores, cada uno de los cuales pensaría que su peculiar Dulcinea era infinitamente superior a Venus» (Ramsay, 1762: 23-24). La cursiva es nuestra.

burgo la prestigiosa Sociedad Selecta. Ese año Ramsay inició su segundo viaje italiano y dejó que la Sociedad Selecta siguiera su curso, informándose sobre este a través de Hume. El 12 de febrero de 1755, con Ramsay en Italia y el *Diálogo sobre el gusto* publicado, la Sociedad decidió organizar concursos que premiaran las «artes útiles y las manufacturas» escocesas. Para esto se creó una sociedad filial, la Sociedad de Edimburgo (McElroy, 1951-1952: 144). Entre los concursos propuestos, uno premiaría el mejor ensayo sobre el gusto, formando parte del jurado Smith y Hume (ibíd., p. 155). En una carta a Ramsay (abril o mayo de 1755), Hume conectaba este concurso con el *Diálogo sobre el gusto*:

> Recuerdo que se han prometido premios a los mejores discursos sobre el gusto y sobre los principios de la vegetación [...]. Tu «investigador» se ha publicado esta primavera y ha obtenido una buena recepción por parte de los inteligentes y los críticos (Greig, 1932: 221).

Del resultado del concurso para premiar un «discurso» sobre el gusto dio cumplida cuenta el autor premiado, Alexander Gerard:

> La Sociedad de Edimburgo [...] propuso en el año 1755 una medalla de oro para el mejor ensayo sobre el gusto. Habiendo quedado desierto ese año, volvió a proponerlo el siguiente. Esto indujo al autor a desarrollar la siguiente investigación sobre la naturaleza del gusto, presentando solo sus principios generales, pues el conjunto desbordaría los límites fijados para el ensayo. Habiéndolo premiado los jueces, el autor se ve llevado a ofrecer al público el conjunto compuesto inicialmente (Gerard, 1963: viii).

El *Ensayo sobre el gusto* tiene la siguiente cronología: en 1756 Gerard presentó al concurso la primera parte, en 1759 publicó las tres primeras partes y en 1780 añadió la parte cuarta, titulada «La norma del gusto» (Hipple, en Gerard, 1963: v-vii y xxi-xxiv). Gerard conoció sin duda el *Diálogo sobre el gusto*, obra del fundador de la

sociedad que acabaría premiando su *Ensayo* (aunque se publicó anónimamente, Hume muestra que se conocía la autoría de Ramsay).
En la primera parte del *Ensayo* Gerard presentó un catálogo razona-
do de categorías estéticas (Dickie, 2003: 65-87). Dos de ellas, las de
imitación (sección IV) y ridículo (sección VI) (Gerard, 1963: 47-55
y 62-68, respectivamente), se conectan con el *Diálogo sobre el gusto* y
el *Ensayo sobre lo ridículo* de Ramsay.

Cuando Hume publicó en 1757 *La norma del gusto* conocía el
Diálogo sobre el gusto y la primera parte del *Ensayo* de Gerard; a su
vez, cuando este publicó en 1759 el *Ensayo sobre el gusto* conocía
La norma del gusto, igual que Burke cuando añadió, el mismo año,
una introducción titulada «Sobre el gusto» a la segunda edición de
su *Investigación filosófica sobre el origen de nuestras ideas de lo sublime
y lo bello*. Tres años después Henry Home, lord Kames, consideró oportuno cerrar su «suma» de estética escocesa, los *Elementos
de criticismo*, con un capítulo titulado «La norma del gusto». Finalmente, Thomas Reid concluyó en 1785 sus *Ensayos sobre los poderes
intelectuales del hombre* con un ensayo titulado «Sobre el gusto». La
serie editorial a la que dio lugar el *Diálogo sobre el gusto* fue, pues:
1) 1756: primera parte del *Ensayo sobre el gusto* de Gerard; 2) 1757:
La norma del gusto de Hume; 3) 1759: publicación de las tres primeras partes del *Ensayo sobre el gusto* de Gerard y la introducción
«Sobre el gusto» de Burke en la segunda edición de su *Investigación*;
4) 1762: *Elementos de criticismo* de Home, que acaban con «La norma
del gusto»; 5) 1780: segunda edición del *Ensayo sobre el gusto* de Gerard, que incorpora al final «La norma del gusto», y 6) 1785: *Ensayos*
(1785) de Reid, que acaban con «Sobre el gusto». La vinculación
de esta serie con Ramsay permite comprender mejor la evolución de
la estética británica del gusto del siglo XVIII, cuyo desplazamiento
desde el tema del gusto al problema de la norma del gusto se ha vin-
culado erróneamente con Hume y su desarrollo personal hacia un
subjetivismo más o menos radical, como hizo, por ejemplo, Kivy en
El séptimo sentido (Kivy, 2003: 287-300). En realidad, Hume y los

que lo siguieron estaban respondiendo a Ramsay. Desde un punto de vista histórico y personal, es lógico que después del *Diálogo sobre el gusto* apareciera *La norma del gusto* como una respuesta a la transformación del dicho popular de que sobre gustos no hay nada escrito en un sólido argumento filosófico.

Una de las malinterpretaciones más notables de la historia de la estética es la que define a Hume (y, por extensión, la estética británica de corte empirista) como subjetivista y/o relativista. La tesis tópica sería como la que presentó Mario Praz:

> ... en Inglaterra se hundió toda la estructura de la estética clásica, debido a Hogarth, Hume («la belleza no es una cualidad de las cosas mismas, sino que solo existe en la mente que las contempla y cada mente percibe una belleza diferente»), lord Kames y Alison (Praz, 1974: 90).

Que «la belleza no es una cualidad de las cosas y solo existe en la mente que las contempla» es una cita descontextualizada de *La norma del gusto*, pero no fue una propuesta de Hume. Después de afirmar que ante la multiplicidad de preferencias era natural buscar «una *norma del gusto*» que proporcionara «una decisión que confirme un sentimiento y condene otro», Hume abrió un nuevo párrafo que comenzaba: «hay una especie de filosofía que acaba con toda esperanza de éxito en este intento y muestra la imposibilidad de conseguir una norma del gusto» («Of the Standard of Taste», en Hume, 1994: 229). Le sigue un resumen preciso de las tesis sobre el gusto de Freeman-Ramsay, que constituyen esa «especie de filosofía» que no era de Hume, sino de otro que la publicó anónimamente. Lo que Hume pensaba lo dejó claro en *El origen de las artes y las ciencias* (1742): «lo que depende de pocas personas se debe en gran medida a la suerte, o a causas secretas y desconocidas, y lo que surge a partir de muchas debe explicarse con causas determinadas y conocidas» («Of the Rise and Progress of the Arts and Sciences», en Hume, 1994: 112). Con esto desarrolló los argumentos de *La norma del gusto*, a saber, que hay una convergencia histórica de los gustos y que el buen gusto depende de una situación orgánica óptima que se manifiesta en el crítico y genera consenso (Warnick, 1993: 101).

Los autores de la serie argumental que indicamos también respondieron de maneras no subjetivas ni relativistas a lo mismo que Hume. Burke recogió la diferenciación de Freeman-Ramsay entre el gusto como discriminador de cualidades y el gusto como determinador de preferencias, añadiendo la sospecha de Hume de que la costumbre podía viciar un órgano, deformando su comportamiento preferencial. En condiciones no viciadas, para Burke «la norma de la razón y del gusto es la misma en todas las criaturas humanas» (Burke, 1968: 11), existiendo una «lógica del gusto» para todo el género humano, basada en principios «tan comunes a todos, tan fundamentados y ciertos que proporcionan los medios para razonar satisfactoriamente sobre ellos» (ibíd., p. 13). Esto, que no era casual sino causal (ibíd., p. 23), se aplicaba a la experiencia de los sentidos: «la misma para todos, altos y bajos, sabios e ignorantes» (ibíd., p. 16), y a la imaginación: «ha de haber una concordancia tan próxima entre las imaginaciones como entre los sentidos de los hombres» (ibíd., p. 17). Sus análisis de lo bello y lo sublime en la parte cuarta de su *Investigación* deben entenderse como ilustraciones de esto. Burke, pues, intensificando algunas propuestas de Hume, respondió a la fisiopsicología «divergente» de Freeman-Ramsay con una fisiopsicología «convergente» que garantizaba el consenso de los gustos.

En el mismo año que la segunda edición de la *Investigación* de Burke se publicó la primera edición del *Ensayo sobre el gusto* de Gerard, que adoptaba los principios del «sentido común» que se estaban desarrollando en Aberdeen. Esta primera edición no incorporaba la actual parte IV, titulada «La norma del gusto», pero su punto de partida no era subjetivista ni relativista y también sintonizaba con la reacción de Hume a los planteamientos de Freeman-Ramsay. Bastará con que cite el final de la parte I (de 1756):

> Las cosas tienen cualidades determinadas y estables indepen-
> dientes del humor y el capricho, las cuales pueden actuar sobre
> los principios mentales comunes a todos los hombres, generan-
> do los sentimientos del gusto en todas sus formas. Si en algún
> caso particular se muestran inefectivas, será por alguna debilidad
> o desorden en la persona que permanece indiferente cuando ta-
> les cualidades se exhiben ante su vista (Gerard, 1963: p. 72).

Había, pues, cualidades objetivas y principios mentales com-
partidos que se relacionaban causalmente con independencia del
capricho o la voluntad individuales. Por eso, la tarea del crítico
(afirmaba Gerard de una forma bastante humeana) era «enseñarnos
cuáles son las cualidades en las cosas que nos proporcionan placer o
disgusto y cuáles los principios de la naturaleza humana a los que le
son proporcionados» (ibíd., p. 132). Es decir, la tarea del crítico era
indagar el proceso causal que generaba el estándar:

> El criticismo genuino [...] es justamente estimado como la trans-
> cripción fiel de la naturaleza. Investiga las cualidades de los ob-
> jetos que, gracias a los principios invariables de la naturaleza hu-
> mana, complacen o disgustan siempre; describe y distingue los
> sentimientos que producen y regula imparcialmente, de acuer-
> do con los fenómenos reales, sus conclusiones más generales
> (ibíd., p. 175).

Hay, pues, una excelencia real y objetiva que interviene causalmente sobre las facultades humanas (ibíd., p. 105; Warnick, 1993:
103). En el añadido de 1780, «La norma del gusto», Gerard argumentó como Hume, presentando el subjetivismo relativista de
Freeman-Ramsay para refutarlo con los principios del sentido común que Reid elaboró a partir de 1764 (*Investigación sobre la mente
humana a partir de los principios del sentido común*) y en 1785 aplicó a la
estética (*Ensayos sobre los poderes intelectuales del hombre*).

A esto le siguieron los *Principios de criticismo* de Home, «suma»
de la estética del siglo XVIII también en lo que se refiere a «la norma
del gusto», que cierra su monumental obra. Expuso el argumento

subjetivista y relativista de Freeman-Ramsay y dio la respuesta que habían dado Hume, Burke o Gerard, en su caso dentro del marco de la teología natural procedente de Shaftesbury y Hutcheson y del objetivismo de los principios procedente de la escuela del sentido común. La aportación más original de Home es que los seres humanos pertenecemos a una misma especie y que dicha especie es una forma real y concreta que se rige por un modelo que garantiza la existencia de una norma común, a la que no afectan las divergencias aparentes. La obra acaba con la confiada afirmación de la existencia de una norma universal del gusto:

> No conozco que haya un gusto naturalmente malo o incorrecto que prefiera, por ejemplo, un placer servil antes que otro superior y elegante [...]. A causa de los principios que constituyen la parte sensitiva de nuestra naturaleza se conserva una maravillosa uniformidad en las emociones y sentimientos de las distintas razas humanas, produciendo el mismo objeto en cada persona la misma impresión en género, si no en grado. Como hemos visto, se han producido aberraciones de tales principios, pero estos prevalecen tarde o temprano, redirigiendo al viajero al camino correcto (Home, 2005: 728).

Concluyendo, la introducción historiográfica del _Diálogo sobre el gusto_ en la historia británica del gusto exige que se revise la tesis tópica de que el empirismo escocés desplazó la objetividad estética en nombre de un subjetivismo relativista originado en Hume. El proceso fue diferente. La primera mitad del siglo no dudó de la objetividad del gusto y la segunda mitad del siglo se afanó por mostrar su posibilidad a través del aseguramiento de una norma del gusto. El desplazamiento del foco de atención se produjo con la aparición del _Diálogo sobre el gusto_, que es, por decirlo dramáticamente, el «villano» en esta historia. Desde Hume hasta Home, pasando por Burke, Gerard o Reid, todos respondieron a Freeman-Ramsay, creciendo en seguridad la confianza en la existencia de una norma del gusto segura y universal, como afirmó lapidaria y no dubitativamente Reid:

«hay un gusto justo y racional y hay un gusto depravado y corrompido» (Reid, 1969: 757).

Nada de esto convenció a Ramsay, pues en 1762 publicó una nueva versión de *El investigador* que incluía sin modificación tanto el *Ensayo sobre el ridículo* como el *Diálogo sobre el gusto*. Para él no suponía el menor problema que el gusto fuera subjetivo y relativo porque pensaba que la estética y el arte se regían por otro criterio, uno óptimo para un pintor retratista como él y para un poeta paisajista como Horacio (en cuya villa en la Sabina Ramsay ya estaba interesado): la imitación. En su compleja apreciación de la imitación, Ramsay no fue subjetivista ni relativista, como vamos a ver.

3.2 *Imitación, arqueología y la polémica entre aticistas y romanistas*

Era lógico que Ramsay defendiera la teoría de la imitación porque se dedicaba al retrato, en la época el género pictórico más demandado en Gran Bretaña (Shawe-Taylor, 1990: 19-20). Aunque el retrato y el paisaje neoclásicos tendían a embellecer sus modelos, el parecido era un valor central. Ramsay, sin duda, conocía *Las bellas artes reducidas a un único principio* (1746), donde Charles Batteux extendió el principio imitativo a todas las artes, pero no fue más allá de la convergencia en la mimesis de la pintura y la poesía, tema de raigambre horaciana importante en Gran Bretaña a partir de John Dryden (Hagstrum, 1958: 173-209).

Además, la generación previa a Ramsay afirmó, en palabras de Richardson, que la pintura era «un lenguaje que completa el arte de comunicar nuestros pensamientos» y que «quien pinta bien una historia debería poder escribirla» (Richardson, 1971[1715]: 3 y 17, respectivamente). Años antes Richardson ya afirmó que «los pintores se hallan en el mismo nivel que los escritores, son poetas, historiadores, filósofos y teólogos que nos entretienen e instruyen»

(Richardson, 1971: 42), algo ratificado en Escocia por Georg Turnbull en 1740:

> Alguno podría pensar que considero al lenguaje de una manera
> inusual, pero lo he tratado del modo más correcto y compren-
> sivo, pues solo hay dos objetos de la investigación humana: las
> verdades en sí mismas, esto es, los hechos o conexiones reales
> de la naturaleza; y las formas de hacer que las verdades sean
> comprendidas y sentidas, de donde se sigue que el estilo didác-
> tico, la oratoria, la poesía y las artes del diseño, a saber, la pintura,
> la estatuaria y la escultura, pertenecen a la idea de lenguaje
> (Turnbull, 1971: ix).

Los defensores de la mimesis semiótica (poética y pictórica) seguían la tradición aristotélica de la verdad como adecuación entre
los signos y los hechos (o las ideas, en la versión de John Locke)
significados (Tatarkiewicz, 1990: 335-345). Por eso las artes, especialmente la pintura de retrato (la profesión de Richardson), eran
un lenguaje productivo que poseía valor epistémico, a diferencia del
gusto, que Ramsay interpretó como el síntoma de una situación subjetiva transitoria de cada consumidor. Es decir, Ramsay pensaba que
las preferencias estéticas basadas en el gusto indicaban situaciones
individuales enmarcadas en el capricho de la moda. Todas las trans-
formaciones estilísticas, desde las gastronómicas hasta las arquitectónicas, eran cuestión de moda, de gusto no utilitario. La moda en
el vestir era el paradigma del capricho del gusto:

> Entre los objetos de la vista no hay ninguno con el que estemos
> tan familiarizados como con la ropa; por lo tanto, como antes
> observé a su señoría, no hay ninguno mejor para proporcionar
> ejemplos en nuestro tema (Ramsay, 1762: 49).

En un momento del *Diálogo sobre el gusto* Freeman-Ramsay trató
sobre la inutilidad e irracionalidad de la moda en el vestir, compa-
rando las modas femenina y masculina del momento. Reparó en que
los hombres se cubrían más que las mujeres y en que estas dejaban al
descubierto parte del pecho y los brazos, lo que le resultaba nada útil:

> Solo la costumbre puede explicar este gusto tan caprichoso, que
> incumple todas las reglas de la razón y la conveniencia, pues sin
> duda es más apropiado que se recoja las mangas el sexo que es
> más activo y se destina al ejercicio vigoroso y al trabajo, al igual
> que es más apropiado, especialmente en un clima frío, que se
> cubra los brazos el sexo que sufre más de su inclemencia (ibíd.,
> pp. 50-51).

Según pensaba, estas modas colisionaban con la justificación utilitarista, pues al más «activo» se le impedía el movimiento y a la más «débil» se la desprotegía del frío. Hay muchos elementos de la moda que colisionan con lo útil del mismo modo (por ejemplo, las hebillas en el calzado masculino, que en ocasiones resultan incluso molestas: «he visto a muchos de ellos cojeando por Ranelagh con sus hebillas por encima de la articulación, sufriendo una tortura no pequeña antes que mostrarse vilmente de una manera más conveniente») (ibíd., p. 51) y otros que son indiferentes (como la confrontación entre los puños cuadrados o los triangulares, el terciopelo o la seda y la presencia o ausencia de bordado). Solo eran «caprichos» constitutivamente provisionales de gente adinerada bien situada socialmente. Lo que en el caso de un obrero parecería excentricidad, no era así en el caso de un rico socialmente prestigioso, que se volvía objeto de imitación.[11]

Pese a las críticas de su *alter ego*, Ramsay mostró durante sus treinta y ocho años de retratista una extraordinaria sensibilidad hacia la moda preferida por sus retratados, registrando sensible y minuciosamente su evolución entre la burguesía y la nobleza. De hecho, con sus obras y las de sus colegas podemos estudiar los cambios de la moda de la época (Ribeiro, 1986: 20-22). A diferencia de otros retratistas contemporáneos (como Joshua Reynolds), nunca disfrazó a sus modelos de romanas ni de griegas, presentándolas con las ropas

---

11. Es un planteamiento parecido al que desarrolló en 1899 Thorstein Veblen en su *Teoría de la clase ociosa*.

reales que vestían en su vida cotidiana. Esto, ante todo, muestra la importancia que concedió en el retrato a la imitación de lo cotidiano, para él el principio estético dominante en las artes. Los cambios de moda, como afirmaba Freeman, podían ser caprichosos e irracionales, pero su registro fiel como realidad humana era algo objetivo y estable que respondía a las prácticas profesionales productivas de los artistas. Era algo que ya planteó Aristóteles cuando habló en su *Poética* de la excelencia en la mimesis de objetos desagradables (Aristóteles, 2010: 136), en este caso, meramente caprichosos.

La imitación fue un tema importante del *Diálogo sobre el gusto* y el *Ensayo sobre el ridículo*. En la segunda obra Ramsay se refirió a la polémica de Pope y madame Dacier en torno a un pasaje en el que Homero presentó a Poseidón saltando entre islas, concluyendo que «una contradicción de sentimientos tan grande entre jueces tan celebrados debería convencernos de la insuficiencia del mero GUSTO y de la necesidad de alguna regla que pueda dirigirlo» («An Essay on Ridicule», en Ramsay, 1762: 62). Esta regla sería la de la imitación verosímil de la realidad (visualizado, el hecho narrado por Homero es ridículo), basada en lo que Ramsay, habitante del contexto empirista británico, consideró un hecho antropológico indubitable:

> La mente humana no puede crear nada, solo puede reflejar como un espejo las imágenes que perduran cuando los objetos se han retirado, de modo que el placer que recibimos de las obras de arte poéticas y pictóricas es mayor o menor dependiendo de que las imágenes producidas por el artista se parezcan más o menos a las que contiene este almacén (ibíd., pp. 62-63).

El Clasicismo grecorromano del setecientos reaccionó contra las inverosimilitudes del Barroco y Ramsay, además, evitó la mitologización de moda, pues creía que el pintor y el poeta debían dejar constancia de la realidad en la que vivían. Eran más importantes los placeres del parecido que los placeres de la imaginación, como afirmó en una nota al pie sobre Joseph Addison en el *Ensayo sobre el ri-*

dículo, donde afirmaba que este «ha perdido mucha de la consistencia que podría haber logrado sobre tales temas por no establecer que
la conexión con la VERDAD es el principio fundamental e inseparable de todas las obras de arte» (ibíd., p. 63). La tarea del artista no
era la suscitación privada del gusto, sino la representación creíble
del presente colectivo, que incluía las manifestaciones del gusto. Así
es como interpretó el famoso comienzo del *Arte poética* de Horacio:

> Los pintores y los poetas tienen el mismo derecho a ser osa-
> dos en sus composiciones, cosa sabida, y a causa de este derecho
> los poetas no deberían atreverse a escribir lo que los pintores
> no se atreven a pintar ni, por otra parte, el pintor ha de espe-
> rar más indulgencia que la que está dispuesto a conceder a su
> hermano poeta. Esta indulgencia nunca debe extenderse a quie-
> nes pierden de vista la naturaleza, como tampoco permite a nin-
> gún artista mezclar la paloma con la serpiente ni el cordero con
> el tigre (ibíd., p. 66).

Aparte de su lógica presencia en el arte retratístico, la imitación
cumplía dos papeles fundamentales en la estética de Ramsay: era un
arma del ridículo y un instrumento de la reconstrucción arqueológica. Con respecto a lo primero, según Ramsay había dos tipos de
ridículo, el argumental y el representacional. En la estética solo era
pertinente el segundo y en él el parecido era importante. Afirmó que
este tipo de ridículo «es una de las *artes* que Aristóteles denomina
miméticas» y puso como ejemplo a Hogarth, resaltando su excelencia en este campo (ibíd., pp. 71-72). Hogarth era diferente de Ramsay, pues usó la imitación pictórica para ridiculizar las costumbres
y modas de la época, según Ramsay con la intención de reformarlas
(ibíd., p. 73). La moda, sin más justificación que el capricho individual y la vanidad social, era un objeto de ridículo adecuado, lo
cual no impedía que tuviera valor el registro que no la ridiculizaba,
como era el caso de los retratos del propio Ramsay o del trabajo de
otros artistas como, por ejemplo, el de los paisajistas, donde Ramsay
incluyó la descripción poética que hizo Horacio de su villa en la

Sabina. Esto nos conduce a la imitación como instrumento de la re-construcción arqueológica. Ramsay compartía con su entorno social e intelectual de anticuarios la afición por la arqueología y la historia (Sweet, 2004: 81-118). Una de las cosas que la imitación le permitió, como vimos, fue tipificar el gusto como algo no distinguible de la moda y que se desarrollaba a partir de los caprichos individuales de personas socialmente relevantes. Esto se extendía a todos los fenó-menos relacionados con el gusto, como los cambios estilísticos de las diferentes artes, incluida la arquitectura. Así equipado, Ramsay planteó en el *Diálogo sobre el gusto* una adscripción histórica que lo convirtió en una voz relevante de las polémicas de mediados del siglo XVIII sobre la preeminencia histórica de griegos o romanos.

En su segundo viaje a Italia Ramsay tuvo contactos con pintores paisajistas especializados en las ruinas de la Antigüedad, un género conectado con lo pintoresco, pero también con la representación y la reconstrucción del pasado (Piggott, 1976: 101-132). Su contac-to más importante fue Robert Adam, quien dibujaba por entonces ruinas antiguas que después reconstruiría fielmente y aplicaría en sus casas, como hizo con su conocida obra sobre el palacio de Dio-cleciano en Split. Otro amigo de Ramsay en este viaje fue Charles-Louis Clérisseau, quien enseñaba dibujo a Adam y era especialista en la representación de edificios y restos arqueológicos de la anti-gua Roma. En sus visitas a la Academia Francesa en Roma Ramsay también conoció a Hubert Robert, otro de los grandes paisajistas arqueólogos del momento. Finalmente, trabó una sólida amistad con Piranesi, dedicándole este una lápida sepulcral de la Vía Apia en el frontispicio del segundo volumen de las *Antigüedades romanas* (1756). Está casi en el centro de la página y en ella una inscripción latina dice: «Allan Ramsay, eminente pintor escocés, renombrado por sus habilidades en todas las artes liberales» (Smart, 1992*b*: 123). Para estos y otros autores la práctica mimética era central, pues trataban de recoger visualmente con fidelidad los restos del pasa-do y el entorno en el que se insertaban, así como reconstruirlos y decodificarlos, aclarando su sentido histórico (Piggott, 1978: 13, 22, 35, 44 y 52). Como indicó Martin Myrone, hay un interesante contraste entre este uso mimético y reconstructivo de las imágenes y su consumo en términos de «buen gusto»:

> En este contexto, las artes gráficas no eran juzgadas como una expresión de los valores inescrutables del «buen gusto», sino como una herramienta para la diseminación del conocimiento histórico, cuya belleza derivaba de su altamente elaborada funcionalidad (Myrone, 2007: 110).

Ramsay, además de lo dicho, amigo de Paderni desde su primer viaje a Italia y protegido en Gran Bretaña de John Clerk y Richard Mead, comprendía la importancia de la ilustración arqueológica para la visualización y la reconstrucción de la historia. Por lo mismo, dentro de su marco conceptual personal (gusto versus imitación) sabía que una cosa era la objetividad reconstructiva en el discurso histórico y otra la justificación y/o priorización de los estilos que se sucedieron en el pasado, dependientes del capricho de la moda. Teniendo esto en cuenta, hay una dicotomía interesante en la relación de Ramsay con el pasado. En 1755, con la publicación del *Diálogo sobre el gusto*, se reveló como una de las voces más radicales entre los aticistas, llegando a ser un actor principal de la polémica entre aticistas y romanistas, sobre todo a partir de la desproporcionada respuesta del romanista Piranesi, de la que en breve hablaremos (Smart, 1992*b*: 146-148). Sin embargo, arqueológicamente le obsesionó un tema romano, la prueba de la excelencia paisajista de la poesía de Horacio a partir de la reconstrucción de su villa en la Sabina. Veámoslo.

Tras la Revolución de 1688 los ingleses se sintieron herederos políticos y morales de los romanos de la República (Ayres, 1997: 5). Esto, junto con un menor conocimiento de los restos griegos y el interés que despertaba la arqueología romana de Herculano (1719) y Pompeya (1748) (Wallace-Hadrill, 2011, pp. 40 y ss.; Montoya

González, 2015: 44-55), los decantó hacia la cultura romana republicana (también la de la época de Augusto y de los antoninos) (Ayres, 1997: 175, n. 33). Sin embargo, las cosas empezaron a cambiar a mediados de siglo, cuando un mejor conocimiento de lo griego desató la polémica grecorromana (Lees-Milne, 1947: 42-56).

El prestigio de los defensores de Roma estaba en su punto álgido en 1756, cuando Piranesi publicó los cuatro volúmenes de sus *Antigüedades romanas*. Mientras tanto, Anne Claude, conde de Caylus, publicó entre 1752 y 1755 su *Colección de antigüedades egipcias, etruscas, griegas, romanas y galas* y Johann Joachim Winckelmann, en 1755, sus *Pensamientos sobre la imitación de las obras griegas en pintura y escultura*. Ambos planteaban la preeminencia griega, aunque Caylus de una manera poco beligerante y Winckelmann no trataba la arquitectura, que era el arte que marcó la primera fase del debate (*Consideraciones sobre la arquitectura de los antiguos* apareció en 1762) (Constantine, 1984: 104-127). La obra de Winckelmann tuvo escasa distribución y Piranesi no lo citó en *De la magnificencia y la arquitectura de los romanos* (1761), que articuló en torno a la crítica masiva de dos obras: *Las ruinas de los monumentos más bellos de Grecia*, publicada por Julien-David Le Roy en 1758, y el *Diálogo sobre el gusto*, cuya autoría desconocía (Maclaren, 2005: 31 y 48-49). La obra de Ramsay fue cronológicamente más precoz, pero Le Roy presentó un desafío arqueológico y técnico al predominio romano que complementaba el planteamiento histórico y polémico de Ramsay. En *La magnificencia* Piranesi rechazó las conclusiones de ambos autores, si bien sus críticas a Ramsay fueron más radicales, en la medida en que el rechazo por parte de Ramsay del predominio romano fue también más radical (Smart, 1992*b*: 146-148; Middleton, 2004: 78-82).[12]

---

12. Rudolf Wittkower pensaba, creo que exagerada e injustamente, que Le Roy fue «un adversario mucho más importante» (Wittkower, 1938: 147).

Las afirmaciones de Freeman-Ramsay sobre el valor respectivo de la arquitectura griega y romana tuvieron lugar en el marco de su rechazo de la norma del gusto, entendido como moda cuyo origen está en el capricho de los poderosos. Según él, la arquitectura monumental se inició en Egipto, la primera nación lo suficientemente rica para permitirse el capricho de la moda en la construcción; de aquí la tomaron los griegos, a quienes calificó de «pueblo libre, rico y feliz» que adaptó los ornamentos egipcios a unas estructuras mejoradas («A Dialogue on Taste», en Ramsay, 1762: 37). Por el contrario, definió a los romanos como «un pueblo que, a partir de guerras continuas, ascendió en poco tiempo desde el origen más humilde hasta la mayor altura del poder. Carentes de dinero e ignorantes de las artes de la paz, nunca erigieron edificios de los que jactarse» (ibíd., p. 37). Cuando estos «ineptos» conquistaron Grecia quedaron prendados de su arquitectura y la imitaron, de donde surgió, con Vitruvio, una de las «normas del gusto» que seguían siendo vinculantes en el siglo XVIII:

> Su única tarea fue imitar los edificios griegos y el parecerse o no a ellos fue pronto la medida de lo correcto y lo incorrecto. Las reglas que así se formularon se pusieron por escrito y hoy, junto con algunos de los edificios antiguos a partir de los cuales se elaboraron, continúan siendo la norma del gusto en toda la cristiandad (ibíd., p. 38).

Mientras que los griegos desarrollaron lo tomado de Egipto, los romanos clausuraron este desarrollo al pretender objetivarlo con una inexistente «norma del gusto», de modo que su papel histórico fue regresivo, no progresivo.

Por otra parte, Freeman-Ramsay redefinió la relación de los romanos con los «godos», exasperando de nuevo a Piranesi. Una de las hipótesis más aceptadas en la época era que las conquistas de los «bárbaros» acabaron con el esplendor cultural de Roma, pero nuestro autor introdujo una hipótesis diferente, según la cual la civilización goda fue mucho más refinada y evolucionada, cultural y políticamente, que la romana, con lo cual despreció de nuevo a los romanos:

> Ellos no fueron, como los romanos, una banda de meros saqueadores procedentes de quienes poco antes de su conquista de Grecia no fueron sino ladrones desnudos y esclavos fugitivos, sino una colonia del imperio de los partos, quienes durante mucho tiempo habían vivido en el esplendor y la magnificencia y, al establecerse sobre las ruinas del imperio persa, accedieron a la mayor parte de sus riquezas, lujo y elegancia (ibíd., p. 40).

Esto tuvo sus implicaciones en la historia de la moda arquitectónica, pues según Freeman-Ramsay los godos trajeron de Persia el arco apuntado y la brillante arquitectura que lleva su nombre:

> No podemos suponer que estructuras como la abadía de Westminster, abundantes en Alemania, Francia y España, tan vastas y a la vez esmeradas, tan fuertes y ricas, incluso decoradas a veces con afectación, fueran la creación de soldados hambrientos que marcharan a través de países enemigos, ni de oscuros salvajes que acabaran de escapar de las nieves de Suecia o Noruega. Estas artes no pueden ser llevadas de repente a la perfección, como si fueran el producto del cerebro de un hombre [...] Para hombres en posesión de ideas grandes y precisas los edificios que encontraron en las provincias romanas debieron resultar mezquinos y simples; si destruyeron sin vacilación a los que se interpusieron en su camino no fue por una bárbara insensibilidad ante lo que era elegante, sino por el amor arrogante hacia su propio gusto (ibíd., p. 42).

Sin duda, Freeman-Ramsay polemizaba siguiendo la dialógica propia de una obra como esta, pero la idea de que la arquitectura romana era regresiva en comparación con la griega e insignificante en comparación con la gótica fue demasiado para Piranesi, quien se esforzó sobre todo por demostrar que la arquitectura romana no procedía de la griega sino de la etrusca, desarrollándose de una manera más precoz y coherente, estructural y decorativamente, que la griega, a la que consideró incoherente y decorativista (Piranesi, 1998: 122), dejando de lado el otro frente abierto por Freeman-Ramsay, que empezaba a tener relevancia, a saber, el de la positividad del gusto gótico.[13] A Piranesi, protegido papal, le indignaron otros argumentos de Freeman-Ramsay, especialmente el que afirmaba que el catolicismo romano fue una traba para la libertad humana, una fuente de oscuridad intelectual y un obstáculo para el desarrollo arquitectónico (Maclaren, 2005: 133). Con esto Ramsay buscaba ahondar en la inexistencia de una norma del gusto, poniendo en duda la normatividad del modelo romano incluso en la arquitectura, pese a su objetividad física y estructural.

Por lo tanto, deseando negar la existencia de una norma del gusto, Ramsay usó un argumento histórico y arquitectónico que lo definió, tal vez colateralmente, como una voz principal en la polémica grecorromana, en su caso a favor de la superioridad griega, dedicando Piranesi gran parte de su obra subsiguiente a refutarlo.

La evolución posterior del debate introdujo otras voces que fueron decantando el debate hacia el aticismo neoclásico maduro. El actor principal fue Winckelmann, con su *Historia del arte en la Antigüedad* (1764) (Harloe, 2013: 105-129), pero también fue decisivo el primer volumen de *Las Antigüedades de Atenas* (1762), de James Stuart y Nicholas Revett (Watkin, 1982: 13-22). Pese a todo, las obras de Wood sobre Palmira (1753) y Baalbek (1757) (Finnegan y Mulvin, 2022: 82-84 y 100-101), la de Robert Adam sobre el palacio de Diocleciano en Split (1764) y lo que iba surgiendo de Herculano y Pompeya también asentaban el valor de lo romano (Graham, 2009: 214-220), de modo que en el círculo de Adam, al que Ramsay estaba próximo, se prefirió una respuesta ecléctica.

---

13. En 1754 Horace Walpole había acabado la primera fase de su villa gótica de Strawberry Hill y Thomas Chippendale, ebanista de cabecera de Robert Adam, publicó su *Directorio del ebanista y el caballero*, donde el gótico aparecía como un estilo más entre otros (Clark, 1962: 46-65).

Con esto se buscaba traducir lo que se iba descubriendo en Grecia y Roma a la vivienda privada de los agentes sociales británicos, deseosos de adoptar formas de vida similares a la de los patricios romanos. El modelo griego no presentaba ningún referente de vivienda privada aprovechable, a diferencia del romano, que no solo contaba con restos arqueológicos en la propia Britania, sino además con escritos sobre la villa particular de Vitruvio, Columela, Varrón, Catón el Viejo y Plinio el Joven, corpus al que se unían los poemas de Horacio sobre su villa en la Sabina. Gran parte de esta información fue recogida por Castell en *Las villas de los antiguos* (Ayres, 1997: 115-132), pero quedaba por hacer algo definitivo sobre la villa de Horacio.

El interés de Ramsay por la villa de Horacio se inició en su segundo viaje italiano, tras la publicación del *Diálogo sobre el gusto* (Frischer, 2001: 88). Respondía ante todo a dos cosas. Por una parte, Ramsay buscaba testar su criterio estético mimético, mostrando que las referencias poéticas de Horacio al paisaje eran recreaciones precisas de un entorno real, justificando la hermandad de la poesía y la pintura en la imitación de la realidad. Por otra parte, ponía esta preferencia estética por la imitación al servicio de la necesidad de la clase social dominante en Gran Bretaña de vivir como si fueran senadores romanos que podían evadirse del ajetreo urbano en unos retiros campestres que quedaban legitimados culturalmente al revivir la vida del poeta romano que más admiraban.[14] Para cumplir con este objetivo doble Ramsay articuló varias disciplinas convergentes en la teoría arqueológica que los ilustrados estaban poniendo a punto, aunque lo primero era mostrar que las descripciones horacianas de la villa de la Sabina no eran constructos literarios, sino la reproducción de una situación concreta. El paisaje real

---

14. El ejemplo para Ramsay sería la villa horaciana que John Clerk construyó con William Adam en Mavisbank, a unos diez kilómetros de Edimburgo. Véase Hunt, 2001: 34.

resultaba, pues, clave, necesitándose identificar el lugar geográfico de la villa. La única guía para esto era la visualización de entornos que respondieran a las palabras de Horacio y si en algún lugar candidato no aparecían todos los rasgos de relieve, clima y flora del poema, se desecharía. Los intérpretes actuales de la obra de Horacio concuerdan con esto; por ejemplo, R. G. M. Nisbet y Margaret Hubbard afirmaron:

> Horacio parece ser el primer poeta europeo que conectó el encanto del campo con una localidad específica y reconocible. Las villas de su infancia y los toponímicos del valle de Digencia adquieren significado porque él escribió sobre ellos. Los romanos no debían mucho a los griegos en los géneros de la sátira, la poesía amorosa y el epistolario; del mismo modo, la finca en la Sabina de Horacio introdujo en la literatura europea un nuevo modo de pensar (Nisbet y Hubbard, 2001: xx-xxi).

En principio, se trataba de una identificación pictórica y paisajística, pero también de la recreación de una forma de vida. En la época fueron muchos los que quisieron imitar la manera de vida descrita por Horacio (por ejemplo, Alexander Pope),[15] que Ramsay afrontó como una situación real. Su aproximación fue de paisajista, pero no de paisajista arcádico o pintoresco, sino de topógrafo. Por eso proyectó acompañar su identificación de los lugares con pinturas de paisaje que mostraran las vistas y con un plano topográfico en el que se indicaran los sitios desde los que se tomaron. Él mismo esbozó algunas *in situ*, pero también contó con los paisajistas Jacob Moore y Hackert, quien con sus diez vistas del lugar y su plano topográfico completó la tarea acariciada por Ramsay (Andrew, 2001: 52-66).

El trabajo pictórico, topográfico y paisajístico no bastaba, precisándose del estudio filológico e histórico. El conocimiento de la

---

15. Que parte de una poética compartida. Aunque no cite a Horacio, véase Brownell, 1978: 72-73.

vida de Horacio, de la situación política y de la implantación de la cultura romana clásica en el territorio a la luz de las fuentes históricas era importante, pero también la reconstrucción toponímica que permitía conectar los nombres actuales con los que usó el poeta. Era una tarea filológica complementaria de la histórica: análisis de los escoliastas y estudiosos de la poesía de Horacio, estudio de la evolución de la grafía romana, etc. El trabajo pictórico-topográfico y el trabajo filológico-toponímico colaboraban, pues, con el relato histórico.

Todo eso había de coordinarse bajo las evidencias de la investigación arqueológica, que en ese momento estaba iniciando su despegue científico gracias a las excavaciones de Herculano y Pompeya, a las reconstrucciones de entornos grecorromanos por parte de Piranesi, Le Roy, Stuart y Revett, Wood o Robert Adam y, en el entorno social de nuestro autor, a una serie de arqueólogos aficionados que en Gran Bretaña estaban desarrollando campañas locales de reconocimiento, entre ellos John Clerk y Richard Mead, ambos de la Sociedad de Anticuarios, a la que Ramsay pertenecía. Este expuso que eran necesarios la excavación arqueológica en el lugar, algo que él no hizo porque sus fondos personales se lo impedían, y el análisis de los restos, tanto los superficiales del lugar (suelo de mosaico, restos de pavimento o sillería dispersa), como los reutilizados en las casas del entorno (lápidas conmemorativas, piezas arquitectónicas estructurales, restos de altares, piezas reutilizadas o relieves) (Ramsay, 2001: 152). Necesariamente, pensaba con razón, el paisajismo, la historia, la filología, la arqueología y el propio texto poético tenían que converger si su tesis sobre Horacio (a saber, que fue un poeta paisajístico mimético) era correcta. Lo fue y actualmente casi nadie duda de que ese es el sitio de su villa.

Cualquiera podría disfrutar a su manera de la poesía de Horacio, pero para Freeman-Ramsay eso pertenecía a la indecible experiencia privada. Sin embargo, para Ramsay era algo objetivo que Horacio fue un paisajista atento a la idiosincrasia espacial y temporal del entorno natural y cotidiano en el que vivió, visualizándolo con sus palabras. Esto permitía interpretar mejor su poesía, pero también valorar más la estetización de la vida cotidiana que tenía lugar entre los británicos de la época, que no respondía a un modelo idealizado ni a un gusto pasajero, sino a una forma existencial que se encarnó en entornos reales, lo cual abre el episodio con el que concluiré mi introducción, a saber, la posibilidad de vivir la vida con otros, esto es, la existencia de una estética de la simpatía, en la que no se incide mucho, pero que Ramsay compartió con sus amigos Smith y Hume.

4. CODA. LA IMITACIÓN SIMPATÉTICA

En 1759, el año en el que Adam Smith publicó la obra clave de la literatura europea sobre la simpatía, *La teoría de los sentimientos morales*, Ramsay realizó una obra maestra del retrato simpatético, el de su esposa Margaret (Smart, 1992*a*: 128-129). Puesto que la representó arreglando un jarrón de flores, puede que la inspiración le viniera del retrato áulico que Charles-André van Loo hizo en 1747 de la reina Marie Leszczinska, representada frente a otro jarrón de flores que parece arreglar.[16] Es bastante probable que supiera de esta obra, pues Ramsay conoció personalmente a Charles-André, a su hermano Jean-Baptiste y a su sobrino Louis-Michel, cuya influencia sobre Ramsay detectó Smart (Smart, 1992*b*: 184).

Es interesante comparar la reina de Van Loo con la esposa de Ramsay, pues muestra lo que preocupaba a este la *propriety* en el retrato mimético: no se podía retratar igual a una reina que a la esposa de un burgués, ante todo porque era inadecuado simpatizar

16. Sobre la génesis y el análisis de este retrato de Marie Leszczinska, véase Germann, 2020: 137-141 y 145-147.

con la primera. Esto determina las diferencias entre dos retratos que representan una misma acción, dando lugar a dos opciones estéticas diferentes:[17] el retrato de Marie está dominado por la representación del gusto, en el sentido en el que Ramsay lo trató en su *Diálogo sobre el gusto*, a saber, un costoso capricho que proviene del poder, pero el retrato de Margaret, también vestida a la moda, está dominado por la relación simpatética que surge de la representación de un acto cotidiano carente de pretensiones. Si hablásemos en los términos de la poética de Horacio,[18] podríamos decir que Marie representaba la insoportable y pedante vida de la urbe y Margaret la modesta, tranquila, sincera y retirada vida del campo, como la que podría disfrutarse en la villa de Horacio en la Sabina.

El retrato de Marie es un catálogo del boato rococó tardío: mesas curvadas, talladas y doradas al estilo rocalla, pesados sillones aterciopelados, gigantes cortinajes enrollados en marmóreas columnas polícromas, cojines bordados, perritos falderos, una amplia ventana abierta a un bosquete estandarizado y, mirándola fijamente, el busto de Luis XV de Lambert Sigisbert Adam. En este bazar destaca la ropa que viste la reina, que sigue la curiosa moda de la falda ahuecada con el *panier* o tontillo (pieza pesada y deforme que aumentaba la cantidad de tela y, con ello, el precio del vestido) y el corsé; en el vestido se exhiben la seda blanca y el exceso de bordados y fruncidos dorados y plateados que, junto con el manto de armiño, las joyas, el maquillaje enmascarador y la peluca empolvada, construyen una apariencia escénica que busca imponerse. La posición rígida del cuerpo y el forzado hieratismo de la sonrisa y la mirada de Marie muestran que todo es cuestión de estatus y moda. Era la

17. Sobre esta diferencia en el retrato, véanse los apartados «Portraits of rulers» y «Portraiture and the formation of bourgeois identity», de West, 2004: 72-81 y 81-87, respectivamente.

18. Como el poeta expresó magistralmente en la sátira 6 del libro II (Horacio, 2015: 174-181). Véase Moralejo, 2019: 45-46.

versión femenina del poder a través de lo que Veblen denominó el consumo vicario. No se buscaba suscitar simpatía sino admiración.

El retrato de Margaret pertenece a otro mundo estético, comenzando por el minimalismo formal del entorno escenográfico, que avanzaba propuestas tan reductivas como las que introducirá Jacques Louis David tiempo después: un fondo oscuro, una contraventana marrón que ocupa verticalmente la cuarta parte izquierda del cuadro y una mesa del mismo color, perpendicular a la contraventana y paralela al plano del cuadro. Solo un objeto, a la derecha, ocupa un tercio de la anchura del cuadro: un jarrón de rosas. Nada más. La luz, proveniente de la izquierda, ilumina la espalda y la mitad derecha del rostro de Margaret, cuyo cuerpo, entre la contraventana y el jarrón, aparece de perfil, orientado al jarrón que arregla. Apoya sus codos en la mesa y viste un vestido de saco a la francesa, con la parte trasera fruncida y uno de esos capuchinos de moda a los que Freeman se refirió en el *Diálogo sobre el gusto*.[19] Margaret se inscribe en un triángulo equilátero cuya altura vertical coincide con el eje del cuadro, con su cabeza, característicamente escocesa, tangente al ángulo superior y su ojo derecho sobre el eje del cuadro. Vuelve levemente su rostro hacia su derecha y sus ojos prolongan el movimiento, mirando al espectador serena y afablemente. No posa, sino, pausando su simple tarea cotidiana, interroga con simpatía a quien se le acerca, originalmente su esposo y actualmente cada espectador. La composición busca que la mirada de este quede anclada en los ojos de Margaret con la misma simpatía con la que los suyos lo miran. Es una sabia composición, aparentemente intrascendente pero técnicamente meditada y compleja, un hito de lo que Smart calificó de «retrato simpatético» (Smart, 1992*b*: 70, 84, 104, 104, 157, 167 o 179).

---

19. Moda que dominó entre 1750 y 1780, aproximadamente. Véase Cunnington y Cunnington, 1964: 266-274.

Adam Smith trató en *La teoría de los sentimientos morales* sobre la relación simpatética entre las personas (Forman-Barzilai, 2010: 56-72). Esto también había preocupado a Hume en su *Investigación sobre los principios de la moral* (1751), pero Smith se apartó de su amigo (Fleischacker, 2013: 276-282). Para Hume la respuesta simpatética se parecía mucho a la experiencia del gusto, pues era algo inmediato e impremeditado que sentíamos individualmente ante otra persona, pero para Smith era algo más complejo y motivado, implicando una técnica mimética:

> Como carecemos de la experiencia inmediata de lo que sienten otras personas, no podemos hacernos ninguna idea de la manera en que se ven afectadas, salvo que pensemos cómo nos sentiríamos nosotros en su misma situación [...] *nuestros sentidos* [...] jamás nos han llevado ni pueden llevarnos más allá de nuestra propia persona, y será solo mediante la *imaginación* que podremos formar alguna concepción de lo que son sus sensaciones. Y dicha facultad solo nos puede ayudar *representándonos* lo que serían nuestras propias sensaciones si nos halláramos en su lugar. Nuestra imaginación puede *copiar* las impresiones de nuestros sentidos, pero no de los suyos. La imaginación nos permite situarnos en su posición [...] entrar, por así decirlo, en su cuerpo y llegar a ser en alguna medida una misma persona con él (Smith, 1997: 49-50, cursivas mías).

Para Smith la respuesta simpatética era el resultado de un proceso en el que participaban la percepción, la representación y la imaginación construyendo una copia de otra persona en cuyo interior, como en el de cualquier obra de arte, pudiéramos entrar. Era algo que tenía vínculos con la teoría pictórica de Richardson y Turnbull y con la retratística de Ramsay, pues para producir simpatía había que empezar representando al otro como lo representa un retratista. Esto no tenía relación con el gusto del receptor sino, más bien, con la técnica del productor, que identificaba y seleccionaba rasgos pertinentes de una performance. En nuestra vida cotidiana la simpatía hacia otro resultaba del esfuerzo por comprenderlo en su entorno vital. Como afirmó James Engell de Smith:

> Mientras más exacta e integralmente reproduzca nuestra imaginación las circunstancias de otra persona en nuestra mente, el sentimiento de simpatía se producirá de una manera más efectiva. La imaginación, por lo tanto, nos estimula a conocer la situación, indagar los eventos que rodean e incluso aprender el carácter y las pasiones de la persona objeto de la simpatía (Engell, 1981: 150).

Se trataba de conocer y reconstruir solo lo pertinente para simpatizar, es decir, de imitación selectiva, algo que incumple el exceso objetual del retrato de la reina Marie, que solo suscita admiración hacia alguien superior. En el caso del retrato de Margaret todo es diferente, pues Ramsay buscaba suscitar una relación íntima entre iguales que permitiera simpatizar con alguien a quien el pintor conocía bien. Era una imitación meditada que, más allá de los volátiles elementos del gusto (aunque integrando algunos, como el vestido a la moda), generaba una simpatía esencial que evitaba el exceso y la retórica ostensible del pathos escénico, propios de lo barroco y lo romántico. El ideal pictórico de este minimalismo burgués simpático era el retrato (o el paisaje) de mínimos objetuales que representaba al retratado en una acción banal. Así lo planteó Rouquet:

> Es imposible elegir entre los objetos animados una actitud tan permanente que sea absolutamente análoga a la inmovilidad de la pintura, pero la razón demanda que elijamos una que se le aproxime todo lo posible. En el retrato todo debe girar en torno al parecido; ahora bien, si escogemos las circunstancias naturales que más se aproximan a aquello a lo que la pintura está sujeta, más convencidos estaremos de haber recogido las circunstancias ilusorias que ayudan a hacer el retrato como el original (Rouquet, 1970: 68).

Justo es lo que sucede con la actitud, la pose y el entorno de Margaret Ramsay.

Esto era corroborado por Smith, quien pensaba que era difícil simpatizar con las personas que estaban en una situación emocional o social más o menos extrema, de manera que sentimos más simpatía hacia quienes se hallan en un estado de mediocre tranquilidad cotidiana. Pensaba que esto sucedía cuando nos relacionábamos con otras personas, pero también con las obras de arte. En sus *Lecciones sobre retórica* puso un ejemplo pictórico que posiblemente tomó de Turnbull:

> Puesto que una pintura solo puede representar la acción en un momento concreto, nos complace más la que representa un estado mental similar a aquel en el que estamos cuando la contemplamos. Así, por ejemplo, cuando vemos los cartones de Rafael no atraen primero nuestra atención la *Predicación de san Pablo en Atenas* ni *La ceguera de Elimas*, sino el *Encargo de Cristo a san Pedro*, o *Pedro, apacienta a mis ovejas*, pues las figuras de la última obra representan un estado mental más parecido a aquel en el que nos hallamos cuando la vemos (Smith, 2021: 474-477).

En nuestra vida cotidiana lo normal no es lo extremo y en la pintura (y en la poesía paisajística), para que coincidan el signo y lo significado en la pragmática de la simpatía, debería ser igual. Ramsay, Smith y... Horacio, no deseaban evadirse de su vida vulgar. Estaban satisfechos con la existencia que llevaban y la consideraban lo más digno de ser recogido por el arte.

La imitación de la vida cotidiana conducente a la relación simpatética fue una parte importante del arte y de la estética del siglo XVIII, aunque a nosotros, aún insertos en las redes de la autonomía kantiana y el escapismo romántico, no parece interesarnos mucho. Esta parte sintonizaba bien con lo que Horacio dijo poéticamente de su vida en el campo. Horacio fue un epicúreo que deseaba llevar una vida poco pretenciosa y tranquila en su pequeña villa de la Sabina (Yona, 2018: 2-3 y 190-247), donde podía disfrutar, en compañía de algunos de sus amigos, de los placeres cotidianos que su entorno le proporcionaba, lo mismo, por ejemplo, que lord

Modish con el coronel Freeman. Ramsay estaba convencido de que aquello que Horacio mostró con su poesía era una copia fiel de la vida que llevó, lo que hacía fácil simpatizar con su persona a través de sus escritos. A su entorno ilustrado no le atraía de Horacio la exhibición de un pasajero gusto refinado, propia de un poeta cortesano del entorno de Augusto, sino la dignidad de vivir una vida que merecía ser vivida no a pesar, sino a causa de su mediocridad humana. Es la lección que aprendieron del dispositivo mimético del poeta, lección que Ramsay llevó a sus escritos estéticos y a su pintura y John Clerk a su villa en Mavisbank.

Ensayo sobre el ridículo
(1753)

PARTE I

Sección I

Sobre las varias maneras de tratar del tema del ridículo, que es una forma de elocuencia de la que hay dos tipos

Cuando un tema difícil ha sido tratado sin éxito por reputados filósofos, poetas, físicos y teólogos, podría parecer presuntuoso que lo aborde aquel cuyos estudios han estado poco conectados con la erudición profunda y al que sus ocupaciones ordinarias solo le han dejado unas pocas horas de ocio para poner en común lo poco que ha podido recoger, si no fuera porque también es sabido que muchos descubrimientos valiosos y sorprendentes han llegado al ser humano de quienes menos se esperaba. Es una observación manida que la imprenta fue descubierta por un soldado y la pólvora por un monje, a partir de lo cual (y de muchos otros ejemplos) podemos concluir que los inventos más extraordinarios fueron el efecto de la casualidad y los ensayos subsiguientes y no de una profunda previsión y planificación.

La cuestión de *si el ridículo es una prueba de la verdad*[1] ha dividido a los doctos durante los últimos años sin que se haya dictaminado nada satisfactorio a favor o en contra; si en lo que sigue yo pudiera arrojar alguna luz sobre el tema no sería de una manera diferente al que descubrió la pólvora, quien, buscando otra cosa, notó que su composición tenía una fuerza y viveza inusitadas y, recordando sus ingredientes, fue solo el historiador de su crisol.

Aquellos que han tratado el tema del ridículo han seguido un método diferente; en lugar de examinar de qué se compone, se han limitado a establecer con cierta precisión lo que una facción ha ensalzado y lo que otra ha despreciado.

Lord Shaftesbury dio comienzo a esta controversia al recomendar el ridículo como una prueba de la verdad, expresándose a sí mismo de una manera tan confusa que es difícil adivinar qué afirma y en qué se basa. En su *Carta sobre el entusiasmo* lo opuso al formalismo, la gravedad y la melancolía, denominándolo alegría, jocosidad y buen humor. Ciertamente, la alegría es en sí misma una cualidad excelente, una disposición de la mente muy adecuada para quienes van a afrontar una investigación, pero es difícil concebir en qué sentido sería una prueba de la verdad y no de la pureza del oro, la bondad del vino, la calidad de la seda o cualquier otro producto valioso. En su *Ensayo sobre la libertad de ingenio y humor*, donde esperaríamos ver algo más explícito, parece desdecirse de lo que hubo afirmado antes tan efusivamente, pues habla de frenos y límites a esta prueba de la verdad e insinúa que es «un tipo de chanza defensiva» que, como explica, protege a la verdad, una vez descubierta, de ciertas personas mediante una suerte de método evasivo. Aunque en su *Carta sobre el entusiasmo* dijo que «la impostura solo carece de privilegios en una nación libre, como la nuestra, donde no pueden protegerla el crédito de la corte, el poder de la nobleza ni el terror de la iglesia, quienes impiden que se la acuse en cualquier forma y apariencia», en su *En-*

---

1. Las cursivas, a menos que se indique lo contrario, en el original.

sayo sobre la libertad de ingenio y humor mezcló la chanza con la burla y el ridículo, haciéndolos el lenguaje propio de la esclavitud.[2] «Non talis auxilio nec defensoribus istis».[3]

Como este ingenioso noble ha sido considerado comúnmente el gran patrón y defensor del ridículo, creo pertinente indicar con pocas palabras cómo lo ha tratado o, más bien, no lo ha tratado. Quienes deseen un examen más completo de lo que su señoría ha avanzado sobre el tema pueden obtenerlo en un libro de *Ensayos* publicado hace poco que se opone en general a sus opiniones.[4] Aunque estoy de acuerdo con el escritor de estos *Ensayos* en algunas de sus consideraciones sobre lo que lord Shaftesbury ha dicho sobre el ridículo, me tomaré la libertad de disentir de él con respecto al tema en sí mismo, pues trataré de probar que el ridículo es lo que su señoría afirmó al principio, a saber, una de las *pruebas de la verdad* (al descubrir la falsedad), y que, como tal, debe ser aceptado sin objeción alguna.

Soy totalmente consciente de lo difícil que es, incluso para los mejores escritores, comunicar con certeza sus ideas solo con términos generales. Por lo tanto, en lo que sigue trataré de comprobar lo que quiero decir con ejemplos, de manera que si no significara nada pertinente (algo muy común entre los escritores de ensayos) resultase evidente de inmediato.

Si los celebrados escritores que han empleado su pluma en los diferentes aspectos de esta controversia hubiesen seguido el camino que apuntamos, a saber, el examen de los distintos ejemplos de ridículo que existen en las obras de autores de reconocido ingenio,

---

2. Secc. II, cerca del comienzo.

3. «Esto no es ni ayuda ni defensa». Son palabras de Hécuba a Príamo en la *Eneida*, II, 520 de Virgilio (N. del T.).

4. *Ensayos sobre* Características, por John Brown, M. A., segunda edición. [N. del T.: Publicado en 1751. Este ensayo apareció originalmente en 1745 con el título *Ensayo sobre la sátira*. John Brown (1715-1766) fue un dramaturgo y ensayista que perteneció al círculo de William Warburton. En el ensayo sobre la sátira se centró en Alexander Pope, aunque, gracias al deseo de Warburton de refutar la «prueba del ridículo» de Shaftesbury, en 1751 se centró en este].

es posible que hubieran llegado hace tiempo a entenderse mejor. No hubieran dedicado mucho tiempo a su examen sin observar que hay dos tipos de ridículo: uno que se emplea en la discusión de problemas, o temas de investigación, y otro cuyo ámbito es el comportamiento y las acciones. El respeto por el lenguaje usual y por el que han usado los mejores autores nos obliga a llamar a ambos con el nombre de ridículo, pero es evidente que su naturaleza y sus propiedades son muy diferentes. Por lo tanto, trataré a cada uno por separado, comenzando con el que se emplea en temas de investigación porque es el más importante en sí mismo y, además, porque es el que ha dado lugar a esta controversia, dado que es el único tipo de ridículo que se podría admitir como prueba de la verdad.

Con independencia de lo que suceda después con el otro, este tipo de ridículo puede ser definido como *el arte de demostrar que es ridículo lo que se imagina como tal*. Quizás alguien me diga que esta es la tarea de la razón y la argumentación; quienquiera que sea, coincido con él de todo corazón, pues he pensado mucho que los abogados del ridículo no le hacen honor ni ayudan demasiado a su causa al oponerlo a la razón. Igualmente, me uno al autor del *Ensayos sobre Características* al situar al ridículo entre las formas de elocuencia. No obstante, él ha separado la elocuencia de la argumentación, pero yo trataré de reunirlas de nuevo antes de aspirar a que se acepte el ridículo como prueba de la verdad, una alabanza que solo puede aplicarse a la argumentación.

SECCIÓN II

SOBRE LA ELOCUENCIA

El escritor del *Ensayo*, en su división de los distintos tipos de composición, ha asignado a la argumentación la competencia de convencer mediante lo real y a la elocuencia la de persuadir a través de apariencias ficticias. Es decir, la elocuencia u oratoria sería, de una manera u otra, el arte de deslumbrar o engañar al entendimiento.

No pretendo en este ensayo, como ha hecho él en el suyo, criticar las opiniones de otro autor, excepto donde mi tema lo exija. De otro modo, podría mostrar que lo que apunta sobre la elocuencia parecería una sátira sobre el lenguaje público en general y, en particular, sobre el lenguaje del púlpito. Para hacerle justicia, no dedica mucho tiempo a esta opinión, sino que, tras censurar suficientemente a la elocuencia para condenar al ridículo como uno de sus colaboradores, se retracta, reconociendo que la elocuencia es algo más excelente cuando se basa en argumentos que provienen de la existencia real de las cosas, por lo que no hay problema en concluir que lo que dijo previamente de la elocuencia en general solo se refería a la falsa elocuencia.

No obstante, no hay nada en toda esta erudita confusión sobre la *elocuencia*, la *argumentación*, el *juicio*, la *pasión* y la *imaginación* que no se pueda desenmarañar fácilmente si no nos enredamos con las opiniones de otros, sino que examinamos la naturaleza del tema en sí mismo. Por lo tanto, lo abordaré como si nadie lo hubiera tratado antes y, al mismo tiempo, con la brevedad de un capítulo, quizás un capítulo muy poco necesario.

La elocuencia es el arte de convencer y persuadir. Estas dos propiedades no denotan dos tipos diferentes de elocuencia, sino dos propósitos diferentes con los que se puede usar. Esto resultará claro con una investigación sobre el significado y el uso adecuado de las palabras, así como sobre la práctica de los mejores oradores.

Cuando una opinión ha de ser examinada o una afirmación probada la única finalidad de la oratoria es convencer. Cuando una acción ha de ser realizada o abandonada la finalidad de la oratoria es persuadir. En este caso decimos *persuade a [hacer] algo*, en aquel *convence de* algo. Donde ha de ser investigada una verdad solo está implicado el entendimiento y, por ello, la elocuencia solo se aplica al entendimiento cuando se quiere convencer. Donde ha de ser promovida una acción la elocuencia se aplica alternativamente a los dos resortes de la acción humana, el entendimiento y las pasiones, buscándose tanto convencer como persuadir. A partir de esta necesidad de introducir la elocuencia argumentativa en los casos de persuasión la palabra *persuasión* recibe un doble significado, pues es común decir tanto *persuade de una cosa* como *persuade a ella*, mientras que, en el caso de la elocuencia argumentativa, siendo simple y no compuesta, la palabra *convencer* solo se puede aplicar a su propósito peculiar de convencer al entendimiento de la verdad o falsedad de una opinión. Fue, por lo tanto, a partir de este uso más amplio y como abreviatura por lo que la elocuencia fue llamada por algunos grandes hombres el *arte de la persuasión*, tomando *persuasión* tanto en su sentido propio como en un sentido menos apropiado.[5] Si tanto Cicerón como Quintiliano hubieran puesto el arte que enseñaron bajo una luz tan ridícula como para negar que también fuera el *arte de convencer mediante argumentos*,[6] menospreciaríamos *ipso facto* su testimonio como algo procedente de hombres cuya profesión era engañar.

5. Gran parte de aquella astucia carente de sentido, usualmente denominada ingenio, debe su existencia a la corrupción y el abuso del lenguaje. El significado doble de la palabra *persuadere* dio nacimiento a aquella extraña expresión recogida por san Agustín: «non persuadebis, etiamsi persuaseris», que no tiene significado alguno o solo significa esto: «aunque me convenzas de la verdad de lo que anticipas, no me convencerás de que dé paso alguno a consecuencia de tal convencimiento». La misma frase se halla en el *Pluto* de Aristófanes, donde uno de los ancianos [Crémilo] dice a la Pobreza [la diosa Penia] en respuesta a su arenga: «ΟΥ ΓΑΡ ΠΕΙΣΕΙΣ ΟΥΔ' ΗΝ ΠΕΙΣΗΣ», siendo explicada de la misma manera por el escoliasta griego. [N. del T.: la cita es de *Pluto*, v. 600: «no me convencerás aunque me convenzas»].

6. No puede haber nada más absurdo que tratar de persuadir en temas especulativos sin argumentar y, sin embargo, hay un fenómeno frecuente que en cierta medida excusa a quienes creen que es algo realizable y fácil. Puede que hayan observado a la multitud persuadida de la verdad de lo que dice el orador sin que su discurso tuviera la menor apariencia de argumentación, incluso si era ininteligible.

Se trata, sin duda, de un hecho común, aunque no se debe a la capacidad de la elocuencia de engañar a la imaginación y las pasiones, sino a la fuerza del crédito personal y la autoridad. Al recurrir a periodos, términos cultos, un estilo pomposo, un gesto serio y un aspecto sincero el orador convence a los simples (pues otra audiencia no aprobaría esta oratoria) de que él es un hombre grande, sabio y honesto, usando el crédito así adquirido para imponerles cualquier opinión que estime oportuna. Pero este tipo ridículo de prejuicio no es el resultado privativo de la elocuencia,

Hay ejemplos de elocuencia argumentativa en las obras de Isó-
crates, Luciano y otros oradores cuyos tópicos han versado sobre
cuestiones filosóficas, legales, especulativas, políticas o filológicas.
Del tipo mixto encontramos innumerables ejemplos entre los historiadores y en los discursos de quienes se han ocupado con defensas
judiciales o la práctica de la guerra, la teología o la política. Entre los
más famosos están Demóstenes y Cicerón; Demóstenes se preocupó
especial, aunque no exclusivamente, de que sus oyentes lo entendieran
incluso en las arengas con las que buscaba animarlos e impulsarlos a
la acción, como sus *Filípicas*, mientras que Cicerón, adaptándose a los
tiempos en que vivió, empleó más patetismo del que habría aceptado
un pueblo en el que el razonamiento se hubiera cultivado más. Tal es
la causa, como observa el autor del *Ensayo*, «de que los jueces severos
y competentes hayan preferido Demóstenes a Cicerón; pues, a causa
de que la imaginación y las pasiones son más refinadas y justas cuando

----

sino también del rango, las riquezas y muchas otras ventajas que no pretenden ninguna superioridad de palabra o entendimiento. Cualquier cosa que sea dicha por un
príncipe o por un noble conlleva un alto grado de persuasión a partir tan solo del
rango de la persona. Lo mismo sucede con las riquezas, «et bene nummatum decorat
suadela» [«y al rico lo decora la persuasión»]. Últimamente oí a un joven caballero
contar una noticia improbable que sus compañeros recibieron con dudas, visto lo cual
afirmó, con gran seriedad, que era verdad porque se la oyó a un hombre que ganaba
4000 libras al año. Las mujeres guapas gozan del mismo privilegio de persuadir sin
argumentar y con los mismos medios, pues, como dice el poeta, «Todo lo que aprueban es dulce / Y todo lo que repiten tiene sentido».
    Vestidos elegantes, un buen traje con una banda o un anillo de diamantes
son instrumentos que promueven este tipo de convicción con mucha fuerza. También hay asambleas, aunque creo que solo de fanáticos, en las que se valora lo contrario: el uso de un lenguaje deficiente, una declamación torpe, pobreza, una condición
humilde o un atavío pasado de moda por parte del orador aumentarán su crédito ante
los *ojos* de sus *oyentes*, convenciéndolos de algo falso y absurdo. De modo que cuando
se produce esta persuasión no es una prueba del poder de la elocuencia, sino de la
debilidad del entendimiento de la mayoría de los hombres, que apenas se forman
otras opiniones que las que les impone la autoridad. [N. del T.: la anterior es una cita
del poema «In imitation of Anacreon» (Imitación de Anacreonte), del poeta de la
Restauración Mattew Prior (1664-1721)].

conducen al mismo punto que la razón, la especie de elocuencia más noble es la que tiende a conducirlas hacia allí».[7]

En la próxima sección trataré de mostrar cómo el ridículo llega a ser una rama de esta *especie de elocuencia más noble*; no puedo concebir sobre qué base el antagonista de lord Shaftesbury lo sitúa dentro de lo patético, que actúa aplicándose a las pasiones, afirmando que excita la pasión del desprecio. Aun concediéndole que el desprecio y la risa (la cual el ridículo nunca deja de producir) son pasiones, una breve reflexión nos convencerá de que el ridículo no debe ser situado entre los tipos patéticos de elocuencia, pues en la elocuencia patética las pasiones son los instrumentos que el artista maneja para producir la persuasión a la que aspira, mientras que el desprecio y la risa, llámeselos como se quiera, en los temas de investigación son la consecuencia del descubrimiento de la falsedad que llamamos ridícula, por lo que no son los medios sino el fin.[8]

SECCIÓN III
DEL RIDÍCULO ARGUMENTATIVO, EL VERDADERO Y EL FALSO

Cuando un general marcha con su armada a través de un campo enemigo nunca piensa que sea prudente dejar atrás un lugar fortificado sin tomarlo, a no ser que su guarnición sea completamente despreciable. De la misma manera, quien se esfuerza sobre el papel

---

7. Es remarcable que los términos usados en Grecia y Roma para referirse a la elocuencia manifiesten adecuadamente sus distintos caracteres. En Grecia una pieza de elocuencia, sea cual sea su tema, se denomina *logos*, es decir, 'discurso', y la persona que la pronuncia *rétor*, es decir, 'hablante', mientras que en latín la actuación se denomina *oratio*, proveniente de *orare*, es decir, 'suplicar', 'alegar' o 'rogar', y el agente es denominado *orator*, es decir, 'suplicante', 'defensor' o 'mendigante'.

8. Alguien podría imaginar que al proceder patético de *pathos* ('pasión') todo lo que se relaciona con la pasión como causa, medio o consecuencia debe ser patético. De ser así, una bofetada en la cara sería patética si alguien la da o la recibe con pasión. Sin embargo, esto es confiar demasiado en la infalibilidad de las sílabas.

por aumentar los dominios de la verdad debería procurar no obviar ninguna de las objeciones que se han hecho contra la causa que emprende, por muy infundadas que le parezcan, mientras sean tan plausibles como para tener el apoyo de hombres inteligentes. Por esta razón, he empleado una sección de esta breve obra en rectificar ciertas diferencias entre la elocuencia y la argumentación que han sido sugeridas por el autor de los *Ensayos*, una tarea que en otro caso no hubiera sido necesaria, puesto que todo lo que se emplea en la búsqueda de la verdad, ya se dirija al conocimiento, ya a los prejuicios de los hombres, tanto para conducirlos como a engañarlos, debe apelar al entendimiento, de manera que, si se trata de elocuencia, será de aquel tipo que consiste solo en la argumentación.

Habiéndome satisfecho a mí mismo, y quizás a algunos de mis lectores, con la importante verdad de *que el ridículo argumentativo es argumentativo* y, por lo tanto, uno de los métodos de razonamiento, iré un pasó más allá y afirmaré que es uno de los métodos mejor fundados, más fáciles de comprender y menos sujetos a engaño, pues siempre se podrá hallar UNA APELACIÓN A LA EXPERIENCIA[9] *mediante alguna imagen o alusión familiar que convenza por la exactitud y complazca por la novedad y contraste de su uso.*

La segunda cualidad, la *novedad*, lo distingue de lo que suele llamarse razonamiento serio y la primera, la *exactitud*, de la bufonería o falso ridículo, pues *el falso ridículo apela a hechos falsos o a hechos verdaderos que no se parecen ni son aplicables al tema en cuestión.* Recibe el nombre de ridículo solo por una consecuencia que nunca deja de acompañarlo, pues una falsedad seria no puede ser refutada por una alusión repentina a un hecho trivial o doméstico sin suscitar una sonrisa o una carcajada en los oyentes.

Quienes no acepten las propiedades del ridículo a partir de mi afirmación, pueden buscar su prueba en las obras de los autores que son famosos por su excelencia en este tipo de escritos. He sacado

9. Las versalitas, a menos que se indique lo contrario, en el original.

mis afirmaciones de ellos y a ellos remito al lector, pues no creo que ninguno de mis ejemplos lo conduzca a abandonar la polémica. Sin embargo, proporcionaré como ilustración, escogidos entre otros muchos, un ejemplo de ridículo verdadero y otro de falso. Ambos pertenecen a un asunto interesante y de naturaleza pública.

Cuando el famoso proyecto de ley llamado Régimen de Impuestos Especiales estaba a punto de ser tramitado en la Cámara de los Comunes en el año 1733,[10] un grupo de los mercaderes más importantes de la ciudad de Londres se pusieron de acuerdo para firmar una demanda contra él; para que esta tuviera más peso la presentaron conjuntamente, formando una larga cadena de carrozas y carruajes. Tan pronto como esta demanda y la formidable procesión que la acompañaba fueron conocidas en la Cámara, el primer ministro fue y habló con gran elocuencia y espíritu contra la manera de presentarla, diciendo, entre otras cosas, que, pese a que aquellos caballeros se contentaban en su escrito con el título de humildes demandantes, su apariencia en el patio del palacio les daba más bien el aire de otro tipo de demandantes, conocidos comúnmente con el nombre de *mendigos vigorosos*.[11] Con esta simple imagen daba una idea más justa de la ilegalidad e impropiedad de su modo de proceder que la que habría dado un discurso de media hora, pues, ¿qué habría dado más peso a una demanda en un asunto tan importante para la nación que el tema y las razones en sí mismos de la petición? Y, ¿qué podía ser más justo que llamar *mendigos vigorosos* a quienes, so pretexto de una demanda, pretendían obtener lo que deseaban por la fuerza, intimidando a los miembros del parlamento y acosando al legislativo?

10. La *Excise Scheme* fue propuesta por el primer ministro Robert Walpole en la primavera de 1733 y los hechos que a continuación narra Ramsay tuvieron lugar el 10 de abril. Walpole deseaba aligerar las cargas fiscales de los terratenientes, aumentando como compensación las de algunos productos de consumo, desde el tabaco a la sal (N. del T.).

11. En la ley inglesa los *Sturdy Beggars* son mendigos que están capacitados para trabajar, pero prefieren vagabundear y mendigar (N. del T.).

¿Cómo habría que responder a esto? Confieso que es una cuestión compleja, pero alguna respuesta era absolutamente necesaria para evitar que el grupo tuviera que soportar la risa y humillación eternas, pues, como dice Pope:

> Al limitar la burla al vicio y la locura
> Medio mundo se enfrentó, bien lo sabe Dios, al otro medio.
> ¿Acaso el desprecio de hombres más imparciales
> No lo equilibró todo de nuevo hacia el sentido común y la virtud?
> El ingenio juicioso amplía el ridículo
> Y el consuelo caritativo la bellaquería y la locura.[12]

Con esta meta tan humana en mente, uno de los cabecillas de los patriotas se levantó al momento y, sin tener en cuenta la intención del discurso del ministro, quien se expresó de una manera en modo alguno ambigua, se centró con ardor aparente en la palabra *mendigo*, maravillándose de que alguien llamase *mendigos* a quienes conformaban los pilares del comercio de la nación y poseían una parte tan grande de los bienes nacionales; exageró, pues, mucho sus riquezas, aunque estas no fueron puestas en duda. Finalizó su arenga con la narración de las desgracias que le ocurrieron al Gobierno de Flandes por culpa de un gobernador que calificó con desprecio a los ciudadanos de Gante de *Gueux* ['mendigos']. De repente las tornas cambiaron, pues este razonamiento, así expresado, favorecía tanto las intenciones del grupo como los prejuicios entonces dominantes en el vulgo. A causa de esto se compuso una balada que comenzaba:

> De todos los oficios de Londres
> El mejor es el de mendigo,
> Puesto que Bob[13] nos permite aquel oficio
> Que arruina a los demás;
> Y a mendigar debemos ir.

---

12. Se trata de los versos 57 a 62 del «Epílogo» (1738) a *Imitación de las sátiras, epístolas y odas de Horacio* (1733-1738), de Alexander Pope (N. del T.).
   13. Robert Walpole (N. del T.).

Esto ratificaba que los mercaderes eran *mendigos* y ponía su mendicidad bajo una multitud de perspectivas nuevas y divertidas, no demasiado honorables para el hombre que dirigió los asuntos públicos durante tantos años,[14] quien, como se suponía, los sometió insolentemente a una miseria de la que él fue la causa principal.

En el plazo de una semana esto se extendió a las partes más distantes de la isla, produciendo tanto furor entre el vulgo que podría haber tenido las consecuencias más brutales si cualquier accidente lo hubiera conducido a la acción.[15] Así, puesto que el ridículo es uno de los métodos de razonamiento más enérgicos e inmediatos que hay, cuando es falso, si llega a tener efecto, es el método de sofistería que más se debe temer porque es el que afecta más rápidamente.

Si el primer ministro hubiera llamado realmente *mendigos* a los mercaderes de Londres habría dado motivo con sus palabras para poner su administración bajo la luz más despreciable, con lo cual aquella *balada* habría sido ridículo verdadero; sin embargo, como era conocido por los moderados y por quienes estaban bien informados, aquel suceso fue falso, por lo que solo puede resultar una pieza sofística de bufonería.

SECCIÓN IV
SOBRE LOS MEDIOS CON LOS QUE DISTINGUIR EL RIDÍCULO VERDADERO DEL FALSO

Probablemente se objetará que el ridículo, incluso en los términos en los que lo he descrito y ejemplificado en la sección anterior, puede servir tanto para ocultar como para exponer la impostura, por lo

---

14. Walpole fue primer ministro de Gran Bretaña entre 1721 y 1742 (N. del T.).

15. Ante la presión popular y política (por las calles de Londres llegaron a quemarse efigies de Walpole y en el Parlamento sus apoyos se redujeron) Walpole retiró este proyecto de ley. Ramsay, perteneciente al entorno liberal de Adam Smith, aceptaba las peticiones de los comerciantes, aunque rechazaba el recurso a la fuerza (N. del T.).

que sería un *criterio* de verdad ambiguo e insuficiente. Esta objeción
no carece de fundamento. No obstante, si analizamos con detalle
los diversos ejemplos de falso ridículo de los que surge, se hallará
que la objeción no se basa en alguna imperfección de la naturaleza
del ridículo, sino en la debilidad y el prejuicio de aquellos a los que
se intenta convencer. Quien descubriera un método con el que las
personas necias y prejuiciosas pudieran distinguir inmediatamente
la verdad de la falsedad hallaría la piedra filosofal, pero no es posible que alguna vez se encuentre tal *succedaneum* del buen sentido ni
que así lo haya querido el Todopoderoso, padre tanto de los sabios
como de los necios, quien ha ordenado la diversidad que existe en la
naturaleza para la felicidad del conjunto. Es él quien, de acuerdo con
el poeta, ha dado «Recelo al estadista, audacia al caudillo, / Arrogancia a los reyes y a las multitudes fe».[16]

Mundus vult decipi ['el mundo quiere ser engañado']:[17] yo no
escribo para la mayoría, a la que sería quizás tan inapropiado como imposible desengañar. ¿Qué razonamiento hay, incluso el más
serio y formal, que no se haya utilizado para conducir al error y el
absurdo al entendimiento bajo la apariencia de la verdad? Cuando
decimos que este tipo de razonamiento es el más difícil de manipu-
lar, afirmamos algo que puede aplicarse a la mayor parte de las cosas
que conciernen a la frágil raza humana. El razonamiento falso que
se debe al abuso de las palabras es fácil y común porque las ideas
que se unen a los términos generales son muy variadas, indistintas y
fácilmente confundibles, mientras que las propiedades de las cosas,
especialmente las que son de una naturaleza vulgar y doméstica (en
las que reside especialmente la fuerza y el placer del ridículo), no
se pueden utilizar como evidencia que apoye ningún principio ni

16. Son los versos 243-244 de la epístola II del *Ensayo sobre el hombre*, de Alexander Pope (1733-1734) (N. del T.).

17. El dicho completo, a veces atribuido a Petronio, es: *mundus vult decipi, ergo
decipiatur* ('el mundo quiere ser engañado, luego engañémosle') (N. del T.).

afirmación general, a menos que el principio sea verdadero y consistente con la existencia de las cosas.

Mas, por muy buena que pueda ser esta medicina, admitiré que, como otros remedios excelentes, podría ser un veneno en manos de un matasanos, siendo necesario tener un antídoto preparado para cada ocasión. No es preciso que lo busquemos mucho, pues nos ha llegado uno en las obras de un médico antiguo y eminente que recomiendo a partir de mi propia experiencia repetida, a pesar de haber sido desaprobado últimamente por varios boticarios, bien porque no comprendieron la *receta*, bien porque no tenían en sus boticas los ingredientes necesarios para la composición.

Dejando de lado las parábolas y explicándome como alguien de este mundo, esta *receta* no es sino la regla de Gorgias citada por Aristóteles, la cual el crítico de *Características* ha traducido y aplicado de nuevo a partir de lord Shaftesbury; me tomaré la misma libertad y la traduciré y aplicaré a partir de él, respetando en todo momento la corrección y deferencia que se deben a un autor vivo.

El pasaje de Aristóteles, traducido literalmente, dice así: «mas, en referencia a aquello que produce risa, en tanto que se puede usar en los debates, dijo Gorgias, con toda razón, que deberíamos discutir los argumentos serios del adversario con el ridículo y su ridículo con argumentos serios».[18]

18. Las palabras originales son las siguientes: ΠΕΙ ΔΕ ΤΩΝ ΓΕΛΟΙΩΝ, ΕΠΕΙΔΗ ΤΙΝΑ ΔΟΚΕΙ ΧΡΗΣΙΝ ΕΧΕΙΝ ΕΝ ΤΟΙΣ ΑΓΩΣΙ, ΚΑΙ ΔΕΙΝ, ΕΦΗ ΓΟΡΓΙΑΣ, ΤΗΝ ΜΕΝ ΣΠΟΥΔΗΝ ΔΙΑΦΘΕΙΡΕΙΝ ΤΩΝ ΕΝΑΝΤΙΩΝ, ΓΕΛΩΤΙ ΤΟΝ ΔΕΓΕΛΩΤΑ, ΣΠΟΥΔΗ. ΟΡΘΩΣ ΛΕΓΩΝ (*Retórica*, libro III, capítulo 18). El autor de los *Ensayos* tradujo estas palabras como sigue: «como el ridículo podría ser de algún uso en los debates, fue la opinión de Gorgias, en lo cual juzgó correctamente, que deberías confundir los argumentos serios de tu adversario con burlas y sus burlas con argumentos serios». Hubiera sido de desear que el traductor nos hubiera informado sobre la autoridad en la que se basó para traducir la palabra ΔΙΑΦΘΕΙΡΕΙΝ como *confundir*, oponiéndose directamente a todos sus significados conocidos hasta la fecha. ¿Qué podría ser más opuesto que *confundir* y *separar*? ΔΙΑΦΘΕΙΡΕΙΝ, en su sentido más simple, significa *separar completamente*, separándose muy poco de este significado original en todas sus aplicaciones usuales. Por ejemplo, *destruir, consumir, corromper* o *discutir*. Entre

No obstante, al exponer este pasaje con la exactitud que permite la relación entre las palabras inglesas y griegas, solo habré realizado la mitad de mi tarea si no defino con precisión el significado de aquellas palabras, mostrando qué relación tienen con la realidad.

Quienes se enzarzan en controversias con la intención sincera de descubrir la verdad no dejarán de observar que muchos de sus laudables esfuerzos son obstruidos por la imperfección y el abuso del lenguaje. Creo que podemos aventurarnos a decir que esta es el alma verdadera de cualquier controversia, y que los hombres racionales no deberían divergir en sus opiniones sobre cualquier cosa que esté bajo el alcance de la razón humana si fuera posible encontrar un número de signos que transmitieran con exactitud las mismas ideas de una persona a otra. El lenguaje común está lejos de satisfacer este propósito y el único remedio para este defecto sería explicar, mediante definiciones y ejemplos, los términos principales que se vayan a emplear, importando poco si tales términos ya están en uso o son creados arbitrariamente para la ocasión.

Ya he definido y ejemplificado el término *ridículo*, por lo que creo que no hay dificultad en lo que respecta a la idea que tengo de este, pero el término *argumento serio* tiene tantos significados diferentes que si no lo usáramos con la misma precaución nos enredaría en un laberinto de confusión. Sin embargo, antes de definir el significado exacto que tiene en la anterior sentencia de Aristóteles indicaré, con unas pocas líneas, por qué esta definición resulta necesaria; como la investigación no es meramente verbal, esto arrojará alguna luz sobre el tema principal.

---

estas he recurrido a la última, basándome en la autoridad y soporte adicional de todos los traductores latinos de este pasaje que han caído en mis manos. [(N. del T.): en el cuerpo del texto hemos traducido la versión de Ramsay; compárese con la castellana de Quintín Racionero: «a propósito del ridículo, dado que parece tener alguna utilidad en los debates y que conviene –como decía Gorgias, que en esto hablaba rectamente– "echar a perder la seriedad de los adversarios por medio de la risa y su risa por medio de la seriedad"» (Aristóteles, 1990: 592-593)].

Hay, y sin duda siempre ha habido en todos los lugares, en la antigua Atenas tanto como en Londres, un gran número de personas superficiales que buscando el aplauso y la recepción favorable que siempre se pagan al ingenio y humor verdaderos desean tener parte en ellos, las cuales, no estando bendecidas con los medios legítimos para conseguirlo (es decir, una vívida fantasía y un juicio sólido), recurren a los medios que la naturaleza les ha concedido. Algunos de estos chistosos caballeros pondrán taburetes en medio del camino de sus compañeros, coserán sus camisas al mantel, apartarán maliciosamente sus sillas de debajo de ellos y muchas otras tonterías cuyo mérito no podría reclamar nadie salvo un mono. No obstante, aquellos ingeniosos rompedores de piernas, ensuciadores de ropas y escamoteadores de sillas son como Cervantes o Chesterfield si se comparan con otro tipo de chusma idiota que para pasar por ingeniosa nos engañará con una mentira o nos mantendrá mucho tiempo en suspenso con alguna ambigüedad, tras lo cual se reirá y dirá que *era una broma*. Las consecuencias de esta lamentable practica son deplorables, pues, a causa de su frecuencia, corrompe el lenguaje con la aplicación incorrecta de las palabras y daña y confunde la inocencia, confianza y seguridad que para las mentes liberales constituyen el placer y dignidad de la conversación, oyéndose muchas veces preguntar, incluso a hombres de buena educación, si algo *es en broma o en serio*, es decir, si se *miente o dice la verdad* sin que, a causa de la frecuencia de estas bromas, se produzca la indignación que tendría que resultar de esta pregunta.

Vemos, pues, que con *en serio* se quiere decir a menudo *sincero* y *verídico* y con *en broma* sus opuestos, *mentiroso* y *frívolo*; no obstante, aquí no le daremos estos significados, en lo cual, confío, iremos de la mano de Aristóteles. El ridículo (o chanza verdadera) es, en relación con la veracidad, tan serio como cualquier método de razonamiento y producirá en mayor grado las consecuencias que se esperan de él, a saber, el convencimiento y la risa, mientras más sincero sea el sentimiento y más grave el porte de quien lo produce.

¿Qué es entonces lo que distingue al argumento *serio* del *ridículo*? El lector hallará la respuesta fácilmente si se toma la molestia de volver al lugar en el que expliqué el nombre de *ridículo*, donde hallará que se llama así porque *produce risa en los oyentes*, de modo que los otros tipos de razonamiento se denominan *serios* porque *no producen risa*, con independencia de que sean sinceros o no.

Habiendo explicado mis términos, procederé a ilustrar la regla de Gorgias mostrando que *una chanza que no soporte un examen serio es falso ingenio* y que, por *duro* que le resulte al crítico de lord Shaftesbury, *un argumento que no soporte el ridículo posee una lógica falsa*. En otras palabras, que *lo serio es la prueba de lo ridículo y lo ridículo la prueba de lo serio*, del mismo modo que la suma es la prueba de la resta y la resta de la suma. Espero que aquel caballero no llame a esto también «un tipo de prueba *vacilante*», diciendo que es como «mostrar la exactitud del cuadrado a partir de la traza que se forma con él».[19]

Una breve historieta aclarará esto mejor que un volumen de áridas palabras. Me viene a la memoria una que creo que hallé en las chanzas de Cambridge[20] o en algún valioso repertorio del mismo tipo.

Cuando un alumno de Oxford estaba cenando durante las vacaciones de Navidad con su padre y su madre, gente de campo sencilla y sensata, la conversación recayó, como es natural, sobre la universidad, conduciendo al joven insensiblemente hacia una perorata en alabanza del conocimiento en general y de la lógica en particular. Me alegraría conocer, dijo el padre, qué es esta lógica a la que tienes en tan alta estima. Es, dijo el estudiante, el arte de hacer que la gente crea lo que nos plazca. Ah, dijo el anciano, curiosa cosa, en efecto. Por favor, Tom, muéstranos a tu madre y a mí alguna florecilla suya, para que podamos admirarla tanto como tú. Justo cuando decía esto

---

19. *Ensayo sobre* Características, sección IX.

20. En 1753 había disponibles varios repertorios de historias curiosas y graciosas con el título *Cambridge Jests*. No he podido trazar la fuente en la que se basó Ramsay (N. del T.).

se pusieron sobre la mesa dos pasteles de carne picada. Probaré que aquí hay tres pasteles de carne, dijo el estudiante. Eso nos complacería mucho, dijo el anciano. Nada será más fácil, dijo el hijo. Estará de acuerdo en que este es uno. Sí. Y que este es dos. Sin duda. Ahora bien, dijo el joven Platón, si unes uno con dos obtienes tres. ¡Oh, asombroso!, dijo el campesino. Entonces, querida, continuó, dirigiéndose a su esposa, toma tú un pastel que yo tomaré otro y Tom el tercero, a ver si le ayuda en su aplicación a estudios tan excelentes.

He aquí un ejemplo de *argumento serio* que carece de verdad en sí mismo, o de sinceridad en quien lo usa, y de *ridículo* verdadero y serio que lo refuta. Si alguien me objeta que lo que llamo argumento *serio* es en realidad ridículo y absurdo, le responderé, de una vez por todas, que el ridículo solo pretende destruir ese tipo de argumento serio y que solo este tipo de argumento serio descarta y niega la prueba del ridículo. Si nuestro estudiante se hubiera limitado a probar que dos más uno son tres pasteles de carne habría desafiado todo el ridículo de Rabelais. Esto en cuanto a la lógica; ahora vayamos al ridículo.

Aunque, como vimos antes, esta manera divertida de razonar es la menos apropiada para convencer a la gente de lo que es contrario a la naturaleza de las cosas, ha sido utilizada para dicho propósito, no sin éxito, ante mentes débiles y predispuestas. Puesto que su naturaleza es rápida y argumentativa, es preciso ralentizar su marcha con algún tipo de razonamiento más lento y analítico que pueda, como Fabio contra Aníbal, *cunctando restituere rem*.[21]

---

21. «Restablecer la posición demorándose». Después de la derrota de Trasimeno en el año 217 a. C. los romanos mandaron al general Quinto Fabio Máximo contra el ejército cartaginés de Aníbal. Ante la notable superioridad de este, Fabio rehuyó la confrontación directa y recurrió a lo que hoy denominamos una «guerra de guerrillas». Retirándose a las montañas, atacaba a los rezagados de Aníbal y se retiraba, lo que suele denominarse «táctica fabiana». Pese a las críticas provenientes de la misma Roma, por su forma poco «honorable» de luchar, acabó venciendo a las tropas cartaginesas, dando lugar al verso «unus homo nobis cunctando restituit rem»

El Dr. Swift, entre cuyas obras hay muchos ejemplos de *ridículo verdadero*, da de vez en cuando algún caso del *falso*, debido principal, si no únicamente, al impulso del espíritu partidista, el cual siempre hace distorsionar la verdad a quienes están bajo su influjo, por muy grande que sean su buen sentido y amor natural por la verdad. Este espíritu empujó a aquel ingenioso escritor, nacido con el temperamento más alejado del servilismo, a tratar de ridiculizar el principio *whig* del *derecho del pueblo a resistir a los tiranos* (un principio que en realidad es un sentimiento de la naturaleza humana), apelando a innumerables hechos para arrojar con fuerza irresistible el ridículo contra sus oponentes. ¿Qué podrían entonces esperar quienes fueron tan imprudentes que usaron el sentido común como una de sus armas, salvo proporcionar un triste ejemplo de la insuficiencia del ingenio humano cuando es aplicado impropia e indignamente?

Esta broma de Swift se titula «Reivindicación de la Sra. Bull del derecho irrevocable de las esposas a poner los cuernos en caso de tiranía, infidelidad o impotencia por parte de sus esposos, siendo una respuesta al sermón del Doctor contra el adulterio»; la introdujo en aquella excelente pieza de humor alegórico que es *La historia de John Bull*,[22] de la que forma parte como un forúnculo del cuerpo hermoso al que desgracia.

Para detectar la falacia de esta pieza de pretendido ridículo sigamos el consejo de Aristóteles y reduzcámosla a uno o dos silogismos de la siguiente manera: primero, el autor nos informa irónicamente de lo siguiente:

(un solo hombre restableció nuestra posición demorándose), el cual forma parte del libro XII de los *Anales* de Quinto Ennio, del que solo nos han llegado fragmentos (N. del T.).

22. Es el capítulo XIII de *La historia de John Bull*, publicada en 1712 por John Arbuthnot (1667-1735), amigo de Swift y Pope, aunque suele aparecer en ediciones de las obras de Swift. Fue relativamente común que los miembros del club Scriblerus, al que pertenecían los tres, intercambiaran sus nombres (N. del T.).

Una esposa es a su esposo lo que una nación a su rey;

Ahora bien, es legal para una nación deponer a su rey cuando este no le complace, poniendo a otro en su lugar;

Ergo es legal para una esposa renunciar a su esposo cuando este le disguste y conceder sus favores a cualquiera que le guste más.

Para que este silogismo irónico sirva a las intenciones de la facción el lector obediente debe resolverlo de la siguiente manera, cosa que, *coute qui'l coute* ['pese a quien pese'], no dejará de hacer si es un verdadero hijo de Sacheverell:[23]

Es contrario a todo orden y al sentido común del género humano que en cualquier ocasión una esposa se sienta autorizada a abjurar de la fidelidad a su esposo;

Además, siendo una nación a su rey exactamente lo que una esposa a su esposo;

Ergo es contrario al sentido común creer que cualquier falta de un rey pueda liberar a sus súbditos de la lealtad que le deben.

Quod erat demonstrandum.

Descubrir dónde reside el error de este razonamiento requiere poco análisis, pues resulta claro en una primera ojeada que se basa en la suposición de que un rey tiene la misma relación con el pueblo al que gobierna que un esposo con su esposa, lo cual es tan manifiestamente falso que sería un desperdicio de papel mostrar todos los puntos en los que se diferencian.

Además, el autor ha destruido la divertida consistencia alegórica del resto de la obra por mor de una absurda payasada. Mientras que en el grueso de la obra el Sr. *Bull* representa la nación inglesa y la Sra. *Bull* el parlamento, en esta excrecencia el Sr. *Bull* representa al rey de Inglaterra y la Sra. *Bull* a la nación. Un algebrista que en sus cálculos simbolice con la letra *b* a veces un número y a veces otro no puede

23. Henry Sacheverell (1674-1724), que Ramsay conecta aquí con Swift, fue un pastor de la Iglesia anglicana afecto a la ideología *tory* (N. del T.).

proporcionar una solución que lo haga digno de crédito. Por mi parte, si se me permite una evidencia y un consejo, cuando leí estos dos capítulos de Swift no sentí inclinación a la risa ni fui convencido, por lo cual no dudo de que el veredicto sobre ellos será: *falso rídiculo*, y de que, consecuentemente, no son una prueba de la verdad.

SECCIÓN V

SOBRE EL USO DEL RIDÍCULO EN LAS CONTROVERSIAS RELIGIOSAS

No basta con que una posición sea falsa para convertirla en ridícula; un objeto apropiado del ridículo debe ser además IMPORTANTE. Cuando Horacio dice «parturiunt montes, nascitur ridiculus mus» ['los montes están de parto, nacerá un ratón ridículo']24 no quiere decir que el ratón sea ridículo en sí mismo, sino solo a causa de las altas esperanzas que suscitó su pomposo e importante alumbramiento. Pese a que la *importancia* o *seriedad* no es, como afirma lord Shaftesbury, *la esencia de la impostura*, es en tal grado la *esencia* de lo *rídiculo* que es fácil producir una multitud de ejemplos en los que el ridículo ha caído sobre afirmaciones que, aun no siendo falsas, no fueron adecuadas ni concordes con la seriedad que se buscaba.

Uno de estos ejemplos fue recogido por Diógenes el cínico; lo relataré por extenso para beneficiar a los lectores que no estén familiarizados con la historia de aquellos *bromistas* que los antiguos llamaron *filósofos*, quienes merecían mucho más este título honorífico que sus colegas más serios, por las razones indicadas.

Platón definió al ser humano como *un animal bípedo sin plumas*, lo que a Diógenes [de Sinope] le resultó muy ridículo cuando lo oyó, de modo que decidió exponerlo a la risa pública. Para hacerlo más

---

24. «El parto de los montes» es una fábula de Esopo que aprovechó Horacio en el verso 139 de su *Arte poética* (N. del T.).

efectivamente buscó algún animal despreciable que respondiera a dicha descripción, pero no pudo encontrar ninguno. Convencido, pues, de que no podía atacar a su rival desde el lado de la *falsedad*, abandonó esta búsqueda, pero como aún consideraba *insignificante* una descripción tan inapropiada para la dignidad del asunto, la supuesta dignidad del filósofo y la pompa científica de las palabras con las que lo revistió, se decidió a construir por sí mismo el ejemplo que en vano buscó en la realidad. Así, tras desplumar a un pollo lo escondió bajo su manto y, poniéndolo de repente sobre sus piernas ante Platón y sus admiradores, gritó: ¡*mirad el hombre de Platón!*[25]

Esto fue considerado ingenioso en la época y como tal se ha transmitido durante muchas generaciones. Ciertamente, fue ridículo verdadero en cuanto a la *importancia* del tema, pero no mostró que la cosa ridiculizada fuera falsa, sino todo lo contrario, como deja claro el hecho de que se viera obligado a apelar a algo tan manifiestamente artificial, en lugar de a la realidad natural de las cosas.

Para que la ridiculización triunfe completamente es necesario que se emplee sobre lo que es absolutamente ridículo, es decir, *falso* e *importante* al mismo tiempo. Por eso, ninguna de las absurdidades que han deshonrado al género humano ha sido objeto de tanto ingenio y ridículo como la *falsa religión*, pues, ¿cómo es posible que aquellos a los que el Altísimo ha concedido unas facultades mentales superiores a las de los demás no las empleen para honrarle, tratando de comunicar estos justos sentimientos de una manera asequible a sus congéneres menos felizmente dotados?

La historia testifica cuán necesaria ha sido esta tarea, pues desde los tiempos más primitivos nunca ha faltado un conjunto de impostores que han basado su negocio en influir sobre el miedo, la ignorancia y la credulidad de la parte más débil y numerosa del

---

25. La anécdota se relata en Diógenes Laercio: *Vidas y opiniones de los filósofos ilustres*, VI.40. Según Diógenes Laercio, después de esto los platónicos definieron al ser humano como «animal bípedo sin plumas y de uñas planas» (N. del T.).

género humano, no representando al Ser Eterno como se muestra en sus obras gloriosas sino como mejor se adecue a sus bajos propósitos. Con todo, *Dios nunca careció de testigos*, como dijo san Pablo, y en todas las épocas ha habido personas de un sentido y honestidad superiores que han tratado, a menudo con éxito, de apartar a sus hermanos más débiles de este yugo impío, exponiendo a la risa las mentiras y absurdidades que, en lugar de hechos y argumentos, les impusieron.

Luciano, uno de los escritores antiguos más correctos y el mayor maestro del tipo de razonamiento analógico que llamamos ridículo, ha empleado su ingenio exitosamente contra la loca adoración y las nociones abominables de la deidad que la ley y la costumbre establecieron en su época. Antes de él muchos otros, particularmente los satíricos latinos Juvenal, Persio y Horacio, consideraron su obligación convertir tan serios asuntos en algo risible. Puesto que sería cansado e impertinente suplir, a la manera alemana, las deficiencias de este breve tratado con manidos retazos latinos y con citas de autores bien conocidos por quienes comprenden el lenguaje en el que están escritos, ejemplificaré esta parte de mi asunto con un caso de ridículo más excelente y antiguo que los que pueden hallarse en los autores mencionados. Se halla en la última parte del capítulo 13 de *La sabiduría de Salomón*. Lo citaré entero para asegurarme de pagar a mi lector por las molestias con una pieza de la más alta *elocuencia* que, de otra manera, podría no haber caído entre sus manos.[26]

> 1. Todos los hombres que ignoran a Dios son vanos por naturaleza, incapaces de conocer a partir de las cosas buenas que ven a aquel que es y de reconocer al hacedor a partir de sus obras;
> 2. Consideran que el fuego, el viento, el aire sutil, el círculo de las estrellas, el agua turbulenta o las luces del cielo son los dioses que gobiernan el mundo.

26. Puesto que Ramsay presenta directamente su traducción inglesa, nosotros nos limitaremos a traducir esta al español (N. del T.).

3. Mas si, cautivados por su belleza, los consideran dioses, sepan cuán mucho mejor es su Señor, primer autor de la belleza, quien los ha creado.

4. Si les sobrecogió su poder y virtud, sepan a partir de ellos que Aquel que los hizo es mucho más poderoso,

5. Pues a partir de la belleza y grandeza de las criaturas, ha de verse en proporción la de su hacedor.

6. Con todo, no han de ser demasiado censurados por esto, pues yerran al buscar a Dios quienes desean encontrarlo;

7. Viviendo entre sus obras, lo buscan diligentemente y creen a sus ojos, pues las cosas que ven son hermosas.

8. No obstante, tampoco han de ser perdonados,

9. Pues si tuvieron tanto conocimiento como para estudiar el mundo, ¿por qué no hallaron antes a su Señor?

10. Son miserables que depositan su esperanza en cosas muertas, que llaman dioses a cosas que son producto de la mano humana, al oro y a la plata labrados con arte imitando a bestias o a una piedra inútil tallada por una mano antigua.

11. Un carpintero tala un árbol, le quita habilidosamente la corteza y trabaja la madera con delicadeza, haciendo un recipiente útil para las necesidades de la vida humana.[27]

12. Tras usar las sobras de su trabajo [como leña] para prepararse la comida descansa satisfecho;

13. Tomando el último resto de lo que no sirve para nada (una pieza de madera retorcida y nudosa), lo talla diligentemente cuando no tiene nada mejor que hacer, le da forma mediante la habilidad de su entendimiento y lo asemeja a la imagen de un hombre;

14. O lo forma como una bestia vil, cubriéndolo con bermellón y coloreándolo con pintura roja, con la que tapa cada imperfección;

---

27. El parentesco que, en la tienda de un tallista, un banco o un taburete pueda tener con un dios es algo tan obvio como cómico para los pocos sensatos. En consecuencia, lo vemos en Horacio, quien ataca al absoluto *pandemónium* de la idolatría pagana a través de su camarada Príapo: «Olim truncus eran ficulnus, inutile lignum / Cum faber incertus scamnum faceretne Priapum, / Maluit esse Deum» (L.I, Sat. 8). [(N. del T.): es la sátira 8 del primer libro de las *Sátiras* de Horacio: «antes era un tronco de higuera, un madero inútil, pero un artesano que no sabía si hacer un banco o una estatua de Príapo prefirió que fuera un dios»].

15. Cuando ha construido un espacio conveniente para él, lo coloca en un muro y lo asegura con hierro,

16. Pues ha de procurar que no se caiga, sabiéndolo incapaz de sostenerse a sí mismo (dado que solo es una imagen, tiene necesidad de ayuda).

17. Tras esto, le pide por sus bienes, su esposa y sus hijos, sin avergonzarse de hablar con lo que carece de vida,

18. Pidiéndole salud a un inválido, vida a lo que está muerto, implorando humildemente ayuda a lo que menos medios tiene para ayudarle y rogando un buen viaje a lo que no puede adelantar un pie;

19. Pide destreza para sus ganancias y empresas, el éxito del trabajo de sus manos, a lo que es incapaz de hacer nada.

Aquí tenemos un *razonamiento* verdaderamente *serio* que a través del estudio tiende al conocimiento del Ser divino hasta donde las facultades humanas alcanzan, razonamiento que el mismo Momo no podría ridiculizar;[28] y tenemos también la *ridiculización* que denuncia el absurdo de las nociones y prácticas populares, la cual superaría la prueba de Aristóteles, con toda su dialéctica.

Sin embargo, el crítico de lord Shaftesbury parece ser un gran enemigo de esta manera familiar de tratar las opiniones religiosas, pues acaba la sección séptima de su *Ensayo* con las siguientes palabras, relativas a lo que cree su desventaja y, en general, la desventaja del ridículo:

> ... parece, por lo tanto, que la observación de su señoría (que contiene la quintaesencia de la obra adjunta y que fue probablemente la levadura que hizo fermentar toda su masa de malevolencia y torpeza), en lugar de ser favorable al ridículo como prueba de la verdad, solo tiende a desacreditarlo. Pues, dado que cada secta religiosa e irreligiosa lo han EMPLEADO EXITOSAMENTE tanto PARA APOYAR sus propios dogmas como para hacer despreciables los de sus adversarios, y dado que se trata de doctrinas

---

28. En la mitología griega, Momo era el dios burlesco por excelencia, generalmente malintencionado (N. del T.).

esencialmente repugnantes que no pueden ser verdaderas, se sigue que el ridículo es uno de los recursos más poderosos con los
que el error se puede establecer y mantener.[29]

Esto es algo fuerte y mordaz que concluye el argumento tan
completamente como concluye la sección. Es una pena que no tenga
mejor fundamento que lo que el autor propone en la anterior sentencia: *una masa fermentada de malevolencia y torpeza*.

Es verdad que muchas sectas religiosas han empleado con éxito
el ridículo para *hacer despreciables los dogmas de sus adversarios*, pero
¿cómo es posible que un instrumento, cuyo uso declarado es humi-
llar, pueda ser empleado para *apoyar* cualquier secta religiosa? Eso
solo sería posible si no hubiera nada más que dos sectas religiosas en
el mundo y una de ellas fuera necesariamente verdadera, pero puede
que haya quinientas y todas ellas, salvo una, falsas y ridículas. ¿Ha
habido algún autor tan torpe como para imaginar que cuando dos
navíos de guerra se están disparando entre sí alguno de ellos pueda
plantearse arreglar su aparejo con la munición que lanza a su adversario? ¿Se ha asentado mejor el culto a Venus y Ganímedes gracias
a las excelentes chanzas de Juvenal a costa de los dioses cocodrilo y

29. La observación de lord Shaftesbury a la que se alude aquí se halla en su hoja
previa, donde, al hablar de los zelotes modernos, nos cuenta que «creen que nunca
deben tratar de una manera grave y solemne lo que consideran grave y solemne, aunque puedan tratar de una manera diferente lo que otros consideran así, estando pres-
tos a ensayar la prueba del ridículo contra cualquier opinión salvo la propia». Con
todo, es difícil ver cómo puede el comentador hallar en esas palabras nada referente
al *apoyo* de opiniones diferentes por medio del ridículo. También acusa al Sr. Collins,
a quien llama su *cómplice*, de este absurdo grosero, del que quizás él mismo podría
ser culpable. No obstante, como no ha citado ningún pasaje ni mencionado el título
de la obra donde podría hallarse, tenemos razón para creer que ha malinterpretado
tanto al Sr. Collins como a lord Shaftesbury. Suponiendo que lord Shaftesbury y sus
asociados sean tan lerdos y maliciosos como se ha complacido en presentarlos, ¿qué
aporta esto a los méritos del ridículo? [(N. del T.): Anthony Collins (1676-1729) fue
un deísta y librepensador amigo de John Locke que en 1724 publicó una *Defensa del
libre debate y de la libertad de escritura*].

cebolla de los egipcios?[30] O, supongamos que un católico se riera con motivo de la adoración a Fum Ho[31] y que el chino le respondiera riéndose de la suya a san Antonio de Padua, ¿estaría alguno más convencido que antes de la verdad de la idolatría china o papista? ¿Es una prueba de la verdad del jansenismo la admirada ridiculización que hizo Pascal de los jesuitas? No. A pesar de todo su ingenio, sus doctrinas de la *gracia de congruencia* y de la *gracia de eficacia* siguen siendo tan ininteligibles e inútiles como antes,[32] exponiéndose ambas facciones al ridículo ante mentes más desapasionadas, gracias a las cuales, como observa Voltaire, Francia fue librada de una disputa que deshonraba a la vez al cristianismo, al conocimiento y al entendimiento humano.[33]

En realidad, cuando dos sectas del mismo país parece que se enfrentan a causa de la verdad de sus opiniones, en realidad lo hacen por conseguir poder y riquezas; aquella secta que destruye a su

---

30. Referencia a la sátira XV de Juvenal (N. del T.).

31. El mandarín Fum-Hoam fue una figura relativamente popular en la literatura inglesa del siglo XVIII, sobre todo a partir de la obra de Thomas-Simon Gueullette (1683-1766) *Les aventures merveilleuses du mandarin Fum-Hoam*, traducida al inglés en 1725 como *Chinese Tales: or, the Wonderful Adventures of the Mandarine Fum-Hoam* (N. del T.).

32. Ramsay se refiere a las *Cartas provinciales*, escritas entre 1656 y 1657 por Blaise Pascal como defensa de Antoine Arnauld frente a los jesuitas. Uno de los puntos problemáticos residía en la doctrina de la gracia y en la negación del libre albedrío por los jansenistas. Había teorías de la gracia que, en última instancia, procedían de san Agustín, la de la «gratia congrua», o gracia eficaz, y la de la «gratia incongrua», o gracia suficiente. La primera supone la negación del libre arbitrio (N. del T.).

33. «On se souvient, avec quel me pris le duc d'Orleans et son ministre parlaient des querelles qu'ils apaiserent; quel ridicule ist jeterent sur cette guerre de controverse. Ce mepris et ce ridicule ne servirent pas peu a la paix. O se lasse en fin de combattre, pour des querelles dan le monde rit. Siecle de Louis 14. chap du Jansenisme». [(N. del T.): es una cita del capítulo XXXVII de *El siglo de Luis XIV*, de Voltaire, que trata del jansenismo. La traducción de Nelida Orfila Reynal es como sigue: «se recuerda el desprecio con el que el duque de Orleans y su ministro hablaban de las querellas que apaciguaron, y el ridículo con el que cubrieron aquella guerra de controversias. Ese desprecio y ese ridículo contribuyeron también a la paz. Tarde o temprano, se hace cansado luchar por disputas de las que el mundo se ríe» (Voltaire, 1954: 437)].

adversaria por cualquier medio manifiesto u oculto, serio, ridículo o mediante golpes, se establece tan efectivamente como pueda desear, alegrándose como un navío victorioso que hubiera hundido a su enemigo, a pesar de tener veinte agujeros en su propio casco, la mitad de su tripulación muerta y ni un mástil en pie.

Es un gran honor para el estado actual de este país el que, a pesar de la tolerancia universal, la libertad de prensa y la seguridad con la que se pueden expresar todas las opiniones haya poco o nada que tienda a ridiculizar la religión, tanto la establecida por ley como la tolerada. No ha sido siempre así y, según creo, podrá hallarse que los libros y los panfletos que ridiculizan temas religiosos han sido mucho más numerosos entre la Reforma y el acceso al trono del rey presente de lo que lo han sido durante su feliz reinado. La razón parece obvia: en los reinos anteriores las facciones que desgarraban las entrañas de la nación estaban formadas por sectas religiosas que tenían por bandera credos que a menudo solo diferían en nimiedades; sin embargo, al ser tales nimiedades tanto el lazo de unión de cada facción como la causa de su división, eran magnificadas por sus líderes y voceros como cosas de la mayor IMPORTANCIA, pasando de despreciables excrecencias a ser el grueso de la religión de la época.

En esa conflictiva situación de nuestro desgraciado país, cuando el espíritu de controversia cayó tan bajo como para que pequeñas señoritas de diez años argumentaran sin fundamento sobre *el derecho divino del episcopado* o *la validez del bautismo laico*; cuando subió tan alto como para hacer que uno de los mayores poetas épicos que cualquier época haya producido mostrara al Altísimo disertando como un teólogo de escuela[34] y a los diablos entreteniéndose en el infierno con dilemas metafísicos;[35] y cuando los partidarios de

---

34. Milton, *Paraíso perdido*, libro III. [(N. del T.): entre los versos 80 y 134 del citado libro, Dios trata de eximirse de la existencia del mal con argumentos característicos de la teodicea].

35. «Others apart sat on a hill retir'd / In thoughts more elevate, and reason'd high / Of providence, foreknowledge, will, and fate, / Fixt fate, free will,

la paz y de la libertad estuvieron aterrorizados ante la alternativa
de la anarquía proveniente del loco entusiasmo de los sectarios o de
la tiranía papista de un rey fanático, fue cuando Butler,[36] Tindal,[37]
Trenchard,[38] Gordon[39] y muchos otros se alzaron para segar la fértil
cosecha que el calor del tiempo hizo madurar; entonces fue cuando
el doctor Swift escribió su *Cuento de una barrica* como apoyo de los
escritos serios del arzobispo Tillotson[40] y de otros hombres sabios y
buenos, cuya manera de escribir no era tan efectiva en la producción
del desprecio que buscaban y requería la seguridad y felicidad de
nuestra Iglesia y Estado.[41]

---

foreknowledge absolute; / And found no end, in wandring mazes lost» (Book II).
[(N. del T.): se trata de los versos 557-561 del libro II de *Paraíso perdido*. La traducción de Bel Atreides es como sigue: «Aparte otros se sentaban en colina más distante, / Sumergidos en ideas elevadas y filosofar sublime / Sobre Providencia, la Presciencia, Voluntad y Destino, / El destino fijo, libre voluntad, presciencia íntegra, /
Sin hallar un fin, perdidos en errantes laberintos» (Milton, 2005: 124-125)].

36. Samuel Butler (1612-1680) escribió entre 1663 y 1678 *Hudibras*, una popular sátira contra el puritanismo (N. del T.).

37. Matthew Tindal (1657-1733) osciló entre la Iglesia de Roma y la anglicana.
A finales del siglo XVII publicó obras sobre la relación entre el poder religioso y el
poder civil (N. del T.).

38. John Trenchard (1662-1733), miembro de una familia de políticos, se co-
nectó con la ideología Whig y desarrolló un pensamiento anticlerical (N. del T.).

39. Thomas Gordon (1691-1750) colaboró con Trenchard en la publicación
del semanario *The Independent Whig* (1720-1721) y, más conocidas, las *Cartas de Catón*
(1720-1723) contra la corrupción política británica (N. del T.).

40. John Tillotson (1630-1694), arzobispo de Canterbury entre 1691 y 1694,
fue famoso por sus sermones sobre temas teológicos y doctrinarios, como la trini-
dad y la transubstanciación. El *Cuento de una barrica* fue publicado por Swift en 1704
(N. del T.).

41. Lord Orrery ha resumido la excelencia del *Cuento de una barrica* con las
siguientes palabras: «a lo largo de toda la pieza hay una vena de ridículo y buen
humor que se ríe de la pedantería y la afectación con el mayor desprecio, tratando
los caracteres de Jack y Peter de manera inolvidable e incontestable» (*Comentarios
sobre el Dr. Swift*, carta XXIII). Sin embargo, este tipo de ridículo que se centra en el
comportamiento y la acción, del que trataré en la segunda parte del presente ensayo, no busca solo suscitar risa ante la pedantería y la afectación. El del *Cuento de una
barrica*, como el de *Don Quijote*, es ridículo del tipo argumentativo, aquel cuya tarea

No obstante, en los últimos años las personas que se han encargado de la administración de los asuntos públicos han hallado que el gobierno se puede mantener con otros medios y sin necesidad de recurrir a la religión como pretexto, de modo que cuando aquellas distinciones insignificantes, inventadas y mantenidas por ambas facciones para inflamar al populacho, dejaron de tener el efecto que se pretendía, perdieron progresivamente su IMPORTANCIA y, al dejar de ser importantes, cesaron de ser objeto de ridículo. La religión ha llegado a ser en Inglaterra casi[42] lo que pretendía ser al principio, a saber, no un instrumento al servicio de los políticos y los agitadores, sino un asunto absolutamente privado, no sujeto a más jurisdicción que la de la conciencia u opinión privada y más respetable cuanto más se aleje del poder y las riquezas mundanos, mereciendo más aprobación de los sabios y virtuosos cuanto menos ruido haga.

---

es oponerse a las opiniones falsas a través de la creación de caracteres ficticios que actúan en las situaciones corrientes de la vida siguiendo principios falsos y quiméricos, mostrando las consecuencias más obvias de su comportamiento y convenciendo con ello al lector de la falsedad y absurdez de tales principios y opiniones. Esto se denomina apropiadamente en el lenguaje común *poner a prueba las opiniones* y es, entre todas las formas del ridículo que se han ensayado, la más justa y divertida. [(N. del T.): John Boyle (1707-1762), quinto conde de Orrery y amigo de Swift, publicó en 1751 la obra *Comentarios sobre la vida y los escritos de Jonathan Swift*, citada aquí por Ramsay].

42. No podemos eliminar la palabra *casi*, pese a ser poco musical en esta sentencia, si queremos obrar con recta conciencia, pues no podemos decir que estemos *totalmente* en aquel estado de libertad y sentido común al que la constitución de este reino se ha estado acercando durante los últimos cien años, mientras haya alguna ley que pueda castigar a aquellos cuyas opiniones sobre asuntos meramente especulativos difiera de la de sus regentes. Quizás haya quien se sorprenda al oír la palabra *castigo*, imaginando que solo significa quemar, multar y encarcelar, pero su sorpresa cesará si repara en que declarar a una persona incapaz de ocupar cualquier posición de confianza o provecho en el gobierno es algo decretado a menudo por la corte como un castigo para las grandes ofensas. Mientras subsista una ley que imponga tal estigma a cualquier súbdito útil por disentir del credo del parlamento, la tolerancia estará lejos de ser completa.

Sección VI

Sobre el uso del rídiculo en el examen crítico
de las imágenes poéticas

Además de la verdad filosófica que se exige a todo lo que se presenta inmediatamente al entendimiento existe la VERDAD POÉTICA, aquella que se pide a las imágenes que se presentan a la fantasía para embellecer o ilustrar las composiciones poéticas, de las que se puede considerar su esencia. Comúnmente reciben el nombre de *alegorías*, *metáforas* o *símiles*; se han de condenar como falsedades siempre que presenten a la imaginación algo absurdo, vulgar o inadecuado.

Para hombres de una fantasía viva y ordenada, en los que cada palabra produce de manera distinta y precisa la idea de la que es signo, resulta inmediatamente manifiesta cualquier incongruencia de este tipo, pero para quienes no están bendecidos en un grado tan eminente con esta facultad, a menudo denominada *gusto*, es necesaria alguna ayuda ajena que proporcione a su juicio materiales más perfectos con los que ejercitarse. Entre los métodos sugeridos por los críticos para esto no hay ninguno más rápido o seguro que el que se recomienda en el número 595 de *El espectador*,[43] a saber, recurrir a la ayuda del pincel para ver qué efectos tendrían tales metáforas e imágenes si se mostraran sobre un lienzo. Esto es la APELACIÓN A LOS HECHOS A PARTIR DE LAS PALABRAS a que me referí anteriormente, cuya aplicación siempre será una prueba de si algo es falso y rídiculo.

Supongamos, por ejemplo, que los partidarios de la Iglesia de Inglaterra tuvieran el deseo de ridiculizar las expresiones extravagantes y absurdas que usa en su culto público la secta en auge de los moravos.[44] ¿Cómo podrían hacerlo de la manera más efectiva?

---

43. Número del viernes 17 de septiembre de 1714 (N. del T.).

44. La hermandad morava fue una secta preluterana fundada en Praga a principios del siglo XV por Jan Hus (1370-1415). Se estableció en Inglaterra a comienzos del siglo XVIII y en 1749, poco antes de que Ramsay escribiera estas palabras, el

De acuerdo con el sistema del ridículo de lord Shaftesbury, em-
plearían a Punch para cantar un himno de su *salterio* en un inglés
chapucero, acompañado con el bajo continuo de su *tambor* en lugar
de con el órgano y, para darle más sabor, cambiarían las palabras
aquí y allá por aquellas por las que es especialmente admirada la
oratoria de Punch; con esto se reiría la plebe de Smithfield,[45] incluso
tal vez la gente educada, pero sería solo de las groserías y payasadas
de Punch, saliendo ilesos los hermanos moravos.

Eso no es ridículo, sino solo burlesco y bromista. Si alguien
quisiera producir una risa eficaz contra su comportamiento devoto
debería abrir el libro por la página 53 y recitar con rostro sereno y
un tono de voz apropiado la lección del día:

> Amable costado, acógeme,
> Permíteme estar siempre en ti;
> Oh, herida del costado, mi corazón y mi alma
> Suspiran por tu amable hueco.
> Amable costado, acógeme,
> Permíteme estar siempre en ti:
> Si alguna vez me encajara bien
> En la amable llaga abierta,
> Oh, entonces habitaría por siempre
> En la amable celda de la PLEURA:
> Oh, entonces, etc.

O bien:

> Niños, ¿dónde vivís vosotros, dónde está vuestro terruño,
> Dónde el mejor cuidado para tales pequeñuelos?
> Vivimos en las llagas hechas en la carne de Jesús,
> La santa Iglesia nos cuida y nos presta su ayuda.
> Pero ¿hay espacio para tal número de palomas
> En el estrecho espacio de la santa llaga?

parlamento británico la reconoció como una antigua iglesia episcopal protestante con
la ley *Acta Fratrum* (N. del T.).

45. Mercado de Londres que desde la Edad Media se dedicó a la venta de carne.
También tenían lugar ejecuciones públicas (N. del T.).

Oh, sí, y además hay espacio para sentarse
En todas las llagas de las manos y pies del cordero.
¿Qué es lo que volvéis a hallar en todas vuestras reuniones?
Se habla, escucha y canta aquí siempre de heridas,
Se habla, escucha y canta aquí siempre de heridas,
Heridas, heridas, de nuevo llagas y nada más que heridas,
Etc., etc. etc.[46]

Esto resulta suficientemente burlesco en sí mismo como para hacer reír a cualquiera sensible a la fuerza de las palabras, aunque es cierto que a millares les produce éxtasis y entusiasmo. ¿De dónde procede este extraño efecto sobre un conjunto concreto de personas? Sin duda, de un largo y temprano hábito que ha destruido o deformado las ideas que estas palabras excitarían naturalmente en la mente en otras ocasiones, de manera que en uno de la hermandad solo suscitan imágenes confusas y vagas, sin duda muy diferentes a las de cualquier otra persona. Ahora bien, hagamos que un artista adorne este libro de himnos con algunos grabados, dibujando hombres, mujeres y niños agolpados en la llaga y anidando en ella como las abejas en el hueco de un árbol; tenemos sólidas razones para creer que ningún creyente, por mermado que esté su entendimiento, dejaría de ver lo grosera y absurda que es la alegoría, lo que le produciría risa o enojo, dependiendo del grado en el que el orgullo predomine en su carácter.

Esta regla no sirve solo para examinar a estos artistas alto-alemanes, sino que es una prueba para medir la solidez de cualquier

46. Durante el siglo XVIII se publicaron numerosas colecciones de himnos de la secta morava en Gran Bretaña, algunas a partir de traducciones del alemán y otras originales, especialmente a partir de los años cuarenta (en 1744 comenzó a aparecer la palabra *pleura* en ellos). Por ejemplo, este último citado por Ramsay coincide en gran medida con el himno 411 de la colección que en 1754 se publicó en Londres, titulada *Una colección de himnos de los niños de Dios en todas las épocas, desde el principio hasta la actualidad*. El primero coincide en parte con el número 59 del tercer volumen de la *Colección de himnos, principalmente traducidos del alemán*, publicado por James Hutton en 1748 (N. del T.).

pieza poética, una prueba tan severa que en ocasiones incluso las mejores composiciones disminuirán su valor frente a ella. En el gran Milton hay numerosas descripciones que por lo común se aprueban como versos, pero tendrían una apariencia pobre o desagradable traducidas a colores, siendo algunas incluso imposibles de dibujar.

Tal vez, ni siquiera el mismísimo Homero esté libre de esta acusación en toda su obra. Su descripción de la marcha de Neptuno, en cuatro pasos,[47] desde Samotracia hasta Egas (386 kilómetros) ha sido admirada por algunos críticos a causa de su sublimidad, pero está más allá del poder de Apeles o Rafael pintar a un dios desplazándose por el mar Egeo de esta manera sin que se parezca, como un huevo a otro, a un hombre pegando saltitos sobre un charco, una imagen completamente vulgar y poco divina.

¿En qué consiste, entonces, la sublimidad de este pasaje? Probablemente solo en las palabras; cualquier esfuerzo de la mente por traducirlas a una imagen no le proporcionará agrado, sino el desasosiego que suele acompañar a los inquietos sueños febriles. La mente humana no puede crear nada, solo puede reflejar como un espejo las imágenes que perduran cuando los objetos se han retirado, de modo que el placer que recibimos de las obras de arte poéticas y pictóricas es mayor o menor dependiendo de que las imágenes producidas por

---

47. «ΤΡΙΣ ΜΕΝ ΟΡΕΞΑΤ᾽ ΙΩΝ, ΤΟ ΔΕ ΤΕΤΡΑΤΟΝ ΙΚΕΤΟ ΤΕΚΜΩΡ / ΑΙΓΑΣ» (Ilíada, 12, comienzo del canto XIII, vv. 20-21. («De una tierra a otra tres amplios pasos dio, / Al cuarto la distante Egas sacudió». Pope). Madame Dacier ha omitido esto en su traducción. El Sr. Pope no la ha criticado por su falta de fidelidad al original, sino por su carencia de gusto, valorando mal esta muestra del valor poético de la autora. Sin embargo, Longino parece alinearse con ella cuando en su elogio del Neptuno de Homero cita líneas que preceden y siguen a este pasaje, dejándolo a él de lado [Longino: *Sobre lo sublime*, 9.8]. Una contradicción de sentimientos tan grande entre jueces tan celebrados debería convencernos de la insuficiencia del mero GUSTO y de la necesidad de alguna regla que pueda dirigirlo [dicho criterio será, como mostrará en el *Diálogo sobre el gusto*, el de la imitación, dentro del marco de la teoría de Horacio]. [(N. del T.): Anne Dacier (1647-1720) tradujo en prosa la *Ilíada* en 1699. La traducción de Pope, con extensas anotaciones, es de 1715-1720. En 1724 Dacier publicó una serie de consideraciones sobre la traducción de Pope].

el artista se parezcan más o menos a las que contiene este almacén.[48]
Como afirma Pope:

> El verdadero ingenio es la naturaleza vestida ventajosamente,
> lo pensado a menudo, pero nunca tan bien expresado;
> algo cuya verdad convence nada más verlo,
> que nos devuelve la imagen de nuestra mente.[49]

Si aplicamos la regla, sugerida en esta parte,[50] al mayor de los poetas cuando este confunde los límites de su arte y trata de representar

---

48. El Sr. Addison, cuyos artículos sobre *Los placeres de la imaginación* deben ser
elogiados, ha perdido mucha de la consistencia que podría haber logrado sobre tales
temas por no establecer que la conexión con la VERDAD es el principio fundamental
e inseparable de todas las obras de arte. Por ejemplo, en el número 421 dice: «las
diferentes alusiones son formas distintas de similitud; para que complazcan a la imaginación su semejanza debería ser muy exacta o concorde, como cuando amamos ver
una pintura en la que el parecido es apropiado y la postura y el gesto airosos».
Este ejemplo es poco afortunado porque en esos casos, por principio, lo *concorde*
no puede ser separado de lo *exacto* y la postura en una pintura debe tener un *parecido
apropiado* con lo que es agraciado en la naturaleza antes de que pueda ser estimada en
sí misma como *agraciada*.
49. Cita de los versos 297-300 del *Ensayo sobre la crítica* (1711) de Alexander
Pope (N. del T.).
50. Sospecho que Horacio tuvo en mente este método de crítica al comienzo
de su arte poética: «Humano capiti ceruicem pictor equinam / Iungere si uelit et
uarias inducere plumas, / Undique conlatis membris, ut turpiter atrum / Desinat in
piscem mulier formosa superne, / Spectatum admissi risum teneatis, amici? / Credite,
Pisones, isti tabulae fore librum / Persimilem, cuius, uelut aegri somnia, uanae / Fin-
gentur species, ut nec pes nec caput uni / Reddatur formae. Pictoribus atque poetis /
Quidlibet audendi semper fuit aequa potestas. / Scimus, et hanc ueniam petimusque
damusque uicissim, / Sed non ut placidis coeant inmitia, non ut / Serpentes auibus
geminentur, tigribus agni». [(N. del T.): se trata de los versos 1-13 del *Arte poética*. La
traducción de Juan Gil es: «Si un pintor quisiese unir a una cabeza humana una cerviz
de caballo y cubrirla de plumas variopintas, habiendo juntado miembros de todas
partes, de suerte que una mujer hermosa por arriba terminase de manera repugnante
en un negro pez, ¿contendríais la risa, amigos, de ser invitados a contemplarlo? Pues
tened por cierto, Pisones, que a ese cuadro sería parecidísimo el libro en el que, como
delirios de un enfermo, se creasen formas vanas, de modo que a una misma figura no
correspondiesen ni pies ni cabeza. "Pero los pintores y los poetas, por igual, siempre
tuvieron facultad para osar cualquier cosa". Lo sabemos, y esta licencia la damos y la
recibimos a nuestra vez, mas no para que se empareje lo fiero con lo manso ni para
que se acoplen serpientes con aves ni tigres con corderos» (Horacio, 2010: 87)].

Aquí, como en muchos otros lugares, este crítico excelente ilustra las bellezas y los defectos de la poesía con alusiones a la pintura. Se cree en general que lo hizo porque en este caso la poesía era su tema y que si hubiera tratado sobre la pintura la habría ilustrado con referencias a las operaciones de su arte hermana. Sin embargo, puede que haya otras razones que hagan más apropiadas y productivas las alusiones en este caso que a la inversa. Como ya insinué en este ensayo, tales alusiones se usan para aclarar verdades oscuras o dudosas con la ayuda de verdades parecidas que resulten más obvias. Las líneas y los colores son más determinados y afectan a la mente más rápidamente que las palabras, pues estas deben ser conformadas por la mente como imágenes antes de producir cualquier efecto, de manera que requieren un proceso más tedioso y difícil. Esto lo expresa el propio Horacio en otro lugar de la misma obra, donde, al hablar de las representaciones teatrales como una mezcla de poesía y pintura, dice: «Segnius irritant ánimos demissa per aurem, / Quam quae sunt oculis subjecta fidelibus, et quae / Ipse sibi tradit spectator». [(N. del T.): versos 180-182 del *Arte poética*. La traducción de Juan Gil es: «cuanto entra por los oídos golpea con menos fuerza el ánimo que lo que se representa ante los ojos fieles y lo que el propio espectador se narra a sí mismo» (Horacio, 2010: 99)].

Él hace uso de la similitud con la pintura a partir de esta consideración, condenando las extravagancias e incongruencias de ciertos poetas porque serían imperdonables y ridículas en un pintor.

La esperanza de encontrar algo que confirmara mi conjetura con respecto a este pasaje de Horacio me condujo a examinar a muchos comentaristas, especialmente a Dacier y Sanadon, pero no hallé nada en ellos que apuntara en dicho sentido. Sin embargo, observé que estos eruditos franceses dejaron completamente de lado en sus traducciones la palabra *aequa* ['por igual'], unida en la línea décima a *potestas* ['facultad'], y que el primero interpretó que *petimusque damusque vicissim* ['la damos y la recibimos a nuestra vez'] unía a los poetas con los críticos. En esto ha malinterpretado notablemente el significado del autor, pues Horacio no menciona a los críticos, aparte de que habría sido muy absurdo por su parte decir que los críticos tuvieran un derecho a la osadía y la invención que los situara al mismo nivel que los poetas. Por tanto, trataré de dar un sentido a aquellas 13 líneas que las haga consistentes con la verdad de las cosas, entre sí y, probablemente, con la intención del autor: «Si un pintor uniera a un rostro humano el cuello de un caballo con alas de colores, disponiendo de la misma manera los demás miembros a partir de diferentes animales, de modo que el pecho de una hermosa mujer acabara en una cola de pez, ¿no os parecería a vosotros, que sois entendidos, un espectáculo extremadamente ridículo? Pues creedme, nada puede parecerse más a esta pintura que un poema cuyas indescriptibles imágenes, como los sueños de un enfermo, son tales que ninguna parte se relaciona con las demás. Los pintores y los poetas tienen el mismo derecho a ser osados en sus composiciones, cosa sabida, y a causa de este derecho los poetas no deberían atreverse a escribir lo que los pintores no se atreven a pintar ni, por otra parte, el pintor ha de esperar más indulgencia que la que está dispuesto a conceder a su hermano poeta. Esta indulgencia nunca debe extenderse a quienes pierden de vista la naturaleza, como tampoco permite a ningún artista mezclar la paloma con la serpiente ni el cordero con el tigre». [(N. del T.): M. Dacier y P. Sanadon publicaron en Ámster-

ante los demás lo que el ojo no ve ni el oído oye, aunque se adule a sí mismo como Bayes, diciendo que el empeño es *grande*,[51] la persona juiciosa se convencerá de su naturaleza monstruosa y ridícula.

PARTE II

SOBRE EL RIDÍCULO APLICADO A LAS COSTUMBRES Y LAS ACCIONES DE LOS HOMBRES. CONCLUSIÓN

Como observé antes, la risa *es la consecuencia del ridículo*, del que procede su nombre. Se trata solo de un síntoma de este, no de su carácter distintivo, pues en muchas ocasiones surge la risa sin que haya nada ridículo. Una bofetada en la cara puede producir risa a los espectadores, pero, aunque se desternillen, no tiene más pretensiones al ridículo que a la *elocuencia patética*.[52] Se habla de un hombre, otrora eminente por su amor a lo público, al que nunca se vio reír en toda su vida salvo en una ocasión, cuando su hermano se cayó y se rompió un brazo. No hay nada más común que observar a la gente sana y rica reír y burlarse de las enfermedades corporales, debilidades mentales, ropas gastadas y otras marcas del dolor y la pobreza de aquellos con los que se cruzan accidentalmente. ¿Es algo de esto ridículo? Ayudaría a los refinados filósofos que han descubierto en

dam en 1735 una edición en varios volúmenes de *Oeuvres d'Horace, en latín, traduites en François par M. Dacier et le P. Sanadon, avec les remarques critiques, historiques et geographiques*; la edición y comentario del arte poética se hallan en el tomo octavo].

51. Bayes fue el nombre satírico que George Villiers, duque de Buckingham, dio a John Dryden, protagonista en la comedia *The Rehearsal* (*El ensayo*), representada en 1671 y publicada al año siguiente. La representación gira en torno a la composición y puesta en escena de sus propios dramas. Expresiones como «is not that elevate?» (acto IV, escena I), «the chief Art in Poetry is to elevate» (acto IV, escena I), «the subject is too great for Prose» (acto IV, escena II) o «the great Scene that ever England saw» (acto V, escena I) son características (N. del T.).

52. Véase la última nota de la sección II.

el hombre *sentimientos* e *instintos morales* que sirven como *criterios* de lo correcto y lo incorrecto que lo incluyeran entre estos. Es bastante razonable creer que Juvenal diría conmigo que «haec nostri pars PESSIMA sensus» ['esta es nuestra peor parte'][53] y que hay pocos síntomas más claros de depravación moral en la naturaleza humana. Con todo, cuando el adversario de lord Shaftesbury hace del *desprecio* y el *ridículo* términos sinónimos, emplea varias páginas de su libro para probar que esta locura inhumana no puede ser la prueba de la verdad.[54] Incluso los hombres más inteligentes se confundirían a sí mismos y a los demás si no se esforzasen por estar seguros del significado de los términos que emplean mediante definiciones y ejemplos. Cuando en una página se entiende por ridículo la *elocuencia patética* y en otra el *desprecio*, ¿por qué no entender también el perjurio, un ganso, una parrilla o una cajonera? Con una maquinación tan habilidosa se podría probar, para avance del conocimiento, que cualquier cosa no tiene ninguna de sus propiedades, sino las de otra cosa.

Un hombre que se ríe de la locura y el vicio, que son objetos de pena y aborrecimiento para las mentes razonables e ilustradas, proporciona un mal ejemplo de su moral y de su inteligencia. ¿De dónde procede, entonces, que la ridiculización de la locura y el vicio produzca carcajadas o sonrisas incluso a los más humanos? Me parece evidente que en este caso la carcajada no procede del desprecio hacia la persona o cosa ridiculizadas, sino que es una risa de complacencia ante el arte mismo, un aplauso al artista. Hay algunos filósofos que han derivado la risa del orgullo y del placer que recibimos al comparar nuestra fuerza con las debilidades de los demás.[55]

---

53. Ramsay recurre aquí al contraste con el verso 133 de la sátira XV de Juvenal, que en realidad es: «haec nostri pars optima sensus» («esta es nuestra mejor parte») (N. del T.).

54. *Ensayos sobre* Características, al principio de la sección V.

55. Es la conocida tesis de Thomas Hobbes (1588-1679) en su *Leviatán* (1651), que los ilustrados escoceses rechazaron desde que lo hiciera Francis Hutcheson (1694-1746) en sus *Reflexiones sobre la risa* (1725) (N. del T.).

Desconozco en qué basan esta opinión y no me compete aquí profundizar en ello, pero estoy completamente convencido, a partir de numerosas observaciones externas e internas, que las causas que le he atribuido son verdaderas en el caso del ridículo, pudiendo servir quizás como una pista para futuros hallazgos. ¿Por qué habríamos de contentarnos con meras conjeturas sobre la debilidad del corazón humano? Tal vez la mueca y la carcajada de desprecio que observamos tan a menudo con aversión no son naturales, sino que se fingen para mostrar un talento y discernimiento superiores, pues no se observan por lo común entre los orgullosos y los malhumorados, sino entre los vacuos, los educados a medias y los bobalicones, supongo que conducidos a menudo a esta mezquina y simiesca práctica por haber oído que se admiraba a hombres de reconocido ingenio *por reírse de personas y cosas*, lo que interpretan literalmente. Desconocen que con estas palabras se quiere decir *por mostrar a aquellas personas y cosas de una manera nueva e ingeniosa*, haciendo reír a todos aquellos a quienes entretienen y, al mismo tiempo, conservando la seriedad y modestia en su semblante.

Lo dicho ha sido una premisa necesaria antes de tratar el segundo tipo de ridículo, que consiste en la *representación de lo que es impropio en los modales y las acciones*. Se puede calificar como RIDÍCULO SIMPLE, DIRECTO O IRREFLEXIVO. Es posible definirlo como *el arte de mostrar que es ridículo lo que se imagina como tal*, dado que saca a lo ridículo de la oscuridad y lo muestra a la luz del día. Como dice Pope: «El vicio es una criatura de tan vil semblante / Que para odiarlo basta con verlo».[56]

Este tipo de ridículo es una de las *artes* que Aristóteles denomina *miméticas* en su *Poética*. Deriva su mérito del parecido con aquello que se propone representar y, con independencia de cualquier otra utilidad que pueda tener, no pretende pasar por una prueba de la

56. Se trata de una cita inexacta de las líneas 217-218 de la segunda epístola del *Ensayo sobre el hombre* (N. del T.).

verdad. Se puede dividir en varios tipos, especialmente en NARRA-
TIVO, GRÁFICO Y DRAMÁTICO. Los ejemplificaré por separado, comenzando por el gráfico, obra del pintor.

Entre los artistas que han empleado sus pinceles para representar lo que consideran ridículo en las costumbres humanas no conozco a ninguno que merezca más ser mencionado en esta ocasión que
el incomparable Hogarth.[57] Otros, como los holandeses, flamencos,
franceses e italianos, han pintado la vida con sus trágicas circunstancias de pobreza, opresión, enfermedad y deformidad, pero tanto
Aristóteles[58] como el sentido común dicen desde hace tiempo que
esas cosas no son ridículas, resultando para todos, salvo los insensibles, objeto de compasión y no de risa. Estaba reservado a nuestro
ilustre compatriota exponer en el lienzo inmortal las locuras, vicios
y amaneramientos de sus contemporáneos. Ha ido más allá, pues,
produciendo sus obras en series y mostrando las consecuencias ho-
rribles, aunque naturales, de tales locuras, ha proporcionado uno
de los estímulos más prácticos para la virtud, cumpliendo la obligación fundamental de un filósofo moral con un lenguaje que todos los
hombres comprenden y que influye sobre sus mentes del modo más
rápido y enérgico posible.[59]

57. Aunque William Hogarth y Ramsay no compartían la misma idea de la
pintura, fueron amigos. En 1757 Hogarth anunció que con cada ejemplar de su *Análisis de la belleza* regalaría otro de *El investigador*, que contenía el *Diálogo sobre el gusto*
(que incluimos en nuestra edición), «escrito contra los principios establecidos en el
Análisis de la belleza por A. R., amigo del Sr. Hogarth y eminente retratista en Roma»
(Smart, 1952: 87) (N. del T.).

58. «Η ΔΕ ΚΩΜΩΔΙΑ ΕΣΤΙΝ, ὩΣΠΕΡ ΕΠΙΟΜΕΝ, ΜΙΜΗΣΙΣ ΦΑΥΛΟΤΕΡΩΝ
ΜΕΝ, ΟΥ ΜΕΝΤΟΙ ΚΑΤΑ ΠΑΣΑΝ ΚΑΚΙΑΝ, ΑΛΛΑ ΤΟΥ ΑΙΣΧΡΟΥ ΕΣΤΙ ΤΟ ΓΕΛΟΙΟΝ
ΜΟΡΙΟΝ ΤΟ ΓΑΡ ΓΕΛΟΙΟΝ ΕΣΤΙΝ ΑΜΑΡΤΗΜΑ ΤΙ, ΚΑΙ ΑΙΣΧΟΣ ΑΝΩΔΥΝΟΝ, ΚΑΙ
ΟΥ ΦΘΑΡΤΙΚΟΝ» (Arist. Poetic. cap. 5) [(N. del T.): se trata del comienzo del capítulo 5 de la *Poética* de Aristóteles, que Valentín García Yebra traduce como sigue: «La
comedia es, como hemos dicho, imitación de hombres inferiores, pero no en toda la
extensión del vicio, sino que lo risible es parte de lo feo. Pues lo risible es un defecto
y una fealdad que no causa dolor ni ruina» (Aristóteles, 2010: 141-142)].

59. Véase la última sección de la parte I, incluidas las notas.

Esto es emplear un talento extraordinario de una manera que merece el agradecimiento público. Veamos a continuación si, como pasa con muchas cosas buenas, no podría abusarse de este talento, haciéndolo perjudicial para la sociedad al ridiculizar acciones que son inocentes o alabables.

Cuando consideremos, incluso superficialmente, la naturaleza de este tipo de ridículo hallaremos que si tiene algún efecto es porque se trata de *ridículo verdadero*, es decir, de *una representación de lo que es verdaderamente ridículo*. Su simplicidad es tal que nunca le acompañará engaño alguno, salvo el de atribuir una acción o circunstancia ridícula a una persona a la que no es aplicable.

Por ejemplo, supongamos que al exponer el carácter odioso de la embriaguez y la bronca entre personas socialmente relevantes el Sr. Hogarth hubiera pintado a dos magistrados con sus togas desparramadas por el suelo y espoleándose entre sí, con rostros que expresaran sinvergonzonería y pillería tan enfáticamente como si las palabras fluyeran en rótulos de sus bocas; afirmo que si Hogarth pintara tal conversación nocturna, acompañada con las circunstancias naturales que le sugiriera su viva fantasía, como las corbatas desanudadas, el clarete derramado o las pipas de tabaco rotas, la obra sería a la vez útil y cómica. No obstante, si para servir viles propósitos partidistas o dar rienda suelta a un rencor personal (espero que perdone mi suposición) escribiera bajo las figuras *este es el Sr. ------ y este es el Sr.* ------, usando los nombres de dos hombres eminentes por su sobriedad y discreción; o si, en lugar de escribir los nombres, copiara los rasgos de estos nobles magistrados, el ridículo seguiría siendo el mismo y el artista podría recibir la alabanza habitual en ciudades como York o Carlisle, pero quienes conocieran mejor los asuntos de Londres se escandalizarían por la escena y le retirarían aquella estima que adquirió justamente por el resto de su obra.

Me aventuro a decir que esta es la situación respecto a los abusos que se pueden dar en todas las especies de ridículo REPRESEN-TATIVO. Es particularmente lo que sucedió contra Sócrates, citado frecuente e injustamente como objeción al ridículo en general. Sin embargo, Sócrates no fue la víctima del ingenio y el ridículo, como se pretende, sino de la falsedad y el engaño.

Quienes estén familiarizados con el carácter de aquel gran hombre, con su moderación y benevolencia universal, su rectitud y elegancia de pensamiento, su coraje e imperturbable fidelidad en la defensa de su país y su esfuerzo constante por hacer a todos los hombres tan moderados, virtuosos y útiles a la sociedad como él mismo, se alegrarán de que no hubiera nada en su carácter que fuera ridículo y de que, por ello, estuviera más allá del alcance de la mofa, como prueba también el modo de proceder de Aristófanes. Este fue consciente de las dificultades que tenía que afrontar: sabía que no podía emplear exitosamente su talento contra algo que no fuera ridículo en sí mismo, por lo cual se aprovechó de la ignorancia de la multitud, condicionada por los sacerdotes paganos y por los líderes de una facción, para exhibirles un Sócrates de su propia creación, ridículo en un grado extremo y opuesto en todos los sentidos a quien pretendía representar.[60] Esta caracterización fue fatal para aquel filósofo tan excelente a causa de la villanía, no el ingenio, del poeta. No debemos acusar al ridículo de una desgracia que acompaña incluso al juicio más serio cuando se basa en actos inventados o afirmados con malicia.

Esto en lo que se refiere al ridículo GRÁFICO y DRAMÁTICO.[61]

60. Como habrá advertido el lector, Ramsay se refiere a *Las nubes* de Aristófanes, donde el comediógrafo ridiculizó a los sofistas, entre los que incluyó a Sócrates (N. del T.).

61. Bajo la etiqueta de *ridículo dramático* se pueden poner aquellos casos filológicos de ridículo, empleados a menudo exitosamente por los mejores críticos, que buscan exponer la afectación, torpeza y mal gusto en la escritura y el discurso, como el *Lexífanes* y otras piezas de Luciano, el *Limousin* y otros capítulos de Rabelais o las *Memorias de P. P.* de Swift. Sus obras *Ensayo trítico [tritical] sobre las facultades de la mente, Conversación educada, Meditaciones sobre un palo de escoba*, etc. Como pasa con todas las especies de este tipo de ridículo, pueden ser mal aplicadas si se acompañan de nombres de personas a las que tal vez no se parecen en nada, o solo en parte.

Con respecto al ridículo NARRATIVO, hay ejemplos en los *Ca-racteres* de Teofrasto, La Bruyere, Petronio, las *Memorias de la casa de Brandeburgo*, etc.[62]

Estas formas de ridículo mímico pueden hallarse solas o com-puestas, adquiriendo a menudo un nombre nuevo a causa de su combinación, como, por ejemplo:

Ridículo TEATRAL, un compuesto de los ridículos *gráfico* y *dra-mático* en el que el actor desarrolla las funciones de pintor y poeta. En ocasiones incluye al ridículo narrativo, como cuando alguien in-terpretando a sir John Falstaff describe a sus reclutas marchando a Coventry.[63]

A veces el ridículo NARRATIVO se combina con el DRAMÁTICO, como en el Trimalción de Petronio, *Le paysan parvenu* de Marivaux, *Joseph Andrews*, *Pompeyo el pequeño*, etc.[64]

[(N. del T.): el diálogo *Lexífanes* de Luciano es una sátira sobre la sofística tardía y su uso de un lenguaje rebuscado y parco en ideas. El «colegial Limousin» es un personaje objeto de la crítica de François Rabelais (1494-1553) en el capítulo 6 de su *Pantagruel* (1532). Representa el lenguaje pomposo basado en el uso innecesario y exagerado de términos latinos. *Las memorias de P. P., clérigo de esta parroquia* (1714), atribuidas a Swift, ironizan sobre la verborrea de muchos escritos, pues reduce a 12 páginas lo que presuntamente hubo sido «un extraordinario tratado de dos gran-des volúmenes», útiles tan solo para su autor. *El ensayo trítico sobre las facultades de la mente* es de 1707. El término *trítical* se compone de *trivial* y *critical*, siendo toda una declaración de intenciones, pues el tratado es una mezcolanza vacía de temas pro-cedentes de otras obras y autores. *Conversación educada*, cuyo título real es *Colección completa de conversaciones gentiles e ingeniosas*, fue publicada en 1738. En esta obra Swift ridiculizó las conversaciones hueras de las clases altas de su época. Swift publicó sus *Meditaciones sobre un palo de escoba* en 1701. Es una parodia de Robert Boyle y se ca-racteriza por sus muchas y absurdas comparaciones].

62. Las *Memorias de la casa de Brandemburgo* fueron publicadas en Sanssouci por Federico II de Prusia (1712-1786) en 1751. Ese mismo año fueron traducidas al inglés (N. del T.).

63. Ramsay se refiere al comienzo de la escena II del cuarto acto de la primera parte de *Enrique IV* de Shakespeare (N. del T.).

64. *Don Quijote* se puede ubicar en ocasiones entre las *representaciones de la vida real*, como en el caso de Sancho y otros. También hay trazos de *ridículo argumentativo* en el papel de Parson Adams y en otros caracteres de las instructivas novelas del

Sería inacabable enumerar las formas en las que se ha desarrollado este ridículo REPRESENTATIVO, pero todas concuerdan básicamente en que son *pinturas de la vida y las costumbres*, tan similares en su naturaleza y propiedades que basta con una pequeña sección para explicarlas completamente. Es un tipo de ridículo que resulta útil para proporcionar impresiones animadas de verdades conocidas, pero quien se tome la molestia de probar que no es una prueba de la verdad podrá disfrutar del placer de argumentar sin contrincantes, pues nunca se ha aplicado a temas especulativos. Si esto se le exigiera, ni siquiera en su propio ámbito, el de mostrar las deformidades de la vida y las costumbres, podría demostrar su justicia sin recurrir a evidencias y ayudas ajenas a sí mismo.

A partir de varios pasajes de los *Ensayos sobre* Características hay razones para sospechar que, aunque habla de ridículo en general, el autor se refiere solo a este tipo MÍMICO, como en la página 46: «puede observarse nuevamente que las consecuencias del ridículo relativas a la instrucción y la investigación especulativa son muy diferentes de las relativas a la moral y la acción; en el primer caso siempre será un enemigo, pero en el segundo puede ser un enemigo o un amigo, dependiendo de que se aplique honesta o des-

---

Sr. Fielding. No es mi intención enumerar las formas en las que se pueden mezclar los diversos tipos y especies de ridículo, sino proporcionar algunas notas generales sobre los principios en los que podría basarse una discusión más exacta.

　　[(N. del T.): Parson Adams es el acompañante de viaje de Joseph Andrews, el protagonista de la novela *Joseph Andrews* (1742), de Henry Fielding (1707-1754). Trimalción es el protagonista del capítulo central del *Satiricón* de Petronio, titulado «El banquete de Trimalción». Representa al nuevo rico, ostentoso y esnob. *El campesino advenedizo* (*Le paysan parvenu*) es una obra inacabada de Pierre de Marivaux (1688-1763) publicada en 1734 y 1735. Narra en primera persona el ascenso social de Jacob de la Vallé desde el campesinado pobre hasta la burguesía. Henry Fielding publicó su *Historia de las aventuras de Joseph Andrews* en 1742. Es una parodia, en clave cervantina, del sentimentalismo de Jonathan Richardson. El *Romance satírico en clave de novela, Pompeyo el pequeño o las aventuras de un perrito faldero* fue publicado por Francis Coventry (1725-1759) en 1751, donde satirizaba los usos sociales de la época, especialmente los femeninos].

honestamente». Si se refiere solo al ridículo MÍMICO, esto ha sido confirmado y ejemplificado suficientemente en la presente sección; es algo demasiado evidente como para admitir ninguna diferencia de opinión y en sí mismo no puede producir alabanza ni censura. El único ridículo sobre cuya validez se puede disputar es el que hemos tratado en la primera parte de este *Ensayo*. Solo ese tipo pudo dar lugar a esta controversia, pues es un arma usada a menudo por los doctos e ingeniosos, quienes solo cuestionan su legitimidad si, como observó lord Shaftesbury, es esgrimida por manos enemigas.

Concluyendo, se ha recomendado a menudo a los responsables de la educación del género humano que impartan sus lecciones de una manera a la vez *agradable* y *útil*, algo parecido a poner azúcar en una medicina amarga para que, resultando más agradable, sea tragada de buena gana por el paciente, sin ser no obstante parte de la medicina misma. Con todo, si se considera verdadero lo que hemos expuesto en la primera parte de este *Ensayo* con respecto a los ingredientes que componen el ridículo y la chanza en la escritura; si *la apelación a la experiencia* es la mejor prueba de la verdad, *menos sujeta a error* cuando se refiere a *los hechos más vulgares y familiares*; si en las cuestiones más *serias*, que afectan principalmente al bienestar del género humano, *el placer es proporcional a la familiaridad de las verdades conocidas*, con la que se detecta cualquier falsedad en temas tan *importantes*; si estas cosas son así, entonces será fácil percibir una conexión entre lo *utile* [sic] y lo *dulce* [sic] que no es solo accidental; será fácil percibir que, tanto en la vida especulativa como en la activa, *los caminos de la sabiduría son a la vez los caminos del placer*; y que un filósofo verdadero, esto es, un hombre sincero y dotado de sensibilidad e inteligencia, tiene una posibilidad mayor que lo habitual de mejorar el entendimiento de las personas con las que conversa cuando las hace reír.

Diálogo sobre el gusto
(1754)

Ουδεν εν ανθροποισι διακριδον εστι νοημα,
Αλλ᾽ ὁ συ θαυμαζεις τουθ᾽ ετεροισι γελως.

LUCIANO[1]

Mille hominum species, et rerum discolor usus:
Velle suum cuique est, nec voto vivitur uno.

PERSIO[2]

En la casa de campo del señor Modish.
Señor y señora Modish, señora Harriot y coronel Freeman.[3]

Sr. MODISH. ¿Prefiere, por lo tanto, Hudibras a Virgilio?[4]
Cor. FREEMAN. En efecto, señor mío.

1. «Ningún pensamiento humano es permanente y seguro; lo que tú admiras es ridículo para otros». Es uno de los aforismos apócrifos tradicionalmente asignados a Luciano, a través de la conclusión del códice 128 de la *Biblioteca* de Focio (siglo IX) (N. del T.).

2. Se trata de la Sátira V, vv. 52-53, de Aulo Persio Flaco. La traducción de Bartolomé Segura Ramos es: «Mil son las clases de hombres y variopinto su *modus vivendi*; / cada cual tiene una querencia, y no vivimos con idéntica aspiración» (Persio, 2006: 29) (N. del T.).

3. Es interesante la simbología de los nombres. Según el *Diccionario del idioma inglés* que Samuel Johnson publicó en 1755, *Modish* significa: «a la moda, conformado según la costumbre dominante», mientras que la primera acepción de *Freeman* es: «que no es esclavo ni vasallo» (en el contexto del diálogo, que no es esclavo de la moda ni, sobre todo, de la irracionalidad del gusto). En cuanto a *Harriot*, es un nombre procedente del alemán que podría traducirse como «la que gobierna la casa» (N. del T.).

4. Se refiere a la sátira contra el puritanismo de Samuel Butler *Hudibras* (tres volúmenes publicados en 1663, 1664 y 1678) (N. del T.).

Sr. Modish. Pero ¿por qué, mi noble coronel?

Cor. Freeman. Porque me proporciona más placer.

Sr. Modish. Entonces permítame decirle, George, que a pesar de todas sus lecturas usted es un absoluto godo y no tiene gusto alguno.

Cor. Freeman. Eso mismo me dijo usted la última noche, señor mío, cuando preferí el vino de Canarias al de Champaña.

Sr. Modish. Sin duda, aquello fue otro ejemplo de su goticismo.

Cor. Freeman. Estoy de acuerdo con su señoría en que los casos son muy paralelos y por esa razón le menciono su observación de la última noche. La palabra *gusto* pertenece originalmente al paladar y no es inoportuno tener esto a la vista cuando sospechamos que se ha aplicado mal de manera metafórica. Gracias al gusto, sin duda, podemos distinguir la sal del azúcar y la mostaza del pastel de manzana, pues su tarea en tales casos es informarnos de qué es cada cosa. Pero permítame preguntar a su señoría por qué dice que carezco de gusto en cuanto al vino, cuando es evidente, debido a mi preferencia por una de las botellas, que puedo distinguirla muy bien de las demás.

Sr. Modish. En realidad, usted hace ahora como si no me entendiera. Cuando digo que usted no tiene gusto no quiero decir que sea incapaz de distinguir, sino, de acuerdo con el uso corriente de la expresión, que usted tiene mal gusto y prefiere lo peor.

Cor. Freeman. Este es, señor mío, un uso de la palabra *gusto* que, a pesar de ser usual, se desvía en cierta medida de su sentido original y propio. Pues, de acuerdo con este, buen gusto solo significa una exactitud mayor que la ordinaria al determinar, en ciertos casos, que dos cosas son de la misma o de diferente clase y, si de diferente clase, en asignar a cada una el nombre adecuado. Lleve usted a su bodega a un experto y, sin mirar las etiquetas, podrá decirle no solo que este barril contiene oporto y aquel clarete, sino que podrá distinguir entre los claretes que este es de tal viñedo y añada y aquel de tales otros. Con todo, soy consciente de que el uso que su señoría hace de la expresión es el acostumbrado, y de que si todas las expresiones que no transmiten un significado distinto e invariable fueran eliminadas nos privaríamos, entre las que quedaran, de muchas que son usuales y elegantes. Por cierto, *a propos* del licor de anoche, ¿quiere decir usted con lo peor lo menos saludable? Si es así, me temo que mi gusto apenas puede ser defendido.

Sr. Modish. No, en verdad; creo que el de Champaña es el peor de los dos en tal sentido. No, quería decir que tiene el peor sabor.

Cor. Freeman. Por lo tanto, supongo que me considera insincero cuando declaro mi gusto por el de Canarias.

Sr. Modish. Le conozco desde hace mucho, George, como para acusarle de insinceridad. No, no dudo de que realmente tiene un gusto muy malo en cuanto a sus libaciones.

Cor. Freeman. Quiere dar a entender entonces, me atrevo a decir, que no son de su gusto.

Sr. Modish. No, ni del de ninguno de sus conocidos, se lo juro.

Cor. Freeman. Así pues, el buen o el mal gusto propio ha de determinarse a partir del gusto de la mayoría.

Sr. Modish. Ciertamente, pues, si fuera de otro modo, ¡qué confusión se seguiría! Cuando los hombres beben conjunta y jovialmente, es razonable que la minoría acepte el licor elegido por la mayoría.[5]

Cor. Freeman. Señor mío, aceptaré su conclusión, pero ¿qué necesidad hay para esa conformidad en una sociedad de bebedores? Cuando los soldados atacan al enemigo su unión es absolutamente necesaria, pues en caso contrario un pelotón se retiraría al avanzar el otro. No resulta menos necesaria cuando un grupo más pacífico de personas se reúne para bailar danzas escocesas,

---

5. Rouquet afirmaba que los ingleses «beben juntos de manera muy metódica, bajo la dirección de un maestro de brindis» (Rouquet, 1970: 117) (N. del T.).

pues de no ser así el hombre podría estar parado mientras su pareja se halla en movimiento. A menos que todos luchen y dancen de común acuerdo, los propósitos del combate y de la danza serían completamente inviables. Pero no hay nada en la naturaleza de la bebida que le impida desarrollarse tan apropiada y justamente por una sola persona y por otra con treinta batallones a su cargo. Si usted pudiera mostrar que un hombre debería tomar un medicamento porque su amigo está enfermo o beber porque este tiene sed, entonces resultaría razonable que bebiera un tipo de licor porque a sus compañeros les complace su sabor, un gran esfuerzo de condescendencia del que nadie obtendría ventaja. Por mi parte, me confieso completamente partidario de la tolerancia y la libertad de conciencia y creo que obligar a cualquier hombre a tragar lo que su estómago no tolera, so pretexto de preservar la unidad de la bebida en grupo, no sería mucho mejor que el papismo y la inquisición.

Sr. Modish. George, ciertamente, es usted un tipo raro.

Cor. Freeman. Lo soy, en efecto, señor mío, pues siempre manifiesto mis propios sentimientos con mis propias palabras.

Sr. Modish. ¿Considera, pues, que la religión y la bebida son de la misma naturaleza? Reconozco que en otras ocasiones le he oído comparaciones más afortunadas.

Cor. Freeman. No pretendo, señor mío, que el paralelo se sostenga en todos los sentidos, pero en lo que respecta al tema de nuestra presente conversación se parecen mucho: ambas son asuntos de preocupación y aprovechamiento exclusivamente privados y, por lo tanto, objetos del gusto o la opinión privados. Cuando hablo de religión debe entenderse que me refiero a lo que esta tiene de especulativo y ritual, no a las obligaciones morales; igualmente, cuando hablo de bebida me refiero a beber por placer, sin considerar ninguno de sus efectos medicinales. En los casos en los que ambas pueden afectar a la sociedad son objetos apropiados de preocupación e indagación generales.

Sr. Modish. Entonces, usted no cree que las obligaciones morales
sean objeto del gusto. Lord Shaftesbury opina de una manera
muy diferente.

Cor. Freeman. Puede ser, pero su señoría[6] no es para mí una autoridad divina. Conozco, señor mío, que muchos autores, desde Platón hasta el Sr. Harry Beaumont,[7] se han esforzado sin
fortuna por identificar los objetos del juicio con los del gusto
y el sentimiento, lo que no puede ser más vulgar y menos
filosófico.

Sr. Modish. Imagino que no es tarea fácil separarlos y como sé que
usted ha empleado mucho su mente en tales investigaciones me
satisfaría conocer en qué criterio se ha basado para lograrlo.

Cor. Freeman. A mí no me parece tan difícil como a aquellos refinados filósofos y los distingo de la siguiente manera. Todo
aquello que posee una regla o norma [*standard*] a la que puede
referirse y que es capaz de comparación no es objeto del gusto,
sino de la razón y el juicio. Por otra parte, los objetos adecuados
del gusto o sentimiento se refieren solo a la persona sobre la
que actúan, que es la única que puede juzgar si tales sentimientos son agradables o no, la cual, al informar por sí misma de este
simple hecho, no permite sacar consecuencia alguna ulterior
ni admite disputa. Así, cuando alguien me dice que el venado
sabe mejor con salsa de grosellas que con jugo de carne solo
me informa de su opinión privada sobre ello. Esto no admite
razonamiento a favor o en contra. Aquí debe pararse y tener la
misma paciencia que yo al oír sin replicar, si tiene un grano de
sentido, que para mí el jugo de carne es mucho mejor que la
salsa de grosellas. Es bastante diferente cuando él o yo afirmamos que el palacio de Westminster es mayor que el puente de

6. Lord Shaftesbury (N. del T.).
7. Seudónimo de Joseph Spence (N. del T.).

Westminster o que el peso específico de la madera de roble es mayor que el del cobre, pues en cada uno de esos casos se puede aplicar un patrón [*standard*], a saber, una regla de un pie en un caso y un par de pesas en el otro, lo cual impide completamente que la opinión juegue papel alguno en el debate. Con respecto a que una cosa sea comparativamente mejor que otra, hay un criterio de otro tipo que permite que la preferencia sea decidida mediante el juicio, a saber: la relación que tales cosas tienen con el uso al que se supone están destinadas. Por ejemplo, si llegara a ser tema de investigación cuál de dos espadas es mejor, presuponiéndose la intención de combatir, se dará la preferencia razonablemente a aquella que, por su superior resistencia, ligereza, afilado y, quizás, longitud es la más apropiada para la lucha. Si, para la misma finalidad, la comparación se produce entre una espada y unas tijeras, se dará preferencia sin duda a la espada por razones obvias. Ahora bien, cambie las circunstancias del combate e indique que las espadas no se van a blandir en un campo de batalla sino en una silla de postas o en una garita; se verá obligado a juzgar el asunto con un criterio diferente, declarando infaliblemente que unas tijeras son un arma más fatal y, consecuentemente, mejor que cualquier [espada de] Toledo del mundo. Por lo tanto, suponiendo ciertas circunstancias es posible subsumir objetos de la más diferente y remota naturaleza bajo un criterio común para compararlos. No obstante, donde esto no sucede la razón debe abandonar el estrado, remitiendo el asunto exclusivamente al gusto o inclinación privados. Solo este puede orientar a una joven dama en su elección entre el color rosa o el azul o, quizás, entre su maestro de danza y el alguacil del condado, sin que pueda haber apelación alguna a su sentencia. Habiendo establecido con esto correctamente, según pienso, las pretensiones diferentes del juicio y del gusto, dejaré a su señoría pronunciarse sobre si son tan parecidos el uno al otro como para confundirse con facilidad.

Sr. Modish. Tal y como usted ha establecido el asunto, no puede
   haber dificultad alguna. La máxima de que *sobre gustos no hay*
   nada escrito es una de las más universalmente aceptadas.

Cor. Freeman. La máxima está, como dice su señoría, en boca de
   todo el mundo, pero hay muy pocos cuyo entendimiento sea
   mejor por eso. Usted sabe que en el curso de mi vida me he
   visto envuelto en una gran variedad de escenas civiles y mili-
   tares y me he relacionado con todo tipo de compañía, desde
   el salón de su señoría hasta el transbordador de Gravesend,[8]
   y he hallado que al menos las tres cuartas partes de las conversaciones, tanto las refinadas como las vulgares, discurren
   con cada cual afirmando su propio gusto y negando el de los
   demás, una manera de gastar el tiempo que me parece tan carente de interés, tan aburrida y tan improductiva que ha dado
   lugar, más que ninguna otra cosa, a la vida solitaria y estudio-
   sa que he llevado en los últimos años. De vez en cuando me
   topo con algunos de mis refinados compañeros culpables del
   mismo egotismo, quienes tratan de golpearme con sus propias
   opiniones o las de sus maestros y no con argumentos ni con hechos, pero me desprendo de su compañía con facilidad. El último domingo estaba bebiendo té en casa de la señora Faddleton,[9]
   donde desafortunadamente se mencionó a la señorita Molly

8. Se trataba de un tipo de velero, con uno o dos mástiles y un toldo de lona
con forma de bóveda de cañón, que hacía el trayecto entre el puerto de Gravesend,
en Kent, y el mercado de Billingsgate, junto al puente de Londres, transportando
dos veces al día (es decir, con las mareas) en ambos sentidos a pasajeros y mercancías.
Cuando los navíos oceánicos llegaban (o partían) de Gravesend, muchos pasajeros
decidían hacer el trayecto hasta (o desde) Londres en estos veleros porque eran más
rápidos (N. del T.).

9. La raíz de este nombre, *to faddle* ('fanfarronear'), es, según Johnson, una
palabra vulgar que procede de *to fiddle* ('estafar'), significando 'bagatela', 'fruslería'
o 'minucia'. *Ton* significa tanto una gran cantidad (en este caso, de fruslerías), como
un cierto tono distintivo, lo que concede a este nombre un matiz claramente irónico
(N. del T.).

Bright[10] como una belleza, produciéndose una discusión de
hora y media que me hizo lamentar que la santidad del día no
me permitiera proponer una partida de whist, pues pienso que
un silencio total no es tan malo como un abuso tan perverso
del discurso.

Sra. Harriot. Dígame, coronel, le ruego, ¿no cree usted que la señorita Molly Bright sea guapa?

Cor. Freeman. Suponga, señora, que dijera que sí; ¿qué inferiría
su señoría de mi respuesta? Nada más, presumo, que era guapa
ante mis ojos. Si usted deseara conocer lo que le parecía a mi
señoría, imagino que estaría obligada a hacerle a él la misma
pregunta, como si nunca me la hubiera hecho a mí.

Sra. Harriot. Entonces usted cree que todo es fantasía y que no
hay nada real en la belleza.

Cor. Freeman. Tengo, señora, sólidas razones para creer que hay
algo real en sus efectos, si usted acepta esto como respuesta.

Sra. Harriot. No soy lo bastante filósofa para saber si es o no una
respuesta, pero usted me concederá seguramente, coronel, que
hay algunas mujeres a las que todo el mundo está de acuerdo
en ver hermosas.

Cor. Freeman. Su señoría parece ser más filósofa de lo que está
dispuesta a reconocer. Veo que usted está tratando de sustraer
la belleza femenina de las cosas que son meros objetos del gusto
apelando a una cuestión de hecho, el sentimiento general de la
humanidad. Mas, suponiendo que el hecho sea concluyente, no
alcanzo a ver cómo podría ser tan cierto como para llegar a ser
el fundamento sólido de una superestructura de razonamiento.

Sra. Modish. Quizá, coronel, usted tampoco conceda que exista la
fealdad. Si pudiera probar esto, toda la ciudad pensaría que algunas señoras le estarían muy agradecidas.

10. Es decir, 'radiante', 'luminosa' (N. del T.).

Cor. FREEMAN. El caso de la deformidad es, señora, diferente del de la belleza. La deformidad es un tema de investigación que se puede reducir a principios ciertos, pero la belleza no. Es evidente que un rostro que tenga un ojo mayor que otro, la boca torcida o una mejilla gorda y la otra flaca está deformado. Todos estarán de acuerdo con esto, pero de aquí no se sigue que lo contrario produzca belleza. Con respecto al acuerdo que la señora Harriot ha observado en relación con la belleza de ciertas mujeres, creo que no será difícil explicarlo sin conceder que sea real. Supongamos, por ejemplo, que dos o tres de aquellas luminarias que el hado ha destinado a establecer las modas en nuestra gran ciudad eligieran al azar, entre cinco mil mujeres jóvenes libres de deformidad, a la señorita Thingum,[11] brindando en todas las ocasiones por su ardiente belleza. ¿Cuál sería la consecuencia? Pues que los que están una pulgada por debajo de ellos en cuanto a la moda, si me permite la expresión, captarían el sonido y lo transmitirían como si fuera el santo y seña del generalísimo al centinela en un campamento. Una vez que la máquina se pone en movimiento no hay nada que obstaculice su marcha. Los hombres dotados de sentido nunca cansan a otras personas declarándoles sus gustos propios y también son reacios a perder su tiempo discutiendo los gustos de otros; por su parte, entre los necios habrá alguno aquí y allá que se implique en la sabia controversia y diga: «en verdad, no veo nada tan superlativamente encantador en la señorita Thingum que justifique todo este revuelo en torno a ella», pero la mayoría son tan cobardes que temen oponerse al grito dominante mostrando su ignorancia, pues suponen que la belleza es una ciencia que todo caballero debería conocer. Estoy seguro

---

11. Según el *Diccionario* de Johnson, la aplicación de *thing* (raíz de este nombre) a personas implica un matiz de desprecio (N. del T.).

de que no hay nada más común, tanto entre los necios como entre los hombres dotados de sentido, que brindar, cuando se les demanda, por una belleza de moda a la que nunca han visto. En lo que se refiere a las señoras, aunque no supongamos a ninguna enamorada de la señorita Thingum, sin embargo, todas le conceden unánimemente la hermosura por un motivo obvio. Saben que si mostraran alguna duda se achacaría a su envidia, lo que las rebajaría a ellas y ensalzaría a su rival, por lo cual la disimulan con esfuerzo, viendo el poder de esta como una usurpación y afirmando al mismo tiempo, por su conveniencia, que es por derecho divino. El género humano se embauca a sí mismo en muchas otras ocasiones similares, cayendo postrado ante los ídolos que él mismo ha erigido. Sin embargo, señora Harriot, la historia y la investigación de los hechos siempre nos permitirán establecer la verdadera naturaleza de estas sublimes pretensiones. Todo lo que es natural tiene un origen divino y su causa primera siempre yacerá oculta ante nuestra vana curiosidad, pero cualquier falsa pretensión de divinidad se descubrirá con facilidad si se emplean los medios adecuados. Por ejemplo, si usted deseara asegurarse de que cualquier estirpe de reyes lo es por designio divino, solo necesitaría trazar sus antecedentes; le apuesto diez a uno que hallaría que el primero de ellos fue el jefe de una banda de rebeldes, asesinos y bandidos. El mismo método de investigación pondrá en su lugar el imperio ilimitado que las bellezas homenajeadas en la ciudad pretenden ejercer sobre nuestros corazones. Un breve rastreo nos convencerá de que, a pesar de ser mujeres por decreto divino, deben su condición de bellezas universales a unos pocos hombres que posiblemente no son los más sabios ni los más sobrios de su especie. Con esto podemos, al menos, dar cuenta de la aparente universalidad de sentimiento con respecto a ellas, en un grado tal que hará dudosa cualquier conclusión que se siga a partir de la misma.

Sr. Modish. Mi querido coronel, su historia de la señorita Thingum, como usted la llama, es muy plausible, pero no nos ha dado la prueba de ninguno de los hechos con los que pretende rastrear el surgimiento de su fama. Creo que usted está siendo aquí más permisivo con sus propias suposiciones de lo que suele serlo con las de los demás.

Cor. Freeman. Su objeción es muy justa, señor mío. Puesto que no he podido evitar que esos hechos generales parecieran suposiciones, no he sido muy tajante en mis inferencias a partir de ellos. Sin embargo, mis nociones se han formado a partir de observaciones reales lo suficientemente sólidas por su número para convencerme a mí mismo, aunque individualmente no resulten de peso en un caso de naturaleza tan general para ser presentadas como pruebas ante su señoría, a no ser que su experiencia coincida con la mía, lo cual creo que es en cierta medida el caso, dado que concede que mi exposición es plausible. Sin embargo, tengo un argumento mucho más fundamentado contra el acuerdo general de la humanidad respecto a la belleza de cualquier mujer particular, a saber: que tal universalidad de sentimientos contradiría todos los principios de la naturaleza conocidos hasta ahora, pues sería algo que se nos habría dado en vano, incluso con propósitos muy destructivos. En efecto, ¿qué podría suponerse más ridículo, incluso fatal, que el que todos los habitantes de Londres y Westminster no fueran admiradores simulados, sino reales, de una sola mujer? Afortunadamente para la sociedad humana, sus costumbres, que son más dignas de confianza que sus palabras, nos muestran que esto está lejos de ser el caso y que cada uno de ellos tiene su beldad, por la que suspira en privado y cuyo nombre piensa demasiado sagrado como para mezclarlo con la indecencia y el libertinaje nocturno de una taberna.

Sra. Harriot. Eso puede ser muy cierto, coronel, pero ¿no podría un hombre tener a una mujer por hermosa sin estar enamorado

de ella? Y, a la inversa, ¿no podría amar a una mujer a la que no
considera hermosa? Existe lo que se denomina agradable, que a
menudo tiene efectos más poderosos que la mera belleza.

Sr. Modish. En verdad, Harriot tiene razón en esto. No creo que
haya nadie, George, que en una ocasión u otra no haya sentido
dicha diferencia.

Cor. Freeman. Señor mío, he oído a menudo tal distinción, pero
sospecho que solo consiste en la oposición entre un sentimiento real y un conocimiento errado o, más bien, entre una palabra
que posee significado y otra que tiene poco o ninguno.

Sr. Modish. Me satisfaría que explicara esto.

Cor. Freeman. Sí, señor mío. La distinción entre lo bello y lo agradable aplicada a los rostros es meramente verbal y se desva-
necerá inmediatamente, junto con todas las dificultades que
acompañan al tema, con una definición precisa de tales palabras. Solo hemos de preguntarnos: ¿qué *es la belleza*? La respuesta filosófica es: *aquella forma que complace*. Preguntemos
después qué entendemos por una forma agradable; la respuesta
será seguramente: *aquella que complace*. De modo que, para determinar cuál de las dos mujeres, la bella o la agradable, es la
genuinamente bella cuando se comparan entre sí, solo nece-
sitamos examinar los efectos reales que cada una produce. Si
resulta que el amor y el deseo acompañan a las mujeres agradables en no menor medida que a las bellas, como vuestra señoría
y la señora Harriot parecen afirmar, se seguirá que la mujer
agradable es realmente bella ante los ojos de aquel hombre al
que le resulta agradable, a pesar de todos los razonamientos o
modas en contra.

Sr. Modish. Si su noción de lo agradable fuera correcta, me alegraría conocer entonces que se entiende por belleza cuando se la
opone a lo que solo complace. Usted sabe que es una palabra
en boca de todo el mundo y no puedo imaginar que no quieran
decir nada con ella. Si estuviera inclinado a dudar de ellos, mis

propios sentimientos me convencerían de su sinceridad. ¿No existe nada, como por los rasgos regulares, que satisfaga al juicio sin tocar al corazón?

Cor. Freeman. Tengo muchas razones, señor mío, para creer que no, mas no es necesario que exponga ninguna, pues el discurso de aquellos que se valoran a sí mismos al máximo como conocedores de la belleza basta para convencernos de que hablan sobre este tema con tan poca reflexión como sentimiento. Pregúntele a cualquiera de ellos qué entiende por rasgos *regulares*. Primero se sorprenderá de su ignorancia y, si usted persiste en su pregunta, le dirá que se trata de *rasgos que están en la proporción debida*. Pregúntele qué entiende por proporción debida y, tras mucho tartamudear, tal vez le diga que *los rasgos de la señora fulanita guardan la proporción debida*. Pregúntele por qué piensa que sus rasgos guardan la proporción debida; le dirá que *porque son regulares*. Si usted continúa con sus preguntas por toda la eternidad, sus respuestas seguirán discurriendo en el mismo círculo que acabo de exponer y, pese a estar muy lejos de hacernos más clarividentes de lo que éramos, son quizás las mejores respuestas que el tema permite. La locura reside en responder a cuestiones como estas. Parece estar usted absorto en una profunda meditación, señor mío.

Sr. Modish. Créame, George, estaba hurgando en mi cerebro para ver si podía encontrar algunas reglas bajo las que tales rasgos pudieran subsumirse, pero ha sido en vano. A partir de ahí he procedido a una búsqueda más humilde, viendo si podía descubrir qué es lo que me condujo a hablar de tales cosas, pues le aseguro que quise decir algo. Sin embargo, para serle sincero, en este momento no sería capaz de decirle qué. ¿Es usted lo suficientemente adivino para conjeturar lo que quise decir?

Cor. Freeman. Si mi conocimiento y penetración fueran iguales a la franqueza de su señoría no desesperaría, por difícil que fuera la tarea, de darle una completa satisfacción. Pero como usted solo demanda una conjetura, tendrá una, mejor o peor, de muy buena gana, puesto que no es la primera vez que he tratado de explicarme a mí mismo un fenómeno tan caprichoso de la naturaleza humana. Una breve reflexión debe convencer a un hombre de sentido de que no hay un criterio [*standard*] de belleza femenina al que todos sus grados se puedan remitir y, a pesar de todo, no resulta menos evidente que aquellos que cada día disputan tan seriamente sobre tales grados deben manejar un criterio del que están persuadidos. La pregunta es: ¿cómo han llegado a tal persuasión? Mi conjetura es que se trata de algo adquirido durante la educación temprana, tan temprana que nadie puede recordar la primera vez que se asentó en su mente. Supongo que a un niño de dos años se le dice que la *señorita como se llame*, a quien tal vez ve todos los días, es notablemente guapa. Al ser la primera vez que oye la palabra guapa o hermosa y que conecta una idea con ella, ya nunca será capaz de separar la palabra de su impresión original y a partir de esta conjunción accidental formará para sí mismo un sistema general de la belleza que, aplicado sucesivamente a otras mujeres, mantendrá muchos años después de haber olvidado a aquella que dio lugar a su sistema. Así, por una adhesión obstinada a la teoría en un asunto que es exclusivamente práctico, persistirá hasta el día de su muerte en ensalzar un cierto tipo de rostros hacia el que no siente el más mínimo deseo o afecto. De esta manera, quinientos hombres tienen quinientos criterios [*standards*] de belleza que pueden diferir enormemente entre sí, pese a tomarlos todos de mujeres carentes de deformidad o anomalía. ¿Qué hay de sorprendente, entonces, en que el veredicto de un hombre sobre la belleza de una mujer no satisfaga a quien la mide con otra escala? Esto no puede denominarse *disputar sobre gustos* porque el gusto o el sentimiento está aquí excluido completamente, aunque sea igualmente inútil e irracional.

Sin embargo, tales parecen ser los fundamentos sobre los que el común de los seres humanos se aventura a dar sus juicios en tales asuntos. Con respecto a los más instruidos y educados, hay otra circunstancia que, teniendo más apariencia de un criterio común, los ha ayudado bastante al tropezar con discusiones sobre la belleza, a saber, el acuerdo de los pintores y los escultores sobre dicho tema, el cual suponen que no se daría si cada artista fuera dejado a su propio sentimiento particular de la belleza, sin que ningún principio lo guiara. No obstante, es muy fácil explicar este acuerdo sin estar por ello más cerca de un criterio universal de lo que estábamos al principio. Apenas llegaron a algún grado de excelencia las artes de la pintura y la escultura, los artistas, al representar a una Venus, una Helena o cualquier otro personaje al que se le supusiera la belleza, debieron hallar que sus esfuerzos por complacer fueron inefectivos a causa de la variedad de sentimientos que los distintos hombres, debido a la estructura diferente de sus nervios y órganos, tenían de la belleza. Así que la modelo del pintor, por muy hermosa que pudiera parecerle a este y a pesar de la exactitud con la que pudiera retratarla, tendría pocas posibilidades de encantar a los espectadores, cada uno de los cuales pensaría que su peculiar Dulcinea era infinitamente superior a Venus. Tampoco resolvería el asunto sustituyéndola por una belleza según su juicio, siguiendo el método que acabo de describir, mientras cada hombre tuviera un criterio propio, igualmente parcial, por el que la rechazaría. Aquí vendría en su ayuda la necesidad, madre de la invención, proporcionándole un método que no disgustaría a nadie, aunque encantaría a pocos, a saber: conformar un rostro que fuera en todos sus rasgos y proporciones el término medio, evitando los extremos por mucho que le fascinaran. Debió hallar que a un hombre, por la peculiaridad de su gusto real o por un prejuicio adquirido, le atraía una nariz aguileña, pero que a otro le resultaba detestable; que a uno le gustaba una mejilla gorda y a otro una flaca; y que cada uno despreciaba la elección del otro como deforme y ridícula. Ante esto, la tarea del pintor fue navegar tan lejos como pudiera de estos escollos opuestos, no dando a su diosa una nariz aguileña ni chata, sino recta, y unas mejillas que no fueran gordas ni flacas, manteniendo la misma mediocridad en todas las proporciones de su rostro. Podemos suponer que sobre la base de un principio como este Policleto formó a su Venus, que según Plinio fue denominada el canon [*canon*] o norma [*standard*];[12] que realmente lo hizo así queda demostrado adicionalmente por todas las estatuas antiguas que todavía existen, todas las cuales, por su gran parecido, parecen ser copias más o menos exactas de un original conformado según dicho prudente principio. Pero una cosa es no estar deformado y otra ser bello, una cosa evitar la censura y otra complacer. Tampoco he hallado nada en las opiniones de los eminentes pintores y escultores con los que suelo conversar que me incline a cambiar la mía en este tema. Aquellos que han gastado algunos de sus mejores años en el estudio de las estatuas antiguas y sus modernas imitaciones que se hallan por toda Italia me han contado que al verlas por primera vez no les impresionó la belleza de sus rostros, pero que su admiración crecía mientras más las veían. No obstante, esta admiración postrera está lejos de ser una prueba de que en sí mismas poseen una belleza remarcable, sino que solo es el efecto del hábito, el cual no se muestra solo en cosas indiferentes, como la cocina, el vestido o el mobiliario, sino a menudo también en cosas que al principio resultan

---

12. Plinio el Viejo: *Historia Natural*, XXXIV,55 y XXXVI,20-21. Aquí Ramsay o, al menos, su alter ego, el coronel Freeman, confunde la Venus de Cnido de Praxíteles con el Doríforo de Policleto, o bien a Policleto, que según Plinio el Viejo estableció el canon de belleza masculina, con Praxíteles, sobresaliente por sus modelos femeninos (N. del T.).

muy nauseabundas y desagradables, como el tabaco, el café y otras drogas que con el uso llegan a resultar tan atrayentes que sus devotos prefieren perjudicar su salud antes que renunciar a ellas. Por lo tanto, entre los antiguos encontramos una medida común, pero esta pierde en gran medida su valor cuando consideramos que es solo de naturaleza negativa, de la que no puede esperarse excelencia ni gracia considerables; además, aun siendo imperfecta, esta medida tal vez no es conocida ni siquiera por la centésima parte de quienes hablan de los rasgos regulares y, entre estos pocos, es aún menor el número, principalmente pintores y escultores, de aquellos entre los que la costumbre de mirar tales antigüedades ha sido tan constante como para causarles una impresión real. Para ellos podría denominarse su gusto, pero, como indiqué antes, deberíamos evitar decir que estas personas tienen un gusto bueno o malo, puesto que lo que pertenece verdaderamente al gusto, ya sea innato en los nervios o inducido en estos por el hábito, no admite comparación en cuanto a su excelencia. Todo lo que podemos afirmar con propiedad es que tal hombre tiene gusto por el tabaco, por el dulce de azúcar o por lo antiguo. Esto no tiene en sí ningún valor comparativo, es una afirmación que solo se refiere a un hecho del tipo más simple.

Mas, señor mío, hallo que mi deseo por satisfacer la petición de su señoría me ha conducido a un tipo de discurso escolar que agradará poco, me temo, a las señoras. Puesto que este es el efecto usual de este tipo de temas, iniciemos uno nuevo. Dígame, señora Modish, le ruego, ¿ha visto su señoría los dos nuevos bailarines que ha traído Rich?[13]

---

13. John Rich (1682-1761) fue un famoso empresario teatral que en 1732 abrió el Teatro Real de Covent Garden y que buscó atraer al público con producciones espectaculares, ricas en efectos especiales. La pantomima y la danza tuvieron especial importancia en algunas de ellas (N. del T.).

Sra. MODISH. No le diré si los he visto o no. En verdad, coronel, usted debería pedir disculpas por interrumpir una conversación seria a nuestra costa, como si solo nos interesaran las bagatelas. Es verdad que rara vez somos tentadas por otra cosa, pero eso no es nuestro fallo sino el suyo, hombres que, sin duda, creen que pueden mantener su autoridad manteniéndonos en la ignorancia.

Sra. HARRIOT. Ciertamente, coronel, el final de su discurso no merece, ni por parte de mi hermana ni por la mía, respuesta favorable alguna. Con todo, tal es mi bondad que no puedo evitar reconocer que he estado mucho más entretenida con su explicación del gusto de lo que nunca lo he estado con las disputas que ocasiona diariamente. En efecto, la mayoría de los hombres que tratan temas agradables ante las señoras parece que buscan sorprendernos con sus palabras retorcidas y latinas más que entretenernos o instruirnos, pero debo hacerle la justicia de reconocer que este no es su caso, pues usted se expresa de una manera tan clara que me parece comprender todo lo que quiere decir, aunque sea probable que a veces me equivoque.

Cor. FREEMAN. Reconozco, señoras, tanto la justicia como la amabilidad de su reprimenda y soy perfectamente consciente de que si no soy comprendido en un tema como este, que no es peculiar de arte o profesión alguna, el defecto es mío y no de vuestras señorías. Con respecto a las palabras retorcidas que menciona la señora Harriot, solo son pantallas empleadas por la vanidad para esconder su ignorancia. Últimamente la filosofía ha adoptado un aire más familiar y no se avergüenza de que se sepa que no es sino sentido común y experiencia metodizada, estándose actualmente de acuerdo en que el lenguaje verdaderamente sabio no es sino el que mejor se comprende.

Sr. MODISH. Debo reconocer, coronel, que la noción de un criterio [*standard*] universal de la belleza entre los objetos naturales sería algo muy contradictorio con la verdad casi autoevidente de que *todo cuanto es, está bien*,[14] puesto que, dada la gran variedad de formas que Dios ha dispuesto, el fin benigno de complacer habría sido frustrado de no haber ordenado que existiera la misma variedad en las percepciones y sentimientos de los diferentes hombres y animales ante tales formas.

Cor. FREEMAN. Es completamente así, señor mío, y resulta sorprendente que tantos hombres ingeniosos hayan perdido su tiempo en una indagación cuya futilidad es tan obvia. Hogarth afirma que su línea de la belleza y la gracia no se puede ver en un sapo;[15] de ser esto verdad, debería haberse convencido de que no existe tal línea o receta universal de la belleza, o bien de que todavía no la había hallado, puesto que apenas admite duda que una floreciente hembra sapo es la visión más hermosa de la creación para los jóvenes caballeros que se arrastran tras ella, quienes consideran que su forma de arrastrarse o, como ellos dirían, *pas grave*,[16] está muy por encima del paso de minueto, con todas sus ondulaciones. No se puede comenzar el análisis o disección de tema alguno hasta que este sea investigado por sí mismo ni, en consecuencia, hacer el análisis de la belleza abstracta ni de cualquier otra abstracción. Hasta que no se encuentre algo de lo que estemos seguros por experiencia de que es la fuente universal del placer, cualquier intento de descubrir el principio universal del placer por análisis debe ser estéril y el filósofo que se embarque en tal negocio hallará que ha estado midiendo equivocadamente un sueño con un compás, tras lo cual volverá al *je ne sçay quoy* ['no sé qué'] al que al

---

14. Se trata del principio fundamental del optimismo que, en este caso, proviene del v. 284 de la epístola I del *Ensayo sobre el hombre* de Pope (N. del T.).

15. Al final del capítulo IX («De la composición con la línea ondulada») de su obra *Análisis de la belleza*. Hogarth se refiere también a un cerdo, un oso y una araña (N. del T.).

16. 'Paso grave' o 'solemne'. Esta es la primera aparición textual de la expresión en un texto inglés. Se refiere a un tipo de danza solemne y lenta (N. del T.).

principio dio la espalda desdeñosamente. ¿Conoce su señoría al señor Roger North?[17]

Sr. Modish. Sí, un poco. Parece un anciano divertido y cordial.

Cor. Freeman. Lo es, señor mío, pero es algo más, pues es un hombre dotado de buen conocimiento y reflexión, pese a que, por una propensión de su carácter, parece esforzarse por disimularlo, de modo que cuando su buen sentido se manifiesta lo hace por lo común bajo la máscara del bromista. Estaba yo paseando por The Mall[18] con el señor Harry Beaumont, más o menos una semana después de la publicación de su *Crito*,[19] cuando el señor Roger se acercó a nosotros y, tras felicitar a su hermano el baronet por el éxito de su obra y por la eminencia que probablemente le concedería ante los ojos de las señoritas como árbitro de la belleza, le dijo: señor Harry, observo que en su asignación de la gracia usted dio veinte grados a la señora A*** y treinta a la señora B***. Aunque no encuentro fallos en sus tablas, me alegraría conocer con qué escala, peso o medida ha computado usted esto con tanta precisión. En verdad, respondió el señor Harry, usted no ha leído mi libro con mucha atención, pues de lo contrario habría visto que *no pretendía haber hecho mis cálculos exactamente* sino, más bien, *apuntar a lo que podrían hacer unos jueces de la belleza más exactos*. Sí, pero, señor Harry, dijo el viejo caballero, sean quienes sean quienes calculen tales tablas de la belleza, su apariencia será muy poco erudita si cuando alguien les pregunta por la exactitud de sus

17. Se trata de un personaje ficticio. El conocido biógrafo del mismo nombre murió en 1734 y la anécdota que Freeman va a narrar se fecha, como veremos, en 1752 (N. del T.).

18. Importante calle londinense, entonces frecuentada por las clases altas, que une el palacio de Buckingham con el arco del Almirantazgo (N. del T.).

19. Harry Beaumont fue el seudónimo que utilizó en varias ocasiones Joseph Spence, en este caso para su obra *Crito, o diálogo sobre la belleza*. Puesto que apareció en 1752, sirve para fechar *post quem* la escena ficticia que se describe (N. del T.).

cálculos solo pueden recurrir a la infalibilidad de sus propios juicios. Me temo que este método no pasaría una reunión de la Royal Society. Bien, debería saber que cuando chaval tuve una gran habilidad para los números y, pese a que apenas ensucio mis dedos con la pluma y la tinta, aún no he olvidado las reglas y he estado pensando que la regla de tres, o regla proporcional, se podría aplicar como una regla de oro en la comparación de bellezas, como en cualquier otra cosa. Como usted sabe, se aplica multiplicando el primero por el segundo y dividiendo el resultado por el tercero; así, teniendo curiosidad esta mañana por conocer con exactitud en cuánto superaba la belleza de la señora D*** a la de la señora C***, establecí la cuestión de la siguiente manera: *como un gato es a una carretilla, así es la señora C*** a la señora D***;* no obstante, aunque me empleé hasta que mi cerebro estuvo a punto de estallar, nunca pude averiguar cómo multiplicar un gato por una carretilla, de modo que no pude ir más allá en mis cálculos. Ahora bien, si usted, o cualquier otro virtuoso, pudiera dar con la forma de multiplicar y dividir tales cosas, estoy convencido de que hallaría un método cierto para calibrar la belleza de cada mujer, *evitando con ello que se deje*, como usted justamente denuncia, *al capricho individual de la gente ignorante*. El señor Harry se quedó un poco aturdido ante este divertido ataque, pero no perdió su buen humor, respondiendo tan solo: veo, señor Roger, que usted sigue siendo el viejo tipo que torna constantemente en farsa lo grave; tras lo cual nos dejó, apresurándose tras la señorita Hoyden,[20] que estaba cruzando hacia el palacio. Cuando se fue, el señor Roger me dijo: nuestro amigo el señor Harry puede despreciar

20. La señorita Hoyden es un personaje de la comedia de John Vanbrugh *La recaída o la virtud en peligro* (1696), donde se hace pasar por su hermano. Los significados del término *hoyden* hacen referencia a una mujer liberada y, en ocasiones, tiene el significado de 'marimacho' (N. del T.).

el viejo proverbio tanto como quiera, pero tales *comparaciones* siempre serán *odiosas*, lo cual no es de extrañar, pues siempre serán absurdas.

Sr. Modish. Creo, en efecto, que debemos dejar las bellezas de la naturaleza, donde cada cosa es perfecta en sí misma, al gusto particular de cada uno, sin intentar discutir ni compararlas. No obstante, si le concedo esto espero que usted admita que puede haber un buen o mal gusto donde la inventiva humana ha tenido su parte. ¿Qué tiene usted que decir, por ejemplo, del buen gusto en arquitectura?

Cor. Freeman. Lo mismo, señor mío, que diría del buen gusto en el vestido o la cocina, a saber, que, dejando de lado la salud y la conveniencia, ambas competencia de la razón, es uno de aquellos gustos que proceden de la costumbre, la cual es una segunda naturaleza en tal medida que nunca será un tema apropiado de disputa o comparación. Insistir en que una forma de vestido o de edificio es en sí misma más bella que otra debe resultarle a un filósofo una controversia tan carente de sentido como pretender que un plato es en sí mismo más sabroso que otro y que el que prefiere uno tiene mejor gusto que el que prefiere el otro.

Sr. Modish. Pero, en verdad, coronel, hay reglas [*rules*] que se refieren a las bellezas de la arquitectura y ni el menor ornamento de una basa o una cornisa carece de proporción.

Cor. Freeman. Si fuera exactamente así, señor mío, hablaríamos de conocimiento o juicio en arquitectura, no de gusto, pues hasta donde abarcan las reglas no se requiere gusto alguno, ni bueno ni malo. Un artista, usando solo una receta palladiana y sin gusto alguno, podría conformar un pilar corintio muy elegante,[21]

---

21. Andrea Palladio influyó notablemente sobre la cultura arquitectónica británica de la segunda mitad del siglo xvii y primera del xviii. El palladianismo fue superado definitivamente en el entorno de Robert Adam (N. del T.).

como un cocinero, carente de paladar, podría, solo con la ayuda del *Vademécum del ama de casa*, hacer una intachable *ternera a la brasa*.[22] Está claro que estas reglas no son sino el análisis de ciertas cosas que la costumbre ha hecho agradables, pero no nos indican criterio [*standard*] natural alguno de la belleza o el sabor según el cual tales cosas, pilares o platos, hayan sido dispuestos originalmente para responder al propósito de complacer. Me satisfaría enormemente oír una razón por la que un capitel corintio colocado del revés sobre su columna no llegaría a ser por costumbre un espectáculo tan placentero como lo es en la orientación que suele tener. Sé que esto resultará una blasfemia para alguno de nuestros diletantes, pero así resulta toda opinión, por razonable que sea, que se opone a lo establecido por costumbre en cualquier país. Quizás hay países en el mundo en los que mi capitel guste mucho y en los que sus virtuosos se sorprendan al oír que hay alguna nación tan absurda como para poner las volutas en la parte de arriba. Al menos, no hay ninguna idea de este tipo tan extraña que no se pueda justificar y resultar probable a partir de alguna experiencia similar.

Sr. Modish. ¿Cómo, entonces, ha llegado la actual moda en arquitectura (puesto que para usted no será otra cosa) a ser aceptada universalmente?

Cor. Freeman. Su universalidad no va, señor mío, más allá de la cristiandad y, si llegara a ser del gusto de todo el universo, los mismos motivos que la han hecho aceptable para nosotros explicarían su progreso adicional, sin que tuviéramos que preocuparnos por buscar ningún criterio en la naturaleza para su justificación. La condición de todas las modas (exceptuando solo las de tipo religioso) consiste en que se establecen a partir de

22. El ejemplo por excelencia de vademécum de recetas en la época de Ramsay es *El ama de casa completa o la dama consumada*, publicado por Eliza Smith en 1727 (N. del T.).

la voluntad y el placer soberanos de los ricos y poderosos. Los hombres en estas circunstancias desarrollan una presuntuosidad que los induce a tomar la iniciativa en cualquier asunto; estas circunstancias los conducen a satisfacer sus caprichos, pero también hacen que estos caprichos resulten respetables. Por ejemplo, permitamos que un hombre de una posición social y de una apariencia ordinarias aparezca en público con una casaca cuyos puños sean triangulares, estando de moda los cuadrados; no hay duda de que hallará a muchos que lo desprecien y a ninguno que lo imite. Dejemos que lo mismo sea ensayado por un hombre bendecido con títulos, riquezas, juventud y todos los aditamentos de la prosperidad; dejemos que las mangas sean de terciopelo bordado de manera inusual y parte de un conjunto de ropajes a la moda y rico en todos sus otros respectos; en este caso, el triángulo hallará una recepción bastante diferente, la cual, aunque débil en sí misma, será apoyada tan poderosamente por su unión con el título, el bordado, la carroza y el lacayo como para llegar a formar parte de la augusta idea de su gracia; así, lejos de hacerle parecer ridículo, al estar asociado con él recibirá parte de su respeto y, de ser solo tolerable, pronto llegará a ser objeto de imitación, especialmente entre las personas más próximas a él y sus ropas. Mientras más sean estas imitaciones, mayor será la sensación de su belleza, hasta que pasado poco tiempo se detestarán todos los puños salvo los triangulares. Los sastres de la ciudad sobornarán al ayuda de cámara de su señoría para que les proporcione su forma y proporciones y con esto, finalmente, se establecerá una regla [*rule*] precisa.

Sr. Modish. Mi querido George, esta es una lamentable caída desde la arquitectura hasta los puños.

Cor. Freeman. Lo hago así, señor mío, imitando a un gran hombre, conocido nuestro, que se dejó caer muy bajo para ascender con más seguridad. Puesto que el progreso de la moda en el vestido y los sentimientos que son consecuencia de tal progreso son los más familiares y, al mismo tiempo, los que cambian más rápidamente, resultan los más apropiados para explicar la naturaleza de la moda en general. Las modas en la construcción, a pesar de durar más que las del vestido, no dejan de ser modas, estando sujetas al cambio de la misma manera. No obstante, como las piedras y los ladrillos son más duraderos que la seda y el terciopelo, y como la gente no construye iglesias y palacios tan a menudo como hacen casacas y capuchinos, hemos de recurrir a la historia para conocer tales cambios, que solo podemos aprender muy imperfectamente a partir de nuestra experiencia personal. En la historia hallaremos que toda nación ha recibido su modo de arquitectura de aquella otra nación que, en todos los otros aspectos, poseía el mayor crédito, riqueza y estima. La admiración que acompaña a todo lo que es grande en sus dimensiones, costoso en sus materiales y preciso en su ejecución es, hasta donde llega nuestra experiencia, universal, inclinando naturalmente la mente a favor de cualquier forma que se haya combinado accidentalmente con estas cualidades admirables. Los egipcios fueron el primer pueblo del que sabemos que fue tan rico como para poder construir con grandeza, coste y pulcritud, suscitando en los griegos el amor por los ornamentos que su capricho añadió a la parte útil de la arquitectura. Los griegos, por su parte, siendo durante muchos siglos un pueblo libre, rico y feliz, tuvieron la oportunidad de practicar tales artes en muchos edificios suntuosos, en los cuales, además de la invención de los arcos y otras sólidas mejoras en el arte de construir, introdujeron los cambios que les indicaba su fantasía en los ornamentos egipcios. Este era el estado de la arquitectura cuando fue trasplantada a Roma, un pueblo que, a partir de guerras continuas, ascendió en poco tiempo desde el origen más humilde hasta la mayor altura del poder. Carentes de dinero e ignorantes de las artes de la paz, nunca erigieron

edificios de los que jactarse y cuando tuvieron la oportunidad de contemplar los templos y otras obras públicas griegas,
grandiosos en sí mismos y adornados con costosos materiales
y con el genio que sus excelentes pintores y escultores añadie-
ron a la habilidad del albañil, impresionados con el conjunto
dictaminaron que los griegos eran los únicos arquitectos del
mundo y recibieron voluntariamente las leyes de las artes de
aquellos a quienes sus armas habían sometido. Quizás la filosofía, la poesía y la música de Grecia, que comenzaron a apreciar
al mismo tiempo, sirvieron para aumentar la reputación de los
griegos entre ellos, ayudando a fortalecer la autoridad de su
arquitectura, aunque esta no se conecte necesariamente con
aquellas. Una admiración que alcanzó el grado de fanatismo
se apoderó de los artistas y entendidos romanos, impidiendo
decisivamente cualquier cambio o mejora posteriores en la arquitectura. Su única tarea fue imitar los edificios griegos y el
parecerse o no a ellos fue pronto la medida de lo correcto y lo
incorrecto. Las reglas [*rules*] que así se formularon se pusieron
por escrito y hoy, junto con algunos de los edificios antiguos a
partir de los cuales se elaboraron, continúan siendo la norma
del gusto [*standard of taste*] en toda la cristiandad. Es posible
que el tiempo introduzca en ella cambios insensibles, pero no
podemos imaginar casi nada que la derribe completamente, a
menos que los chinos llegaran a conquistar Europa.

Sr. MODISH. Si los cinco órdenes de arquitectura, con toda su para-
fernalia, han de reinar en todo su esplendor hasta que seamos
conquistados por los chinos, entonces no deben temer mucho.
Pero, querido coronel, concediendo que esta quimérica conquista tuviera lugar, ¿por qué debe nuestra arquitectura ser destruida con nuestra libertad? ¿Por qué no podemos suponer que
también nuestros conquistadores recibirán en estos asuntos la
moda de nosotros, como usted dice que lo hicieron los conquistadores romanos de los griegos?

Cor. Freeman. Porque, señor mío, en este caso las circunstancias de los conquistadores y de los conquistados serían muy diferentes. En China las artes de la paz han sido cultivadas durante mucho tiempo y allí han complacido durante mucho tiempo unas construcciones que, aunque de muy mal gusto según nuestros criterios, son más grandiosas y están adornadas más suntuosamente que las nuestras. No sería maravilloso, pues, que rehusaran cambiar aquella forma de construir, que un uso prolongado ha convertido en elegante, por otra que tuviera todos los inconvenientes de la novedad sin otras ventajas que los encandilaran y predispusieran a su favor. Para ellos la simplicidad de la Antigüedad resultaría mediocre y rústica y juzgarían la iglesia de Covent Garden, orgullo de la arquitectura inglesa, como más apropiada para un granero que para un templo. No le digo esto a su señoría basándome solo en una conjetura, sino a partir de la experiencia parecida de lo que sucedió en Europa cuando fue invadida por los godos. Veo que sonríe con la mención de mis amigos los godos, pero permítame contarle a su señoría que los godos no fueron tan góticos como generalmente se imagina. En verdad, parece que desconocieron o descuidaron las artes de la poesía y la pintura, pero puede que en eso solo fueran un poco peor que el pueblo al que conquistaron, siendo muy superiores en otros aspectos. La discordia civil, junto con todos los males que acompañan a la anarquía cuando se une a la superstición más despreciable, produjeron en el Imperio romano pobreza en todo y la destrucción casi total de aquellas artes y ciencias por las que las mismas naciones, pocos siglos antes, hubieron sido celebradas tan justamente. El arte de la guerra fue bien comprendido entre las naciones góticas, como muestra su superioridad constante siempre que aparecían en el campo de batalla, y todos los estados de Europa que en nuestros días disfrutan de cualquiera de las bendiciones del buen gobierno están dispuestos a reconocer que todas esas bendiciones han derivado de la fuente gótica. Ellos no fueron, como los romanos, una banda de meros saqueadores procedentes de quienes poco antes de su conquista de Grecia no fueron sino ladrones desnudos y esclavos fugitivos, sino una colonia del Imperio de los partos, quienes durante mucho tiempo habían vivido en el esplendor y la magnificencia y, al establecerse sobre las ruinas del imperio persa, accedieron a la mayor parte de sus riquezas, lujo y elegancia. Debemos mirar a Partia o Persia como el origen de aquellas multitudes de guerreros y su gusto por la arquitectura, del que todavía permanecen majestuosos ejemplos como trofeos que marcan el progreso de sus victorias. Si volvemos nuestros ojos a la sede del actual sofí de Persia,[23] podremos ver allí todavía muy de moda el arco apuntado y todas las partes de lo que denominamos arquitectura gótica tachonadas, como dice Milton, *con perlas y oro bárbaros*.[24]

Sr. Modish. Ahora que lo dice, recuerdo haber visto en la casa del señor John Locke una colección de dibujos que representaban puentes, palacios y mezquitas que, según me dijo, fueron hechos a partir de los edificios mismos cuando residía en Ispahán.[25] Estos concuerdan muy bien con lo que usted dice sobre la similitud de los gustos persa y gótico en arquitectura, pero no creo que tal similitud, por muy grande que sea, demuestre

---

23. «Sofí» fue el título que se dio a los reyes que dominaron Persia entre 1502 y 1736. En la época en la que Ramsay compuso este diálogo, la misma en la que hipotéticamente, como vimos, tuvo lugar, la capital de Persia fue Shiraz, aunque en otras ciudades, como Isfahán (capital durante la dinastía safávida, a la que de inmediato se referirá el Sr. Modish), se pueden apreciar también numerosos ejemplos de arco apuntado (N. del T.).

24. Cita del libro 2, verso 4, de *El paraíso perdido* (1667), de John Milton (N. del T.).

25. Obviamente, no debe confundirse a este personaje con el famoso filósofo empirista. El texto de referencia sobre Persia (e Ispahán), admirado por los ilustrados franceses y británicos, fue *Viajes a través de Persia y otros lugares de Oriente del caballero Jean Chardin* (1686-1711), de Jean Chardin (N. del T.).

suficientemente que las llamadas naciones del norte sean realmente hijas del este.

Cor. FREEMAN. Hay, señor mío, muchas otras pruebas del origen
parto o persa de los godos, reunidas a partir de la similitud de
su lenguaje y costumbres, incluso de la historia de sus migra-
ciones. Al encontrar algunas de esas pruebas accidentalmente
en mis lecturas me tomé la molestia de llevarlas al papel; se las
comunicaré a su señoría cuando retorne a Londres, si su curiosidad lo lleva a examinarlas. No obstante, ya vinieran de Persia
o de Perú, es evidente, a la vista de los primeros edificios públicos que erigieron al penetrar en las provincias romanas, que
procedían de algún imperio grande y asentado, donde el arte de
construir con grandeza y magnificencia fue conducido, mediante una práctica de muchos siglos, a un grado poco común
de perfección. No podemos suponer que estructuras como la
abadía de Westminster, abundantes en Alemania, Francia y Es-
paña, tan vastas y a la vez esmeradas, tan fuertes y ricas, incluso
decoradas a veces con afectación, fueran la creación de soldados hambrientos que marcharan a través de países enemigos,
ni de oscuros salvajes que acabaran de escapar de las nieves de
Suecia o Noruega. Estas artes no pueden ser llevadas de repente a la perfección, como si fueran el producto del cerebro de
un hombre. Incluso aunque lo fueran, la coincidencia de todas
las ramas de aquellos invasores: vándalos, hunos, sajones, nor-
mandos o francos, en las mismas formas y ornamentos, muestra
con claridad que se habían establecido reglas exactas y antiguas
sobre tales cosas que todos ellos conocían y respetaban de la
misma manera. Para hombres en posesión de ideas grandes y
precisas los edificios que encontraron en las provincias romanas debieron resultar mezquinos y simples; si destruyeron sin
vacilación a los que se interpusieron en su camino no fue por
una bárbara insensibilidad ante lo que era elegante, sino por el
amor arrogante hacia su propio gusto y el deseo irrazonable de

imponerlo sobre otros, una locura a la que, como los más salvajes, también están sujetas las personas más educadas cuando no las frena el razonamiento y la reflexión.

Sr. Modish. Sé muy bien que los godos hicieron de su gusto en arquitectura el gusto dominante en Europa durante varios siglos. Pero, mi querido George, su explicación de por qué ocuparon el lugar de los griegos no es del todo satisfactoria, pues si al principio se impuso a causa de su grandiosidad y riqueza, podría con más facilidad haber mantenido su superioridad al resultar familiar con el tiempo a los conquistados, como lo era para sus invasores. Por eso deduzco, a partir de la restauración de la arquitectura griega, que hay algo en las formas de esta especialmente apropiado para agradar a la vista que le permite, a la larga, superar todos los obstáculos que la fuerza y la costumbre han arrojado en su camino.

Cor. Freeman. Sus dudas son muy justas, señor mío, y no creo que conocimiento alguno de líneas y números pueda solventarlas jamás. No obstante, hay muchos misterios aparentes, que nunca dejan de serlo ante los poderes del razonamiento abstracto, que la historia, conduciéndonos paso a paso, vuelve claros y simples. Los obispos y barones, monjes y caballeros errantes han mantenido a los habitantes de Europa en la esclavitud y la discordia, la pereza, la ignorancia y la miseria durante muchos siglos. Todas las artes que tienden a hacer la vida más humana y agradable fueron desaprobadas y prohibidas, conservándose y practicándose solo las que servían para apoyar el orgullo y el poder de aquellos tiranos. A causa del mismo propósito lucrativo, el derecho canónico, que defendía las pretensiones mundanas del clérigo, y la metafísica, promoviendo y propugnando sus absurdidades espirituales, adoptaron usualmente el nombre de conocimiento. Cuando fracasaban en la determinación de la verdad o falsedad de una proposición, recurrían, legalmente y con frialdad, al combate singular, un tipo de lógica que, pese a ser bastante absurda, no era quizá la forma más absurda entonces en uso. Aún no se consideraba necesario llamar a la pintura y la escultura en ayuda de tales santos embustes, de modo que, como puede suponerse, nadie presumía de tallar o dibujar el simulacro de ninguna cosa sobre la tierra. La arquitectura militar solo se mostraba en los castillos de los caballeros particulares, con sus fosos y puentes levadizos, y la civil solo se hallaba en las catedrales y conventos. El resto solo era chozas y miseria. Finalmente, en torno al siglo catorce comenzó a disiparse la nube de ignorancia. La arrogancia y avaricia de la Iglesia de Roma estiró tanto la cuerda que se rompió, dando lugar a que en varios lugares de Europa se investigaran los derechos espirituales del género humano que ella usurpó tan groseramente; como estos derechos habían estado íntimamente entretejidos con los temporales, la investigación se ampliaba a medida que avanzaba, de modo que cada día se solicitaban más los libros y demás medios de conocimiento. En torno a esta época los griegos, huyendo de los turcos tras la toma de Constantinopla, llevaron consigo a Italia sus libros y su lenguaje, los cuales, especialmente a causa de la ayuda y el patronazgo de la familia Medici, llegaron a ser en poco tiempo una parte de la educación que se puso de moda, habiendo sido hasta ese momento completamente desconocidos en Occidente. Una causa tan desafortunada como aquella que trajo a los sabios griegos hubo conducido antes a algunos pintores griegos a Florencia; eran pintores deficientes, pero lo suficientemente habilidosos como para sembrar las semillas del arte, las cuales, mediante un estímulo apropiado, llegaron a un grado admirable de perfección en Florencia, primero, y en Roma, Venecia y Bolonia, después. Las artes civilizadas y las distintas ramas de la verdadera sabiduría tienen entre sí una conexión tan íntima que siempre marchan juntas, siendo imposible encontrar en cualquiera de ellas un grado aceptable de desarrollo sin encontrarlo también en cada una de las demás. Así, en el mismo momento en el que los clásicos griegos y romanos fueron buscados diligentemente entre el polvo y el sinsentido escolástico de las librerías y los conventos, el pico fue empleado por doquier entre las ruinas a la búsqueda de estatuas y bajorrelieves que la ignorancia y la miseria de los tiempos hubieron permitido yacer bajo tierra durante siglos. En la corte de Roma, dado que su poder necesitó finalmente apoyarse en alguna medida en la verdadera erudición, estas investigaciones sobre la sabiduría y la elegancia de sus ancestros paganos fueron desarrolladas con el mayor entusiasmo; además, su amor creciente por la pintura, la escultura y la música no fue poco estimulado cuando comprendieron lo útiles que estas artes podían ser como apoyo de una remuneradora superstición que estaba a punto de resultar despreciable. Fue entonces cuando los romanos comenzaron a mirar con admiración los nobles restos de la arquitectura pagana, con los que su ciudad está actualmente tan ricamente surtida. A pesar de que el pueblo gótico devastó horriblemente esta ciudad imperial en más de una ocasión, nunca se asentó en ella ni erigió estructura alguna. Los edificios allí siempre concordaron con el gusto griego, aunque variaron mucho con respecto a su original porque se conservó solo por tradición, sin ninguna regla precisa. Llevar a cabo un cambio total en las modas de cualquier país es una tarea extremadamente difícil, pero aquí solo se requería una reforma, la cual tuvo como principios la Antigüedad y la pureza primitiva. Apenas emergió el amor por la antigüedad pagana los bramantes y miguel ángeles se pusieron con gran diligencia a medir todas las partes de todos los edificios antiguos de Roma y pronto, con la ayuda de Vitruvio, se compuso un sistema de arquitectura que, tan lejos como pretendió ir, trajo de nuevo a los albañiles y carpinteros la época de Augusto. Florencia y el resto de las ciudades de Italia, que con respecto a la arquitectura estaban casi en la misma situación que Roma,

participaron de buena gana en este proyecto de reforma, el
cual, cruzando los Alpes con el grito colectivo de toda Italia,
considerada en aquel tiempo la escuela de la sabiduría y la educación, lo removió todo ante él. Aquellas estructuras góticas
que durante tanto tiempo dominaron sobre las demás obras de
piedra y mortero eran denunciadas ahora como gigantescas y
bárbaras. El incremento del comercio y las riquezas en toda
Europa, particularmente gracias al reciente descubrimiento de
las Indias, produjo un alto número de suntuosos edificios a la
nueva moda, de modo que la inclinación hacia esta, que al principio no fue probablemente sino cierta afectación de elegancia
italiana, creció y en poco tiempo se volvió un gusto o sentimiento real.

Sr. Modish. De los edificios habló, como Salomón, desde las pirá-
mides de Egipto hasta la Sala de Banquetes de Whitehall.[26] Tan
cierto como espero salvarme, George, creo que usted sería un
excelente gran maestre de la francmasonería y que podría impar-
tir una conferencia sobre las maravillas de la letra G que asom-
braría a toda la logia.[27] Hablando en serio, le estamos muy agra-
decidos por su corta historia de un proceso tan largo, muchos
de cuyos particulares ya conocía, aunque nunca los había visto
hasta ahora conectados en una cadena tan regular. Lo que usted ha dicho prueba que las bellezas de la arquitectura no tienen
ningún fundamento más sólido que la moda, que no es sino un
hábito formado caprichosamente que se acompaña de una alta
apariencia de verdad. Pero ustedes los filósofos, cuando toman

26. La *Banqueting House* es el único edificio que queda del complejo palaciego
de Whitehall en Londres. Fue obra de Iñigo Jones, quien la erigió en estilo neopalla-
diano con ayuda de John Webb en 1622 (N. del T.).

27. Una logia es la célula básica de la organización masónica, formada por un
número mínimo de siete maestros. Por otra parte, la simbología de la letra G entre
los masones es compleja, aunque básicamente era la letra inicial de la Geometría y, a
través de ella, de Dios, el Gran Geómetra (N. del T.).

cualquier principio, tienden a llevarlo más allá de lo legítimo, adscribiendo a menudo a una sola causa lo que quizá procede de media docena. Le concedo que en muchos casos el hábito participa en la conformación de nuestros sentimientos, pero ¿no hay también una unión inseparable entre la belleza y la corrección? Y aquello que en sí mismo es apto e idóneo, ¿no será siempre más o menos placentero para el espectador? Me temo que no he expresado lo que quiero decir en los términos apropiados.

Cor. Freeman. En absoluto, señor mío, lo ha hecho como si fuera uno del oficio. Tales son las expresiones utilizadas por los seguidores de Hutcheson, Shaftesbury y Platón,[28] quienes, por otra parte, sacan a partir de ellas la conclusión obvia de que gracias a los sentimientos o sensaciones de placer y displacer podemos afirmar con seguridad, sin ningún examen ni reflexión ulteriores, que los objetos que producen tales sensaciones son correctos o incorrectos en sí mismos. Sentido afortunado para aquellos que están dotados de él, por el que uno renunciaría de buena gana a todo el entendimiento humano, que está sujeto a muchos errores. ¡Qué lástima que una opinión tan agradable y un sistema tan elegante no tengan base alguna en los hechos! Opóngale por un momento el espejo de la experiencia a este fantasma metafísico y volverá a la nada de la que surgió. La aprobación de la razón y del gusto, que esos caballeros se han tomado la molestia de unir y confundir, siempre serán de una naturaleza diferente y estarán separadas, habiendo sido diseñadas por nuestro hacedor con propósitos ostensiblemente diferentes. Es cierto que a veces coinciden, pero esto no se debe

---

28. En el contexto de la Ilustración escocesa el más importante de los tres fue Hutcheson, quien en su *Investigación sobre el origen de nuestras ideas de belleza y virtud* sistematizó el pensamiento de lord Shaftesbury. Constituye la base de la escuela del «sentido interno», según la cual poseemos un sentido interior que nos permite captar inmediatamente la belleza o fealdad de un objeto (N. del T.).

a que tengan una conexión natural e inseparable sino a otras causas, como podrá comprobar al examinar los casos en los que esta coincidencia se produce y en los que no se produce. Por empezar con el más simple: el aprendiz de farmacéutico lleva una dosis de quina a un hombre enfermo de fiebre; la razón y la experiencia del físico, quizá la propia experiencia del paciente, le asegura que tragando esta droga recuperará la salud. ¿Qué dice el gusto? Que vaya diablos de medicación, que podría aplazarse a mañana, pidiendo entretanto otra botella de champán. El gusto, pues, no sirve de nada en medicina. Veamos ahora si el gusto, en sus aplicaciones más remotas y figurativas, está más próximo a la aptitud y la utilidad. Entre los objetos de la vista no hay ninguno con el que estemos tan familiarizados como con la ropa; por lo tanto, como antes observé a su señoría, no hay ninguno mejor para proporcionar ejemplos en nuestro tema. En este caso siempre hallaremos que nuestros sentimientos de placer y displacer son dirigidos completamente por la costumbre, no solo en lo que es en sí indiferente, sino a menudo incluso a costa de lo útil y apropiado. Dígame, señora Modish, le ruego, ¿qué pensaría su señoría de nuestros elegantes caballeros si vistieran con sus brazos desnudos hasta los codos?

Sra. Modish. Pensaría que son criaturas muy chocantes, al menos en cuanto puedo imaginarlo a partir de la desagradable apariencia de los carniceros y sombrereros cuando visten de esa manera.

Cor. Freeman. Estoy persuadido de que, con respecto a esto, su señoría no habla solo de sus propios sentimientos, sino de los de todas las señoras de Inglaterra. Al principio, todas coincidirían en que se trata de una fea visión y, sin embargo, es imposible encontrar en el brazo de un hombre bien proporcionado ninguna incorrección natural de la que se siga este sentimiento de deformidad, ninguna que, al menos, no pueda asignarse también al brazo desnudo de una mujer bien proporcionada, un

objeto que, como se reconoce, produce en cada cual un sentimiento totalmente opuesto. Solo la costumbre puede explicar
este gusto tan caprichoso, que incumple todas las reglas de la
razón y la conveniencia, pues sin duda es más apropiado que
se recoja las mangas el sexo que es más activo y se destina al
ejercicio vigoroso y al trabajo, al igual que es más apropiado,
especialmente en un clima frío, que se cubra los brazos el sexo
que sufre más de su inclemencia. He vivido lo suficiente en el
mundo, señoras, como para ver muchos cambios en él, particularmente en lo que se refiere a las hebillas de los zapatos, que
han sido grandes, pequeñas, redondas o cuadradas, todas ellas
consideradas bellas o deformes a su debido tiempo. Estos cambios generan mucho bien a bastantes comerciantes industriosos
y sus familias, pero, hablando en general, son indiferentes para
los usuarios. Recuerdo que hace siete u ocho años las hebillas
ascendieron insensiblemente desde la punta de los pies, donde
reinaron con esplendor durante algunos años, hacia la pierna,
llegando entonces a ser entre nuestros elegantes tan grande el
deseo de producir sentimientos agradables entre los espectadores exhibiendo una sorprendente longitud del pie, que he visto
a muchos de ellos cojeando por Ranelagh[29] con sus hebillas por
encima de la articulación, sufriendo una tortura no pequeña
antes que mostrarse vilmente de una manera más conveniente.
No es fácil encontrar en la arquitectura ejemplos de este tipo.
Por su propia naturaleza, un edificio es algo más serio y medi-
tado que un vestido y, por lo tanto, podríamos pensar, menos
sometido a la influencia del capricho; mas no faltan ejemplos en
los que el ojo se complace con lo que es contrario a la conveniencia. A algunos de ellos se les puede asignar una causa, o

---

29. Los jardines de Ranelagh fueron unos «jardines de placer» en Chelsea,
entonces a las afueras de Londres, que estuvieron muy de moda a mediados del siglo
XVIII como lugar de encuentro de la alta sociedad (N. del T.).

más bien origen, general. El gusto actual en arquitectura no se formó a partir de los palacios y las viviendas de los antiguos griegos y romanos, de los que no había vestigios durante el renacimiento de las artes, sino a partir de sus templos y otros edificios públicos, de los que se ha tomado la parte decorativa que ha sido aplicada a usos domésticos de una manera en su mayor parte absurda que, pese a todo, la costumbre ha hecho agradable a la vista. Podría mencionar a su señoría varias casas, además de la del señor alcalde de Londres,[30] en las que el deseo de agradar a los paseantes ha llevado al arquitecto a oscurecer las salas principales poniendo delante de las ventanas majestuosas columnas que no soportan nada o, lo que es lo mismo, nada que sea útil. Sean cuales sean las molestias que se tomen esos caballeros para dignificar la parte ornamental de su arte con razonamientos científicos en torno a la adecuación y la aptitud, al final se hallará que solo deben su capacidad de complacer a la costumbre. Pregunte a uno de ellos a qué se debe que una ventana complazca por ser más alta que ancha y una chimenea por ser más ancha que alta; le responderá que es a causa de su adaptación a sus respectivos propósitos, al ser tal y cual la naturaleza de la luz y tal y cual la naturaleza del humo. Pero, aun concediendo que sea experto en la luz y el humo, es solución superficial del problema. La simple verdad es que han sido formadas así desde tiempo inmemorial debido a su aptitud para cumplir con sus respectivos propósitos, pero lo que produce en nosotros el sentimiento de su belleza es el hábito de verlas constantemente con esa forma, no dicha aptitud. Esto da cuenta de todas las

---

30. La casa oficial del alcalde de Londres, Mansion House, en la actual calle Mansion House, fue construida entre 1739 y 1752 por el arquitecto George Dance el Viejo en estilo neopaladiano, sobreponiéndose al muro de ventanas un pórtico griego que abarca dos plantas y se corona con un frontón triangular. Poco antes, ese mismo año el arquitecto Robert Adam criticó este edificio en términos parecidos (N. del T.).

uniones de la belleza con la adecuación que a la mayoría de la gente le parece una conexión necesaria. ¿Cuál es la razón de que cualquier cuerpo pesado soportado por pocos pilares débiles nos produzca una sensación desagradable? Pues que conocemos desde hace tiempo el peligro y la inconveniencia de esta disposición, por lo que la evitamos cuidadosamente, de manera que la menor violación de la práctica establecida nos escandalizará inmediatamente por su rareza antes de que nuestra razón se inmiscuya con una pausada discusión de su impropiedad. Podemos dar cuenta del mismo modo de todo lo que se refiere al gusto y al sentimiento moral: la más mínima comparación de los sentimientos de las diferentes naciones con respecto a la conducta mostrará que dependen inmediata y necesariamente de la costumbre, conectándose solo remota y accidentalmente con lo correcto y lo incorrecto, o invariable aptitud de las cosas.

Sr. Modish. Empiezo a temer que el gusto debe contentarse al fin con reinar sobre las bellas artes. Creo que en esto difícilmente podrá usted desbancarlo de su trono.

Cor. Freeman. ¿A qué artes se refiere su señoría con tal nombre?

Sr. Modish. A la música, la poesía y la pintura, o, como suelen llamarse, las artes hermanas.[31]

Cor. Freeman. Sé que a menudo se denominan así y, en efecto, hay tan gran parecido entre dos de ellas, la poesía y la pintura, que

---

31. La temática de las «artes hermanas» tiene su fuente en la conocida afirmación «ut pictura poesis» ('la poesía es como la pintura') del *Arte poética* de Horacio (al que Ramsay ya ha recurrido en su ensayo sobre lo ridículo), así como en el famoso dicho que Plutarco asignó a Simónides de Ceos de que «la poesía es pintura que habla y la pintura poesía muda». Esta convergencia fue recuperada durante el Renacimiento y, a través de las conferencias de la Academia Real de Pintura y Escultura de Francia llegó, en gran medida gracias a John Dryden, a la Gran Bretaña del siglo XVIII, donde fue muy popular. Trataron el tema, entre otros, lord Shaftesbury, Alexander Pope, James Harris o Adam Smith, dedicándole en 1734 Hildebrand Jacob una monografía, *Ensayo sobre las artes hermanas*. Este es el contexto en el que Gotthold Ephraim Lessing publicó su conocido libro *Laocoonte* (1766) (N. del T.).

de buena gana reconoceré su hermandad; no obstante, entre la
música y la pintura no hay parecido alguno y sospecho que
la música se tiene por hermana de la poesía porque frecuente-
mente se experimentan juntas y no por lo que se parezca una a la
otra. Por esta razón, cuando examine en qué medida el gusto es
pertinente en estas artes consideraré la música por separado.[32]
Ahora bien, una de dos, o la distinción entre el gusto y el juicio
que acabo de dar a su señoría es falsa o el gusto está excluido
de la determinación de las obras de arte, que solo es competencia del juicio. El arte ha sido definido por uno de los más
sagaces de los antiguos de la siguiente manera: *sistema de reglas
adquiridas mediante el estudio y reducidas a la práctica para algún
propósito útil.*[33] Ahora bien, donde quiera que haya una o varias
reglas conforme a las que se suponga que cualquier tarea ha de
ser dirigida, una vez conocida dicha regla debe servir también
como criterio [*standard*] para aquellos que dictaminen adecuadamente sobre su mérito o grado de excelencia. Por lo tanto, el
arte, como cualquier cosa que aspire a poseer un criterio [*standard*], es un objeto de juicio y no de gusto. Con respecto a la
música, es un arte en la medida en que le compete la geometría,
pero como la parte matemática es totalmente desconocida para

32. La polémica sobre el origen conjunto de la música y la poesía (o, más en
general, el lenguaje), tendrá importancia entre los lectores de Rousseau, si bien en
1754, cuando apareció por primera vez el *Diálogo sobre el gusto*, aún no se había publicado el *Discurso sobre el origen y los fundamentos de la desigualdad entre los hombres* (1755).
Como alternativa se fue proponiendo una línea de pensamiento que, oponiéndose a
la unidad de las artes propuesta por Charles Batteux, progresivamente desvinculó a
la música, como arte no imitativa, de la poesía y la pintura, consideradas artes imitativas. El punto de partida fue el segundo de los *Tres tratados* (1744) de James Harris, llegando a su máxima expresión cuando Adam Smith negó que la música fuera
imitativa en su ensayo tardío «De la naturaleza de la imitación que tiene lugar en las
llamadas artes imitativas» (N. del T.).
33. Se trata de la definición, en clave aristotélica, proporcionada por Galeno
en su *Exhortación a la medicina* (N. del T.).

el 99,9 % de los que se erigen en conocedores de la música, incluyendo los músicos que la interpretan, podemos aventurarnos a afirmar que para ellos no es un arte en absoluto.[34] Estos virtuosos solo cuentan con su propio gusto, es decir, con su inclinación privada para obtener un criterio o, lo que apenas es más matemático, con la inclinación privada que los de su club, ciudad o nación han adquirido por hábito, esto es, por la repetición diaria de cierta composición musical. Las disputas sobre este tema no son menos absurdas que las controversias sobre la cocina. En referencia a las artes hermanas de la pintura y la poesía el caso es muy diferente, pues estas artes no solo poseen un criterio [*standard*], sino que este es tan adecuado al sentido común del género humano que incluso el más ignorante está familiarizado con él y solo podría ser desconocido o confundido por los falsos doctos, quienes, por su propia vanagloria o por respeto a la autoridad de los fatuos, han tratado de infravalorar el sentido común para poner en su lugar algo que creían mejor.

Sr. Modish. No hay duda, coronel, de que hay reglas para la poesía y la pintura y de que se han escrito muchos libros ingeniosos, tanto en prosa como en verso, sobre tales reglas, pero creo que no son conocidas tan universalmente como usted quiere hacernos creer.

Cor. Freeman. Perdóneme, señor mío, pero tengo razones para estar convencido por mil experimentos de que la regla principal del criticismo en poesía y pintura, el más cierto sin excepción de todos los principios conocidos, es asumido por el grupo más bajo e iletrado de personas. Estos experimentos son fáciles de hacer. Su señoría solo debe esconderse detrás de la cortina

---

34. Este modelo de la música como arte es el establecido por Descartes en su juvenil *Compendio de música*, desarrollado en el siglo XVIII en algunos de los escritos teóricos de Jean-Philippe Rameau, desde su *Tratado de armonía reducida a sus principios naturales* (1722) hasta su *Demostración del principio de armonía* (1750). Rameau influyó notablemente en la teoría musical británica (N. del T.).

de su salón y ordenar a la señora Hannah que traiga a una de las hijas de su arrendatario; me aventuro a apostar cincuenta a uno que le impresionará su pintura de La Tour,[35] y no menos la vista de su residencia por Lambert.[36] Expresará su aprobación diciendo que son *notablemente naturales*. Al afirmar esto habrá mostrado que conoce el criterio apropiado por el que debe dirigir su aprobación, al menos tanto como si hubiera conocido de memoria a Aristóteles y sus comentaristas.[37] Este ha definido aquellas artes como artes de imitación, y su definición, aunque oscurecida y confundida a veces por los entendidos modernos, nunca ha sido contradicha. La campesina que acaba de aplaudir la representación exacta de un hombre y una casa a los que conoce estará encantada, por la misma razón, con *La marcha de los guardias a Finchley*, de Hogarth, que no representa personas concretas sino modales y caracteres generales con los que la hemos de suponer familiarizada.[38] Si las pinturas históricas de épocas y lugares distantes le impresionan menos, aunque estén igual de bien pintadas, no es porque su criterio [*standard*] crítico no les sea aplicable, sino porque el tema y las costumbres representados le resultan desconocidos, dando lugar a

35. Se trata del pintor, especializado en el retrato al pastel, Maurice Quentin de La Tour (1704-1788), a quien Ramsay admiró y que, junto con otros pintores franceses de la época, influyó sobre el estilo del propio Ramsay a partir de finales de los años cuarenta (N. del T.).

36. Ramsay se refiere al pintor de paisajes y escenógrafo Georg Lambert (1700-1765), cuyo estilo paisajístico influyó en algunos de los fondos de sus retratos. Trabajó como escenógrafo para el empresario teatral John Rich, al que Freeman se refirió más arriba (N. del T.).

37. Aristóteles presentó en varias ocasiones el principio de la mimesis como criterio artístico, aunque aquí el más relevante, por sus implicaciones para el tema de las artes hermanas, es el que expuso en su *Poética* (p. 136) (N. del T.).

38. *La marcha de los guardias a Finchley* fue pintada por Hogarth en 1750. Representa una concentración de tropas inglesas para hacer frente a la rebelión jacobita de 1745. Aunque Ramsay no compartía los principios estéticos de Hogarth, admiraba su obra, que usa en este caso como ejemplo de pintura de historia, donde no se representa a personas particulares sino a tipos humanos más genéricos (N. del T.).

tan pocos comentarios y observaciones como el buen retrato de una persona a la que nunca hubiera visto. En todo esto no veo que el gusto haya de ser consultado. Se requieren, primero, ojos para ver y, después, juicio para comparar la imagen pintada con la imagen del objeto ausente que se conserva en el recuerdo, el cual es una operación reflexiva y compuesta de la mente tan rápida e instantánea que a menudo pasa por una sensación o sentimiento simple. Como tal la tienen algunos críticos de no escasa reputación,[39] a causa de que no han considerado la naturaleza de las facultades mentales con la exactitud que merecen. El criterio [*standard*] general de la poesía es exactamente el mismo y tan obvio como el de la pintura, de manera que cualquier experimento que haga con este arte con la hija de su arrendatario tendrá un resultado parecido. Los iletrados no comprenderán ni admirarán la poesía mediocre, pero cuando esta alcanza el grado superior de excelencia es adecuada para la clase social más baja. Aunque otros poetas han tenido sus partidarios entre los críticos, es incuestionable que Homero fue el deleite de todas las cocineras de Grecia.

Sr. Modish. ¿No considera usted, entonces, que lo bueno y lo malo en poesía se puedan distinguir en alguna ocasión mediante el gusto?

Cor. Freeman. No, señor mío.

Sr. Modish. Entonces, querido coronel, sus especulaciones y su lenguaje usual son muy poco consistentes entre sí, pues no hace mucho, esta mañana, al ojear algunos madrigales publicados en la edición de Shakespeare de Rowe, usted dijo que la gente de aquella época tuvo un *gusto* abyecto en poesía.[40]

---

39. Hutcheson (N. del T.).

40. El dramaturgo Nicholas Rowe (1674-1718) editó en 1709, en seis volúmenes ilustrados, la primera edición moderna de *Las obras de William Shakespeare*, introduciendo listas de *dramatis personae* y dividiendo los actos en escenas con indicaciones escenográficas (N. del T.).

Cor. Freeman. Eso es cierto, señor mío, y me he de censurar a mí mismo por haber usado en alguna ocasión una palabra que, como muestra la conversación que hemos tenido, se aplica a tantos propósitos diferentes que es inapropiada para todos. Hemos visto que a veces significa *la facultad de distinguir las cosas claramente y sin comparación*, a veces *aquello que complace sin más*, a veces *aquello que complace a causa de un hábito particular* y, más corrientemente, *aquello que complace a causa de un hábito general*, lo que se expresa adecuadamente con la palabra *moda*. Fue en este último sentido, señor mío, en el que usé la palabra *gusto* cuando afirmé que el gusto por la poesía fue muy malo en Inglaterra hace un siglo, aunque es cierto que ninguna época contó nunca con tantos hombres geniales y sabios.

Sr. Modish. ¡Por Plutón, es usted cada vez más oscuro! Coronel, yo imaginaba hace media hora que vislumbraba algo de su sistema, pero ahora no veo ni una chispa. Antes usted nos dijo que la poesía era un arte objeto del juicio y ahora nos da a entender que ni la imaginación, ni la lectura, ni la reflexión, a la que supongo que se refiere con «geniales y sabios», son capaces de dirigirla por el camino correcto.

Cor. Freeman. En verdad, señor mío, esas cosas son de poco provecho en la dirección de la poesía si la moda o, como se complacen en llamarla, el gusto toma posesión de su cabeza para extraviarla. Cuando, a causa del descuido de los principios justos, cualquier nación ha adquirido habitualmente una afición o gusto por unos alimentos insalubres, una arquitectura inconveniente o una poesía que en lugar de instrucción no proporciona a la mente idea alguna o, lo que es peor, proporciona ideas falsas, podemos decir, con gran propiedad, que tal nación tiene un gusto viciado o malo.

Sr. Modish. Pero, puesto que intuyo algo de lo que usted quiere decir, ¿cómo podría el hábito pervertir a nuestros escritores tan rápidamente, justo cuando la poesía estaba surgiendo en Inglaterra, como para conducirlos a todos al mismo tipo de error?

Cor. Freeman. Para llegar a comprender esto con facilidad, señor mío, será necesario de nuevo mirar a lo que sucedió en la época precedente. En aquellos días, cuando las leyendas milagrosas que se tenían por historia y la metafísica más absurda que pasaba por filosofía formaban casi todo el saber, la poesía, que comparte siempre la situación de la historia y la filosofía, también estaba en su punto más bajo. En lugar de representar la verdad y la existencia real de las cosas, solo consistía en relatos rimados de gigantes, caballos alados, grifos, castillos con fosos rodeados de fuego y azufre, caballeros que mataban a diez o doce hombres de un solo golpe y eremitas que resucitaban a otros tantos con una plegaria, junto con otras mil mentiras; estos relatos, por muy monstruosos y aburridos que nos parezcan, se correspondían tan bien para aquella gente con las ideas que la autoridad les había impuesto desde la infancia, que les parecía algo no solo probable, sino incluso verdadero; y, pese a que esta correspondencia de ideas no podía ser demasiado notable porque es imposible que las quimeras infundadas del cerebro de un escritor sean exactamente las mismas que las de su lector, no dejaban de proporcionarle algo de entretenimiento, además de persuasión. Este fue el estado, por deficiente que resulte, en el que se hallaba la épica en los felices climas de Italia y el sur de Francia. Allí, de la misma manera, daban el nombre de sonetos y madrigales a una suerte de poesía lírica que, basándose en las sutilezas metafísicas entonces de moda, no presentaba la verdad de la pasión y el sentimiento, sino unas sutiles expresiones malabares que establecían una relación aparente entre pensamientos que, en sí mismos, no guardaban relación alguna. Se trata de un tipo de escritura que algunas personas consideran *aguda* incluso hoy día, pero era bastante inferior a un mediocre juego de palabras, pues jugueteaba con el entendimiento sin el mérito de sacudir las partes. Las artes comenzaron a revivir gracias a los medios que mencioné antes, aunque no todas lo hicieron con el mismo ritmo. Pese a que en Italia la historia pronto alcanzó un alto grado de excelencia, la filosofía, todavía ajena al método experimental, continuó siendo solo un tipo de metafísica, aunque menos absurda; igualmente, la demanda que aún existía de frívolas sutilidades retardó el desarrollo simpatético de la poesía, mientras que su hermana la pintura, desdeñando el lento, torpe y engañoso medio de las palabras, comenzó a brillar con el lustre de la naturaleza y la verdad. Sin embargo, las naciones de nuestro lado de los Alpes lo admiraron todo a la vez. Poco pretenciosas en sí mismas y asombradas ante la gloria superior de Italia, recibieron indiscriminadamente todo lo que procedía de ella como un modelo de perfección. En Inglaterra, por causas que son fáciles de determinar, el arte de la pintura nunca tuvo arraigo; no obstante, a pesar de que ninguno de nuestros pintores estuvo inspirado con el espíritu divino de Rafael y Correggio, nuestros poetas fueron mucho peores por haber leído a Dante, Ariosto y Petrarca, a los que preferían imitar en lugar de a la naturaleza. De aquí proceden las tediosas alegorías, como las llaman, de Spencer y el tintineo y la forzada vanagloria del Sr. Philip Sidney. Por suerte para nosotros no había modelos italianos para la tragedia, pues de lo contrario el *Otelo* de Shakespeare habría sido tan malo como sus sonetos; con todo, incluso en sus mejores obras la moda prevalece a veces sobre el genio y la reflexión de tan gran poeta. Poco después de esta importación del gusto italiano comenzaron a mostrarse por sí mismos el poder y la majestad de los comunes de Inglaterra. Las luchas relativas a la libertad y los derechos de los cristianos habían introducido un espíritu de investigación en Europa, pero este espíritu fue llevado más allá en Inglaterra a causa de una nueva lucha que se conectaba con los derechos peculiares de los ingleses. Junto con la libertad fueron aseguradas todas las formas de propiedad y limitado el poder desmedido que los reyes y los sacerdotes habían ejercido sobre las opiniones,

los sentimientos y los bienes de la gente. El placer que produce
el descubrimiento de la verdad y de las relaciones exactas entre
las cosas es uno de los mayores y más duraderos de los que es
capaz la naturaleza humana, tan fuerte que sofocarlo y repri-
mirlo requiere un grado no pequeño de violencia. Cuando esta
se suprime el deseo natural emerge de nuevo y siempre con
éxito. Así sucedió en Inglaterra, donde el conocimiento fue de
la mano de todos los cambios en su constitución. Cuando au-
mentaron la libertad y el orden florecieron el saber y los sentimientos rectos y cuando aquellos degeneraron en entusiasmo y
anarquía una fiebre parecida contagió a la literatura. Fue una
locura, en efecto, pero vigorosa, de la que se podía esperar todavía mucho bien. En consecuencia, al retornar un gobierno
más ordenado con la Restauración,[41] cuando la libertad fue limitada con cierto grado de subordinación, las ciencias también
tomaron un sesgo más ordenado y delicado, sin renunciar en
nada a aquella libertad que habían asumido. Las controversias
de partido perdieron gran parte de su acritud y los hombres
comenzaron a aplicar las armas y la destreza que adquirieron en
estas luchas a propósitos más pacíficos y valiosos. Se fundó la
Royal Society[42] y los consejos que el Sr. Francis Bacon dio con
respecto a la filosofía experimental fueron puestos en práctica
diligentemente por los hombres ingeniosos de la época; con
ello, el criterio de autoridad comenzó a ser sustituido progresivamente por las cuestiones de hecho, la suposición por la certeza y las palabras por las cosas. No obstante, pese a estar en
marcha, el progreso de la poesía aún era lento. Para que los
poetas escriban bien no es suficiente con que compongan en
épocas de buen sentido, sino que es necesario que hayan nacido

41. En 1660-1666 (N. del T.).
42. En 1662 (N. del T.).

en tales épocas. Las ideas que llenan la imaginación de un crío siempre la poseerán más o menos y no es fácil cambiarlas con el conocimiento y la reflexión posteriores. A pesar de todas estas mejoras en el conocimiento, el apacible Waller todavía cubrió a su Sacarisa con las inodoras flores artificiales con las que Petrarca adornó a su Laura;[43] y Milton aún creía apropiado hacer desfilar a sus ángeles en una bien formada falange cúbica para atacar al formidable ejército de los demonios, que los recibían con cañones en sus manos y retruécanos en sus bocas.[44] Intrépidos demonios que, sabiéndose inmortales, se atreven a mirar a la muerte a la cara y a exponerse a que sus formas insubstanciales sean perforadas por las lanzas inmateriales de sus adversarios. No se podría desear un ejemplo mejor de la detestable influencia de la jerga romántica y escolástica que este batiburrillo en el cerebro de un hombre que, en otras ocasiones, dio pruebas de un genio verdaderamente natural y noble. Al final, la Revolución,[45] estableciendo los derechos de los distintos estamentos de la nación sobre una base clara y sólida, dio paso a la disolución de la estúpida y ruin alianza entre la religión y la política que se había producido durante tanto tiempo. La metafísica, innecesaria como soporte de unas opiniones que ya no conducían al poder y las riquezas, fue gradualmente despreciada y, habiendo mostrado la naturaleza por fin su rostro

43. Se trata del poeta cortesano de la Restauración Edmund Waller (1606-1687). Sacarisa, destinataria de algunos de sus poemas, fue Dorothy Sidney (1617-1684), hija del conde de Leicester y desde 1639 condesa de Sunderland. Según afirmó Samuel Johnson en su biografía de Waller (1781), el nombre *Sacharissa* procedía del latín *saccharo*, que significa 'azúcar', queriendo simbolizar, según Johnson, la apacibilidad de su espíritu, que excita ternura y una dulce estima (Johnson, 1861: 97). Anton van Dyck, en quien se inspiran algunas de las pinturas de Ramsay, la retrató en tres ocasiones (N. del T.).

44. Freeman se refiere aquí al libro VI del *Paraíso perdido*, de Milton (N. del T.).

45. La conocida como «Gloriosa Revolución» (1688-1689), que derrocó a Jacobo II y puso en su lugar a María II y Guillermo III (N. del T.).

verdadero y hermoso, la poesía dejó de ser una linterna mágica, repleta de monstruos y quimeras, y, como la cámara oscura, volvió a asumir su tarea genuina de reflejar las cosas tal como son. Puesto que se halló que los antiguos poetas griegos y romanos se habían atenido más que los otros a este principio, aumentó la admiración hacia ellos, siendo elegidos en lugar de los italianos para marcar la moda o, como solemos decir, para conformar el gusto en la escritura. A partir de ellos y de su maestra, la naturaleza, Prior, Addison, Pope, Swift, Parnell[46] y el resto de los bardos contemporáneos recibieron una levadura que depositaron en la masa del pueblo con sus obras. Actualmente, cuando pocos hombres se toman la molestia de instruirse en demasía y menos aún dan muestras al público de fuego poético, continúa vigente el gusto por ciertos tipos de poesía adquirido en la última época, de manera que las odas más insípidas que aparecen en las revistas soportan mejor una discusión crítica que las que fueron escritas por los ingenios más brillantes de hace un siglo.

Sr. Modish. Usted estima, entonces, que aquellos colaboradores de revistas son buenos críticos, pero poetas triviales; yo creería que eso requiere algo más de conocimiento del que usted parece concederles.

Cor. Freeman. No más, señor mío, del que se requiere de geometría para pilotar un barco hasta Jamaica; pues, aunque depende de las reglas más profundas de la ciencia, lo hacen diariamente quienes nunca han oído hablar de Euclides y no son capaces de comprender la más fácil de sus demostraciones. Llevar a la perfección estas artes les ha costado muchos años de estudio a hombres de genio, pero su práctica limitada se puede transmitir al mayor de los zopencos a través de la rutina. Si un buen piloto

---

46. Se trata de la primera fase de lo que se conoce como «poesía augusta», que dominó la primera mitad del siglo XVIII británico (en ella podría encuadrar a su propio padre, Allan Ramsay el Viejo) (N. del T.).

se atreviera a discutir sobre los principios de la navegación probablemente mostraría una ignorancia extrema, lo mismo que
les sucede diariamente a hombres que solo poseen gusto si se
inmiscuyen en cuestiones de criticismo. La buena crítica está
tan lejos de ser común que el gusto público es aún falso en algunos tipos de poesía, particularmente en la tragedia, bajo cuyo
augusto nombre cinco actos escritos en un lenguaje que jamás
habló mortal alguno producen beneficios para tres familias, una
prueba convincente de que los que frecuentan el teatro juzgan
la elegancia de un poema como la forma de un sombrero, no
dejando que nada influya en su juicio salvo el mero gusto o sentimiento de lo que les resulta agradable a causa del hábito. Si
juzgaran a partir de los principios del arte, sus decisiones serían
apropiadas para todos los tipos de escritos.

Sr. Modish. Espero que usted no acuse de esto de nuevo a los po-
bres italianos, pues creo que sus tragedias nunca nos han im-
portado demasiado.

Cor. Freeman. No, señor mío, me temo que esto procede de algo
mucho más poderoso y popular, del ejemplo de nuestro Shakespeare, aunque tal vez con la ayuda de las tragedias francesas.

Sr. Modish. Esto es nuevo en usted, coronel, pues suele hablar con
embeleso del genio de Shakespeare.

Cor. Freeman. Su genio es precisamente la causa del mal, señor
mío, y puedo decir de él lo que dijo Catón de César: *maldigo su
genio, pues ha destrozado a su país.*[47] Deslumbrados por las facetas
brillantes de unos personajes tan eminentes, nos vemos conducidos insensiblemente a admirar e imitar sin distinción todo lo
suyo. Lo que no podemos admirar, incluso lo que desaprobamos,
lo recibimos al principio negativamente y la costumbre
nos conduce con el tiempo a complacernos más o menos con

---

47. Es una cita incorrecta de la escena II del acto IV de la popular tragedia de
Joseph Addison *Catón, una tragedia* (1713) (N. del T.).

ello. Hoy todos aplauden con justicia cuando Hotspur describe desdeñosamente al cortesano que con toda la arrogancia y
superficialidad de su carácter vino a reclamar sus prisioneros,
pero se desconoce que el público respondió al actor con silbi-
dos y con un *fuera, fuera, fuera* cuando, describiendo el combate de Mortimer con Glendower, dijo:

> Tres veces descansaron y bebieron,
> Por acuerdo, de las aguas del Severn.
> El río al verlos tan ensangrentados
> Con miedo huía entre los juncos trémulos
> Y sumergía su cabeza crespa
> En el fondo del cauce teñido
> Por la sangre de ambos combatientes.[48]

Sr. Modish. Sin duda, en Shakespeare se encuentran pensamientos
falsos, mas, como también es cierto que no guardan proporción
alguna con los nobles y justos, ¿no podríamos suponer razonablemente que su imitación sería más útil que perjudicial para
nuestros trágicos modernos?

Cor. Freeman. Esa es una dicha, señor mío, que nunca tuvieron los
imitadores de ninguno de los grandes maestros. Para igualar
sus bellezas tendrían que extraerlas, como hicieron ellos, de la
fuente pura de la naturaleza. Sus defectos sí pueden aprender-
los de ellos, como ellos los aprendieron de otros malos poetas.
Shakespeare nunca hubiera producido líneas como las que he
recitado de no haber sido pervertido por un gusto y una imitación incorrectos. La naturaleza nunca le hubiera enseñado que
un río pudiera ser cobarde, ni que fuera coherente con el carácter de un caballero como Percy decir *la cosa que no fue*.[49] Solo las

48. Se trata de un episodio de la escena III del acto I de la primera parte de *Enrique IV* de Shakespeare. Freeman recita los versos 102-107 (proporcionamos la tra-ducción de Mirta Rosenberg y Daniel Samoilovich en Shakespeare, 2015) (N. del T.).

49. «The thing that was not». Se trata de una cita incorrecta del verso 52 de la escena V del acto V de la segunda parte de *Enrique IV* de Shakespeare (N. del T.).

buenas reglas pueden salvar a un poeta de las chapuzas a las que el gusto puede conducirlo.

Sr. Modish. En efecto, la falta de reglas puede haber sido la causa de esos errores de Shakespeare, pero seguramente este no es el caso de los trágicos modernos, franceses o ingleses, pues tienen críticos y reglas en abundancia.

Cor. Freeman. No dudo que los tengan, señor mío, pero tales críticos son peores que ninguno y tales reglas, extraídas de las obras de otros autores y no del sentido común o de los sentimientos generales del ser humano, solo sirven para extraviar a quienes las siguen, haciéndolos menos apropiados para juzgar sobre poesía que las nodrizas y los niños. Pregúntele a uno de estos críticos por la razón de algo y le remitirá a una autoridad; si le vuelve a preguntar, le apuesto diez a uno que largará alguna de aquellas retorcidas palabras que tanto desagradan a la señora Harriot. Por ejemplo, si le preguntara usted a Bossu,[50] o a cualquiera de los aristotélicos, cómo el río Severn llegó a ser tan gallina para huir y esconderse ante la vista de los rostros sanguinolentos de Glendower y Mortimer, le respondería que se trata de una figura llamada prosopopeya. Esto solo muestra que entiende el idioma griego. Un crítico más razonable y menos erudito probablemente le habría dicho que se trataba de una figura llamada sinsentido.

Sr. Modish. ¿Cómo? ¿Desprecia usted la *Poética* de Aristóteles, que ha sido reverenciada durante tantos siglos?

Cor. Freeman. En modo alguno, señor mío; la considero un resto valioso de la erudición antigua y, considerando todas las circunstancias, una prueba prodigiosa del genio de su autor, pero confieso que desprecio a los contemporáneos que, dejando de

---

50. René Le Bossu (1631-1680), muy leído por los ilustrados escoceses, escribió un influyente *Tratado sobre la poesía épica* (1675), donde desarrolló los principios de la *Poética* de Aristóteles (N. del T.).

lado los nuevos descubrimientos que el tiempo, más que el ingenio humano, ha hecho para ellos, siguen confiando, a causa de un fanatismo impío, en su infalibilidad. ¿Qué pensaría usted, señora Harriot, de un crítico que no pudiera concebir que un entretenimiento dramático tuviera alguna excelencia sin un acompañamiento musical continuo?

Sra. Harriot. En verdad, coronel, imaginaría que nunca hubo visto nada salvo óperas italianas.

Cor. Freeman. La conjetura de su señoría no anda muy descaminada. Con todo, ese era el sentimiento del gran griego, sobre cuyo profundo conocimiento usted debe haber leído muchas maravillas en Pope y en los demás escritores bella-letristas que conoce.[51] Si uno de nuestros expertos londinenses aconsejara a Garrick ponerle música a *Otelo* para darle más fuerza y expresión, es posible que ya no fuera consultado nunca más en asuntos teatrales.[52] No deseo restar valor al mérito de Aristóteles. Su sistema poético siempre merecerá la atención de los doctos porque se fundamenta en la base sólida de la experiencia, pero como se trata de la experiencia de lo que solo complacía en su época y su país, es una base demasiado estrecha para erigir sobre ella una torre tan alta como la de un arte poética. En lugar de buscar en la naturaleza algún principio universal del placer en dicho arte, gracias al cual, a su debido tiempo, se pudiera conformar el gusto tanto de su propio país como de cualquier otro, él definió las reglas que nos han sido transmitidas a partir del gusto de su época, reglas que nosotros recibimos como una obra de profunda filosofía que revelase el misterio completo del arte de escribir.

51. Freeman se refiere aquí al *Ensayo sobre la crítica* (1711), de Alexander Pope, donde se define un programa neoclásico basado en Aristóteles y Horacio (N. del T.).

52. David Garrick (1717-1779) fue el actor, compositor y empresario teatral más famoso de la Gran Bretaña georgiana, uno de los grandes revitalizadores del drama shakespeariano. Curiosamente, una de las óperas más apreciadas de Giuseppe Verdi fue su *Otelo* (1887) (N. del T.).

Mientras más examinemos los hechos, más razones tendremos para estar convencidos de que no se debería permitir que el gusto dicte en poesía, pues cuando el gusto es bueno es solo la consecuencia y no la causa de la buena escritura. El juicio y las reglas, de las que el gusto debería ser un humilde servidor y discípulo, son los únicos que pueden decidir si este es correcto o incorrecto.

Sr. MODISH. En resumen, el buen gusto en poesía procede de la buena poesía, la buena poesía de la buena filosofía y la buena filosofía del buen gobierno. Una genealogía muy curiosa.

Cor. FREEMAN. Nunca me he encontrado con nada, señor mío, que me convenza de que no sea verdadera. Vale la pena remarcar que, habiendo recuperado muy poca libertad religiosa y política, los italianos están muy por detrás de sus vecinos franceses e ingleses en cuanto a filosofía y mantienen prácticamente el mismo gusto en poesía que hace doscientos años. Todavía prefieren Ariosto a Tasso y ambos a Homero, no solo la gente común, sino incluso los que pasan por críticos entre ellos. Es como si un poeta hubiera de ser estimado excelente en la medida en que se aleja de la imitación de la naturaleza, o como si la deficiencia en ese sentido tuviera que ser compensada con un chisporroteo musical y una combinación ondulante de sílabas.

En suma, señor mío, pese a que lo verdadero y lo falso, lo correcto y lo incorrecto, lo útil y lo perjudicial o lo apropiado y lo inapropiado siempre sean universalmente idénticos a sí mismos[53] y sus límites puedan ser distinguidos exactamente por la razón humana, los gustos, sentimientos y opiniones de los hombres sobre cualquier cosa nunca se deberán admitir como evidencia de que esta sea buena o mala en sí misma, dado que

---

53. Clara alusión a la definición de la belleza que proporciona la sacerdotisa Diotima de Mantinea en *El banquete* de Platón (N. del T.).

unos pocos experimentos pueden mostrarnos que esos gustos, dependiendo de temperamentos, accidentes y hábitos variables, son tan numerosos y diferentes como los individuos o grupos que son afectados por ellos. Una variedad contra la que no se debe argumentar, puesto que produce manifiestamente felicidad general en una medida tal, que podemos afirmar con justicia que cualquier sociedad de hombres se halla en un estado innatural cuando están privados de los beneficios que proceden de ella. Todo lo que agrada, agrada, ya se trate de una oda de Horacio o de un sermón de Whitefield,[54] y quienquiera que sea feliz con cualquiera de ellos tiene mi más sincero beneplácito; si yo deseara censurarlo, no sabría cómo hacerlo. No obstante, si él no estuviera satisfecho con esta tolerancia y persistiera en afirmar que uno de ellos es preferible en sí mismo al otro, yo esperaría que dejara de lado su gusto y me diera sus razones. A veces, demasiado a menudo, ha sucedido en estos casos que en ausencia de razones se han aplicado la fuerza y el terror para producir uniformidad de pensamiento y convertir en católicos, o universales, el gusto y la opinión del más fuerte. En este caso, ¡qué pena por los desdichados hijos de Adán!

Sra. Modish. Señor mío, ¿desea usted tomar el té bajo el roble o prefiere que lo sirva aquí?

Sr. Modish. Creo, querida, que en una tarde tan hermosa como esta será más agradable tomarlo en el exterior. Bien, coronel, veo que es su día y que yo estoy mal preparado para ser el campeón del gusto. Mas, como le dijo Patroclo a Héctor,[55] usted

---

54. Se trata del predicador metodista George Whitefield (1714-1770). Estamos ante dos extremos de excelencia, situándose la oda de Horacio en el grado mayor. Estas odas fueron parte central en el siguiente de los escritos de Ramsay que traduzco aquí (N. del T.).

55. En el canto XVI, versos 852-854, de la *Ilíada* de Homero, cuando Héctor hirió de muerte a Patroclo. Después, Aquiles mataría a Héctor (N. del T.).

no ha de disfrutar de su triunfo mucho tiempo, pues mañana espero a Jack Maggot.[56] Como usted sabe, es un gran *diletante* rebosante de gusto y no dudo de que le veré a usted avergonzado por la cantidad de herejías que ha proferido esta tarde.

Cor. FREEMAN. Señor mío, acepto el desafío y solo deseo un escenario despejado. *Allons* ['vamos'].

56. «Jack's Maggot» es una de las danzas populares británicas recogidas por John Playford (1623-1686) en la undécima edición de *El maestro de danza inglés* (1711), concretamente la tonada número 19. Su traducción al castellano sería «fantasía de Jack». El nombre de este personaje de Ramsay podría traducirse como Jack Fantasioso, aunque *maggot* también significaba 'gusano', por lo que podría ser Jack Gusano. En cualquier caso, sería el equivalente burlesco de Aquiles. Aquí hace gala Ramsay de su interés por el ridículo (N. del T.).

Investigación
sobre la situación y el entorno
de la villa sabina de Horacio,
escrita durante unos viajes a Italia
en los años 1775, 76 y 77

Aviso

Después de escribir la investigación que sigue, el autor, para aliviar sus dolencias corporales con un cambio de clima y disipar la melancolía ocasionada por la pérdida de una parte valiosa de su familia y la separación de otras,[1] inició su cuarto viaje a Italia el 4 de septiembre de 1782, acompañado por su único hijo.[2] Durante estas andanzas, que llegaron hasta Paestum, pasó casi todo el mes de septiembre de 1783 en la villa que el conde Orsini posee en Licenza, visitando todos los lugares de la zona y haciendo nuevas observaciones sobre ellos, algunas incorporadas a los comentarios anteriores y otras añadidas como notas.

* * *

1. Margaret Lindsay, su segunda esposa, murió el 4 de marzo de 1782. Por otra parte, la hija de ambos, Amelia, tras casarse con el teniente coronel Archibald Campbell, nombrado en 1781 gobernador de Jamaica, se instaló con él en la isla en el verano de 1780, acompañándola Charlotte Ramsay, otra hija de Margaret y Allan (N. del T.).
2. John Ramsay (N. del T.).

Horacio, el príncipe de los poetas líricos romanos, poseía una villa o granja en la región de Sabina, más conocida por la pureza de su aire que por la fertilidad de su suelo; no era un lugar inapropiado como residencia de quien fue a la vez filósofo y poeta, alguien que buscaba salud y reposo y que halló en el ejercicio de su genio el placer que los ricos tratan de conseguir en vano con su riqueza. Consecuentemente, el cariño por su retiro rural se muestra en muchos de sus poemas, particularmente en la epístola 16 [vv. 1-16] del libro 1, dirigida a su amigo Quincio, en la que proporciona una descripción detallada de su situación con las siguientes palabras:

Ne perconteris, fundus meus, optime Quinti,
Arvo pascat herum, an baccis opulentet olivae,
Pomisne, an pratis, an amicta vitibus ulmo;
Scribetur tibi forma loquaciter & situs agri.
Continui montes; ni dissocientur opaca
Valle: sed ut veniens dextrum latus aspiciat Sol,
Laevum decendens curru fugiente vaporet.
Temperiem laudes, quid, si rubicunda benigni
Corna vepres & pruna ferunt? Si quercus & ilex
Multa fruge pecus, multa dominum juvat umbra?
Dicas adductum propius frondere Tarentum.
Fons etiam rivo dare nomen idoneus, ut nec
Frigidior Thracam nec purior ambiat Hebrus,
Infirmo capiti fluit utilis, utilis alvo.
Hae latebrae dulces, & (jam si credis) amoenae,
Incolumen tibi me praestant Septembribus horis.[3]

3. Ramsay presupone el conocimiento del latín por parte de sus posibles lectores, así que, por lo general, no traduce sus citas de Horacio. La traducción de José Luis Moralejo es: «Para que no preguntes, Quincio, tú que eres tan bueno, si mi finca da de comer a su dueño con sus sembrados, o bien lo enriquece con el fruto de sus olivares, o con sus frutas y prados, o con sus olmos ceñidos de vides, te describiré sin ahorrarme palabras el aspecto y la situación de mi tierra.

»Si un valle umbroso divide una cadena de montes, de modo que el sol naciente mire a su lado derecho, y el izquierdo lo temple al marcharse huyendo en su carro, no dejarás de alabar un clima como ese. ¿Y si unos matorrales mansos dan rubicundas granas de cornejo y de pruno; y si la encina y el roble regalan con fruto abundoso al ganado y con abundosa sombra a su dueño? Dirás que la verde frondo-

Aunque esta descripción podría pintar con exactitud las circunstancias particulares de su hacienda y la situación de cada una de sus partes en relación con las demás, deja al lector en la oscuridad con respecto a su lugar en el territorio sabino, cuya extensión supera las cuarenta millas. Es más, ni siquiera dice que esté en esta provincia. Hay otros pasajes en sus obras que proporcionan luz adicional, pese a lo cual cada escritor que, tras el renacimiento de las letras, emprendió la tarea de aclarar la geografía antigua de Italia ha proporcionado una opinión diferente sobre esto. Biondi, quien escribió hace unos trescientos años, propuso que el valle sabino de Horacio está bajo el monasterio de Farfa, una extensa llanura de quince o veinte millas en la que se encuentran pequeñas colinas y villas.[4] Afirma, sin basarse en autoridad alguna, que Mandela es la actual ciudad de Poggio Mirteto y que el Digencia es el actual río del Sole, que fluye desde Poggio Mirteto, aunque dentro de este valle hay cinco o seis arroyos que podrían reclamar para sí el mismo honor. Cluverius, un geógrafo muy erudito, sitúa la villa cerca de Montelibretti, que supone, basándose solo en el parecido del nombre, es el monte Lucrétil, creyendo además que el Digencia es el actual Fossa di Corese y la fuente Bandusia una que desemboca en él.[5] Por su parte, el padre Volpi, en su *Latium vetus atque recens*,[6] sitúa la propiedad de Horacio en la ribera del río Teverone,[7] frente a Tívoli, justo bajo el lugar en el que actualmente está el convento de San Antonio.

---

sidad de Tarento se ha venido más cerca. Y, además, una fuente digna de dar a un río su nombre, tal que ni más frío ni más puro bordea el Hebro de la Tracia, fluye para hacer bien a quien tiene dolor de cabeza o está mal del vientre. Ese escondrijo querido y, si ya me crees, tan grato, es el que para ti me mantiene sano en el mes de septiembre» (Horacio, 2015: 282) (N. del T.).

4. Flavio Biondo (1392-1463) escribió su *Italia illustrata* entre 1446 y 1453, y se publicó póstumamente en 1747 (N. del T.).

5. Philipp Clüver (1580-1622), en latín Cluverius, publicó póstumamente en 1624 *Italia Antiqua* (N. del T.).

6. G. R. Volpi publicó los varios volúmenes de *Vetus Latium profanum* entre 1704 y 1745. Trata de esto en el tomo 10, de 1745 (N. del T.).

7. Actual río Aniene (N. del T.).

Aunque el pasaje citado de la epístola a Quincio no basta para identificar en qué parte de la Sabina estaba la celebrada villa de Horacio, sí es suficiente para negar las tres opiniones indicadas. Horacio es inequívoco cuando describe «un estrecho valle entre colinas», mientras que el terreno en varias millas a la redonda alrededor de Poggio Mirteto carece de cualquier cosa que pudiera llamarse *continui montes* ['cadena de montes']. Cluverius nunca ha visto el terreno que menciona y ha aprendido su lección de quienes le informaron tan mal que sitúa Montelibretti y su fuente Bandusia en la parte norte del Fossa di Corese, cuando en realidad están en la parte sur, donde las encontré en un pequeño viaje a la zona que realicé en el verano de 1756. La opinión de Volpi es aún más extraña, pues en el lugar que ha propuesto para esta hacienda no hay ningún valle, a no ser que llamemos valle al profundo barranco por el que discurre el Teverone, cuyos márgenes son en algunos lugares tan escarpados que ni siquiera las cabras pueden hollarlos.

Creo que el primero que descubrió la ubicación real de este valle fue Holstenius. Entre sus breves observaciones sobre Cluverius se halla la siguiente:

> Cluv., página 672, línea 38: «post Fanum putre Vacunae»:[8] «Rocca Giovane locus nunc dicitur. Nam isthic Vespasianus Imperator Victoriae Templum Vetustate collapsum retituit, ut testator lapis ibidem repertus».
> Línea 43: «Nam Digentia vicus, qui nunc *Licenza*, próxima inde sequitur».[9]

8. Cita de Horacio, epístola 1.10-49 (N. del T.).

9. «Cluverius, página 672, línea 38: "tras el ruinoso santuario de Vacuna": "el lugar se llama ahora Rocca Giovane. El emperador Vespasiano restauró aquí un templo de la Victoria arruinado por su antigüedad, como muestra una inscripción encontrada en el lugar".

»Línea 43: "La villa de Digencia, la actual Licenza, es la siguiente próxima"».

El geógrafo Lucas Holstenius (1596-1661) publicó sus anotaciones a *Italia antiqua* de Cluvier en 1624 (N. del T.).

No proporcionó explicaciones adicionales de esta opinión, sino que la trató como obvia y conocida en general. El padre Revillas la adoptó en su mapa de la diócesis de Tívoli,[10] y lo siguió Ameti en su mapa del Lacio,[11] así como otros geógrafos modernos. La causa de que este valle de la Sabina haya sido desconocido por los investigadores anteriores a Holstenius se encuentra en la propia descripción de Horacio, pues en la penúltima línea citada lo denominó *latebrae*, es decir, 'escondrijo'. El lugar responde tan bien a esta descripción que un viajero podría pasar toda su vida yendo de una ciudad a otra a lo largo de Italia sin ver el valle de Licenza, que Holstenius identificó con el valle de Horacio. El único inexcusable es Volpi, pues, habiéndose informado sobre este valle, o bien fue tan perezoso como para no visitarlo, o bien, habiéndolo visitado, fue tan estúpido como para rechazarlo en nombre de una ubicación que se hubiera mostrado completamente errónea con una simple ojeada.

Aunque descuidadas por Holstenius, las razones para creer que este es el lugar real de la villa de Horacio las han proporcionado el abad [Domenico] de Sanctis, en su disertación impresa en Roma en 1761 titulada *La villa d'Orazio*, y, de manera más completa, el abad De Chaupy, en una obra de tres volúmenes en octavo escrita en la misma época y titulada, no muy correctamente, *Le decouverte de la maison de campagne d'Horace*, pues se descubrió tiempo antes de que él naciera, además de que al menos la mitad de su libro se ocupa de temas que, interesantes en sí mismos y tratados de una manera muy erudita e ingeniosa, tienen poca o ninguna relación con el título general de su obra.[12]

---

10. Diego de Revillas (1690-1746) publicó su *Diocesis et agri Tiburtini* en 1739 (N. del T.).

11. Giacomo Filippo Ameti (1654-1707) publicó su serie topográfica *Il Lazio* en 1693 (N. del T.).

12. Capmartin de Chaupi publicó esta obra en 1767 (N. del T.).

Las personas tenemos una fuerte curiosidad por conocer las circunstancias personales de quienes se han distinguido de los demás por las armas o por las artes. Deseamos conocer cuándo y dónde nacieron, cuándo y dónde fueron enterrados y cualesquiera otras circunstancias de su vida doméstica, aunque no estén conectadas con los logros por los que son famosos. Sin profundizar en la utilidad de este tipo de curiosidad, basta con decir en su defensa que es algo propio de la naturaleza humana, más notable en las mentes activas e informadas y, por lo tanto, inapropiada como objeto de censura o ridículo. No obstante, la investigación sobre la ubicación de la casa de campo de Horacio tiene a su favor algo más que la mera gratificación, pues el conocimiento de su situación real puede arrojar nueva luz sobre su poesía, durante mucho tiempo el deleite de los hombres más inteligentes, de manera que siempre se tendrá en la más alta estima que las palabras mejor y más felizmente escogidas transmitan los encantos de las pinturas más fieles de la naturaleza y los sentimientos más exaltados de la moralidad.

A continuación, y siguiendo el orden que guardan comúnmente en las obras de Horacio, seleccionaré los pasajes que se conectan con su hacienda, añadiéndoles las observaciones y comentarios que me permitan hacer mis lecturas sobre el tema y mi examen atento del lugar.

Libro I, Oda 17 [vv. 1-2]: «Velox amoenum saepe Lucretilem / Mutat Lycaeo Faunus».[13] El antiguo escoliasta dijo sobre este pasaje: «Lucretilis mons est in Sabinis»,[14] dejando que hallemos como buenamente podamos su lugar en un área tan vasta como la Sabina.[15]

13. «El rápido fauno cambia con frecuencia el Liceo por el ameno Lucrétil» (N. del T.).
14. «El monte Lucrétil está en la Sabina» (N. del T.).
15. El escoliasta al que se refiere Ramsay es Denis Lambin (Dionysius Lambinus) (1520-1572). La cita es de su edición *Q. Horatius Flaccus* de 1561, con posteriores reediciones (N. del T.).

Por lo tanto, debemos recurrir a otras ayudas. Anastasio el Bibliotecario menciona en su vida de san Silvestre, entre las donaciones de Constantino a la iglesia de los santos Marcelino y Pedro el Exorcista, una «possessio in territorio Sabinensi quae cognominatur ad duas Casas, sub monte Lucretio».[16] Cluverius no tiene duda alguna de que este monte Lucrétil de Anastasio es el mismo que el Lucretilis de Horacio, tras lo cual, con una base poco firme, afirma que se trata del actual Montelibretti. Sin embargo, a pesar de su vasto conocimiento de los autores antiguos, fue una desgracia para Cluverius su poca familiaridad con la geografía moderna de Italia. De saber que había en ella una ciudad llamada Percile habría hallado otro pasaje de la vida de san Silvestre que le habría permitido conjeturar que tanto «ad duas casas» como el Mons Lucretilis estaban en una parte de la Sabina bastante alejada de Montelibretti. En ese pasaje se nos dice que el mismo Constantino construyó previamente una iglesia en Roma llamada Titulus Equitii, cerca de las termas de Domiciano, concediéndole cuatro parcelas de tierra que describe de la siguiente manera:

> Fundum Valerianum in territorio Sabinensi qui praestat Solidos 40; Fundum Statianum, in territorio Sabinensi qui praestat Sol. 55. Fundum duas Casas, in territorio Sabienensi, qui praestat Sol. 40. Fundum Percilianum, in territorio Sabinensi, qui praestat Sol. 20.[17]

Es poco probable que Constantino dotara a una iglesia de Roma con cuatro parcelas de tierra dispersas por aquí y por allá en lugares distintos de la región sabina, siendo más natural creer que todas ellas se hallaban en el entorno de Percile, que está en la parte más al este

---

16. «Finca en la región sabina, en la falda del monte Lucrétil, llamada Cerca de dos Casas». Anastasio el Bibliotecario (810-879), durante un tiempo antipapa, escribió *Vitae Romanorum Pontificum*, donde se recoge la vida de san Silvestre (N. del T.).

17. «La propiedad Valeriana en la Sabina, que vale 40 sólidos; la propiedad Estatiana en la Sabina, que vale 55 sólidos; la propiedad Dos Casas en la Sabina, que vale 40 sólidos; la propiedad Percilea en la Sabina, que vale 20 sólidos» (N. del T.).

del antiguo territorio sabino, aproximadamente dos millas al norte del valle de Licenza, y que, por tanto, «Dos Casas», con su monte
Lucretius o Lucrétil, estaba allí o cerca de allí. El conocimiento de
Cluverius podría haber llegado como mucho hasta aquí, pero no podría haber ido más allá sin otras evidencias, pues no hay manera de ir
a Percile sino a través del valle de Licenza, donde podría haber oído
que el pequeño y placentero riachuelo que lo riega se llama también
Licenza, un sonido que le habría traído a la mente de manera más obvia la palabra antigua *Digencia* que *Libretti* o *Lucrétil*. En los últimos
dieciocho años ha sido hallada cerca del convento de San Cosimato
la inscripción de un sepulcro perteneciente a una familia llamada Valeria, en la que se dice que fue erigido *en sus propias tierras*. Este terreno, una suerte de península formada por el giro del Licenza hacia el
este antes de desembocar en el Anio, fue probablemente, por lo tanto, el *fundus Valerianus*. Desde San Cosimato, subiendo por el curso
del río Licenza aproximadamente una milla, llegamos a un terreno
llamado Lo Stazio, que el Sr. Petrocchi,[18] en un manuscrito que ha
dejado inacabado sobre la historia de Vicovaro, afirma ser el *fundus
Statianus*, a partir de una familia que lo poseyó antiguamente, llamada Statius; propone, además, que se relaciona con él la siguiente inscripción, actualmente en el muro de la escalera de la villa Bolognetti:

> MUNATIA ST.F
> C. MUNATIUS
> D. L. PAMPHIL
> IN AGR. P. XIIX

Inserto esto aquí solo porque pertenece al vecindario de Horacio, pero creo que ST debe significar *SEXTI* u otro nombre personal, no *Statii*, que es un conocido nombre de familia.[19]

---

18. El notario Giuseppe Petrocchi descubrió esta inscripción en 1757 (N. del T.).
19. Conocido sobre todo gracias al poeta Publio Papinio Estacio, autor de una
Tebaida, una *Aquileida* y cinco libros de *Silvas* (N. del T.).

Si continuamos nuestra ruta hacia el norte a lo largo del margen oeste del riachuelo, pasamos durante un cuarto de milla, más o menos, a través de un estrecho formado por las colinas cercanas a Rocca Giovane,[20] tras lo cual llegamos a un hermoso valle de forma oval; al oeste de este valle hay una colina, parte del monte Gennaro y más alta y fértil que las de la parte este, que está situada a mitad de camino de Lo Stazio y de Percile. Esta ubicación es una buena base para creer que es el «Lucretilus» de Atanasio y que el terreno que hay justo debajo es el «Fundus ad duas Casas» dado por Constantino a la iglesia de San Pedro y Marcelino. Apoya esta conjetura que este lugar sea llamado por la gente del lugar «Le vigne di San Pietro», sin que sepan explicar por qué lo denominan así. Es más, hay cerca, sobre la falda de esta colina (que me aventuraré a llamar Lucrétil), una pequeña capilla y ermita que todavía se conoce como «La Madonna delle Case».

Agradecemos al abad De Chaupy esta segunda cita de Atanasio, que pasó desapercibida al diligente Cluverius, pues este estaba tan poco familiarizado con esta parte del país que, además de «Ad duas Casas», desconocía la ciudad de Percile, aún existente. Sin embargo, el abad, por su parte, lo citó imperfectamente porque omitió el valor anual de los terrenos que Atanasio proporcionó, omisión que hace que nos preguntemos si el bibliotecario no asignó torpemente el mismo terreno llamado «Ad duas Casas» a dos iglesias diferentes del mismo reinado. Esta duda se desvanece cuando se consulta el texto original, pues en él a uno se lo llama *possessio* o 'posesión' y al otro *fundus* o 'granja', valorándose la *possessio* en 200 solidi y el *fundus* solo en 40. Horacio denomina a su terreno *fundus*, una palabra que emplea en muchos lugares de sus obras para referirse a una parcela pequeña. No obstante, esto debe interpretarse más bien como una expresión de modestia, como cuando dice «mihi

20. Actualmente Roccagiovine (N. del T.).

parva rura»,[21] «mihi me reddentis agelli»[22] y otras frases similares, a las que recurre para comparar su posesión con las de los grandes hombres de Roma, con los que se relacionaba en términos familiares. En otra ocasión, cuando trata de expresar su satisfacción con su situación y circunstancias, afirma que solo desea una «modus agri non ita magnus», aunque poseía algo que era «auctius et melius»,[23] cosa que parece cierta a partir de las diversas circunstancias que menciona, como tendré ocasión de mostrar a lo largo de mis consideraciones. Es probable que el conjunto de esta *possessio*, que incluyendo el *fundus* era valorado en la época de Constantino en 240 solidi, hubiera pertenecido a Horacio, pasando a formar parte del dominio privado del emperador cuando Horacio lo legó a Augusto en un testamento nuncupatorio,[24] como nos cuenta su antiguo biógrafo.[25] La iglesia construida por Constantino en honor de los santos Pedro y Marcelino fue erigida en un lugar llamado «Inter duas Lauros», a tres millas de Roma en la Vía Labicana. Bosius sitúa sus catacumbas y otros restos en un lugar llamado Tor Pignattara o sepulcro de Santa Helena, perteneciente actualmente al cabildo de San Juan de Letrán.[26] Aún no he podido averiguar en qué momento y por qué medios los terrenos sabinos fueron separados de esta antigua iglesia. Actualmente pertenecen al príncipe Borghese, quien los compró al conde Orsini, salvo la zona llamada Vigne di San Pietro (donde se halla la casa de Horacio), que paga su renta a la iglesia parroquial de Licenza.

21. «Mis pequeños campos», Oda 2.16.37 (N. del T.).
22. «El terruño que me devuelve a mí mismo», Epístola 1.14.1 (N. del T.).
23. «Una finca no muy grande» y «más y mejor», Sátira 2.6.1-4 (N. del T.).
24. Testamento oral (N. del T.).
25. Suetonio en su *Vidas de hombres ilustres* (N. del T.).
26. El arqueólogo Antonio Bosio (1575-1629) publicó póstumamente *Roma sotterranea* en 1632. Ramsay se refiere al capítulo XXXII del libro tercero de esta obra (N. del T.).

«Impune totum per nemus».[27] Este bosque es mencionado con frecuencia en las obras de Horacio, aunque diferiré mis consideraciones sobre ello hasta que trate sobre la sátira 6 del libro 2.

«arbustos / quaerunt latentis».[28] El Lucrétil produce una gran variedad de arbustos, mas, a partir de la palabra *latentis*, supongo que Horacio se refiere a las fresas, que aquí son abundantes, aunque a mediados de julio, seis semanas después de que dejen de aparecer en el mercado de Roma, apenas están maduras para su consumo.

«Utcumque dulce, Tyndari, fistula / Valles, et Usticae cubantis / Levia personuere saxa».[29] Este pasaje ha causado mucha perplejidad entre los comentadores y geógrafos modernos. La mayoría han interpretado «Ustica» como el nombre de la finca de Horacio y, no sabiendo qué hacer con las palabras «levia saxa» aplicadas a un valle, han supuesto que se refieren a las piedras talladas con las que fue construida la casa. No obstante, no conocemos ningún ejemplo entre los antiguos romanos en el que el nombre propio de la casa de campo de un caballero, en caso de no ser el nombre propio de este, no provenga de alguna zona o ciudad conocida del entorno, como villa Tusculana, Albana, Formiana o alguno tal como Tusculanum, Albanum o Formianum. Tampoco podemos creer que los muros de una casa pequeña, como se supone fue la de Horacio, puedan producir eco. Dice el antiguo escoliasta:[30]

> Ustica nomen Montis et Vallis in Sabinis. Cum autem cubantem suaviter dixit ad resupinam regionem attendens. Sic enim in *Epistolis*: Continui montes nisi dissocientur opaca Valle. Cubantis, depressae: ut «Megarosque sinus. Thapsumque jacentem».[31]

27. «Sin peligro alguno por el bosque», Horacio, oda 1.17.5 (N. del T.).
28. «Buscan arbustos ocultos», Horacio, oda 1.17.5-6 (N. del T.).
29. Traducción de José Luis Moralejo: «¡oh Tindáride!, una vez que la siringa melodiosa resuena en los valles y en las lisas peñas del Ustica yacente» (Horacio, *Odas* 1.17.10-12), en Horacio, 2019: 285 (N. del T.).
30. Denis Lambin (N. del T.).
31. «Ustica es el nombre de una montaña y valle en la Sabina. Centrándose en la zona de pendiente, él deliciosamente la denomina tendida. Del mismo modo,

En este caso nuestro escoliasta carece de autoridad, puesto que no parece conocer el lugar ni su entorno más allá de lo que ha recogido en los pasajes de Horacio y Virgilio, algo que no es tan suficiente para nosotros, modernos, como lo fue para él. Su creencia de que Ustica era a la vez una montaña y un valle parece proceder de una interpretación muy inexacta de las palabras de Horacio que acabamos de citar, pues este dice «valles», en plural.

El mejor comentario de este pasaje de Horacio se halla en el actual valle de Licenza. Al leer que las «levia saxa» resonaban con el sonido de la siringa siempre me he formado la idea de rocas de gran tamaño que, ayudadas por los valles o recesos que se les unían, daban lugar a este eco. Consecuentemente, cuando estuve en medio del valle de Licenza miré a mi alrededor buscando algún lugar que pudiera corresponderse con la imagen que tenía en mente, observando rápidamente al norte del valle una base rocosa, en especial una peña que surgía perpendicular en el lado este, sobre la que se alzaba la pequeña villa llamada Licenza, nombre que quizá no sea el original, puesto que proviene del riachuelo que corre por el fondo del valle que hoy se llama Licenza, denominado antiguamente Digencia, habiéndose suavizado un poco su pronunciación. Observé otras profundas cavidades al oeste de la peña y quedé convencido de que esta era la montaña Ustica y los recesos los valles mencionados en la oda, que se unían en la producción del eco. Hay tres de estos recesos o valles. El más oriental es el que está al este de la peña de Licenza, por el cual discurre el afluente del río Digencia llamado La Risecca, que tiene su fuente en Percile. El siguiente está al oeste de la colina de Civitella y por él fluye otro afluente del Digencia llamado La Maricella. El tercero es el estrecho valle de Fonte Bello, que después trataré más particularmente.

---

en las *Epístolas* escribe que un valle umbroso divide una cadena de montes [Horacio, epístola 1.16.5-6]. Tendida significa baja, como en este ejemplo: "la bahía de Megara y Tapso recostada"» (Virgilio, *Eneida* III.689) (N. del T.).

Con respecto a «Usticae cubantis», no parece que el antiguo escoliasta haya desarrollado con exactitud su función de gramático al asignar el mismo significado a «jacens» y a «cubans», pues en los mejores autores significan, respectivamente, 'tendida' y 'yacente'. El epíteto *yacente* se puede aplicar tolerablemente a la colina de Licenza, pues tiene una forma inclinada y en su conjunto, pese a ser alta con respecto a la llanura, es baja en comparación con las colinas que tiene detrás y a los lados, en un grado que sorprendería a cualquiera que la viera desde Civitella.

«Hic in reducta valle caniculae / Vitabis aestus».[32] Entre todas las circunstancias que apuntan a la Vigne di San Pietro como el lugar en el que estaba la casa de Horacio, ninguna es más convincente que el hallarse en uno de sus extremos un valle que responde perfectamente a la descripción proporcionada en esta oda. Por el norte limita con una corriente clara que hoy día se llama Fonte Bello, la cual cruza algunos agradables prados tras aflorar de un oscuro y profundo valle o barranco entre el monte Lucrétil y otra colina de la misma altura situada al norte, actualmente llamada monte Cucuzzo. El origen de esta corriente es un agujero en una roca, aproximadamente a tres cuartos de milla de altura desde el valle, del que brota tan abundante y clara que muchos estudiosos la han considerado la Fons Blandusiae. Desde aquí, formando un gran número de pequeñas cascadas, corre hacia el este a través del valle, que es lo suficientemente profundo como para que no se sientan los rayos del sol a mediodía, salvo en el solsticio de verano; a cada lado de la corriente queda un terreno llano de 20, 30 o 40 pies, siendo naturalmente el del lado sur el que pertenecía a Horacio. Es un terreno muy peculiar y Horacio no podría haber invitado a su amante a un lugar más alejado de toda molestia ni más delicioso en esta época del año, es decir, a comienzos de agosto. Oda 22 [libro 1, vv. 9-12]:

32. «Evita el calor de la canícula en el valle retirado» (Horacio, oda 1.17.17-18) (N. del T.).

Namque me silva lupus in Sabina,
Dum meam canto Lalagen, & ultra
Terminum curis vagor expeditus,
fugit inermem.[33]

Con respecto al bosque y los límites que se mencionan aquí,
véanse las consideraciones sobre la sátira 6 [del libro 2]. Oda 11 del
libro 2 [vv. 13-20]:

Cur non sub alta vel plátano, vel hac
Pinu jacentes sic temeré, & rosa
Canos odorati capillos,
Dum Licet, Assyriaque nardo
Potamus uncti? Dissipat Euius
Curas edacis. quis puer ocius
Restinguet ardentis Falerni
Pocula praetereunte lympha?[34]

Hay muchas imágenes campestres en las obras de Horacio que
a los lectores corrientes les parecen sacadas de la faz general de la
naturaleza, pero si se examinan con más detalle se hallará que solo
son, como los llaman los pintores de paisaje, «estudios» de su propia
finca. El pasaje anterior es indudablemente uno de ellos. Parece que
Hirpino, a quien se dirige, era en ese momento su huésped y señala
aquí ciertos objetos a los que tenía un cariño especial. El pino mencionado era probablemente en mismo que dedicó a Diana en la oda
22 del libro 3 [v. 5], el cual, según nos dice, estaba junto a su casa:
«Inminens villae pinus esto».[35]

33. Traducción de José Luis Moralejo: «Pues en el bosque sabino, cuando cantando a Lálage erraba yo más allá de mis linderos, de cuitas olvidado, el lobo huyó de
mí, que estaba inerme» (Horacio, 2019: 293-294) (N. del T.).
34. Traducción de José Luis Moralejo: «¿Por qué, recostado a la sombra de un
alto plátano o de este mismo pino –así, sin más–, perfumado de nardo y de rosa de
Asiria el pelo cano, no tomamos unas copas en tanto que es posible? Pues Evio disipa
las voraces penas. ¿Qué muchacho apagará más presto las copas de falerno ardiente
con el agua de una fuente viva?» (Horacio, 2019: 342) (N. del T.).
35. «El pino cercano a mi villa» (N. del T.).

La «lympha» es probablemente la fuente o corriente que, según la sátira 6 [libro 2, v. 2], se halla junto a su vivienda: «tecto vicinus jugis aquae fons».[36] Los campesinos la llaman actualmente Fonte Ratini.

Sería tedioso recoger todos los pasajes sobre los que se podría hacer esta misma observación, pero se puede decir en general que todas sus imágenes rurales provienen de un lugar más provisto de rocas, árboles y fuentes que de otras cosas más rentables. Aunque su descripción de un río en su estado calmo y enfurecido se podría aplicar a otros ríos, concuerda en todas sus circunstancias especialmente con el Digencia [oda 3.29.33-41]:

> caetera fluminis
> Ritu feruntur, nunc medio alveo
> Cum pace delabentis Etruscum
> In mare, nunc lapides adesos
> Stirpisque raptas & pecus & domos
> Volventis una, non sine montium
> Clamore vicinaeque silvae;
> Cum fera diluvies quietos
> Inritat amnis.[37]

Véanse las consideraciones sobre la palabra Digentia en la epístola 18 [libro 1]. Oda 13 del libro 2 [vv. 1-4]:

> Illum, ô, nefasto te posuit die
> Quicumque primum, & sacrílega manu
> Produxit, arbos, in nepotum
> Perniciem, opprobiumque pagi.[38]

---

36. «una fuente de agua cercana a la casa» (N. del T.).

37. Traducción de José Luis Moralejo: «allá va como el río, que unas veces corre en paz por medio de su cauce buscando el mar de Etruria, y otras hace rodar a un tiempo piedras gastadas, raíces arrancadas de cuajo, ganados y casas, no sin el fragor de los montes y del bosque vecino, cuando un fiero diluvio encrespa los ríos tranquilos» (Horacio, 2019: 432-433) (N. del T.).

38. Traducción de José Luis Moralejo: «En día nefasto te plantó quienquiera que haya sido, y con mano sacrílega te hizo crecer, oh árbol, para perdición de sus nietos y el oprobio de la aldea» (Horacio, 2019: 345) (N. del T.).

Con respecto a este árbol, cuya caída estuvo a punto de matarle, véase de nuevo la oda 16 [libro 2].

«Pagus» significa una zona de campo compuesta de varias granjas y probablemente está en el origen de la palabra italiana *paese*. Los campesinos italianos actuales usan a menudo *paese* para referirse a una villa, como los franceses *pays*. Horacio utiliza aquí la palabra para referirse a su propiedad, como también en la oda 18 del libro 3 [vv. 11-12], donde promete un festival como celebración de la faunalia:[39] «Festus in pratis vacat otioso / Cum bove *pagus*».[40]

Véanse las observaciones adicionales sobre esta palabra en la epístola 18 [del libro 1]. Oda 16 [libro 2, v. 37]: «mihi parva rura».[41]

En este, como en otros pasajes, Horacio habla de su propiedad como si fuera pequeña, aunque lo hace cuando compara su posición social con la de los que son muy ricos, como en esta oda [oda 2.16.33-40]:

> Te greges centum, Siculaeque circum
> Mugiunt vaccae; tibi tollit hinnitum
> Apta quadrigis equa; te bis Afro
> Murice tinctae
> Vestiunt lanae: mihi parva rura, &
> Spiritum Graiae tenuem Camenae
> Parca non mendax dedit, et malignum
> Spernere volugus.[42]

Con respecto a lo que podemos saber o conjeturar sobre la extensión real de sus tierras, véanse las consideraciones sobre la sátira 6 [del libro 2]. Oda 18 [libro 2, vv. 12-15]:

---

39. Fiesta campesina en honor de Fauno. Se celebraba a mediados de febrero y entre noviembre y diciembre (N. del T.).

40. «En fiesta descansa *aldea* y en el prado el buey está ocioso» (N. del T.).

41. «Me dio un campo pequeño» (N. del T.).

42. Traducción de José Luis Moralejo: «En torno a ti mugen cien rebaños y tus vacas sicilianas; para ti lanza al aire su relincho la yegua que tan bien se acomoda a las cuadrigas; a ti te visten lanas dos veces teñidas de africana púrpura. A mí, la parca que no engaña me dio campos pequeños y la inspiración sutil de la camena griega, y también el desdén por el avieso vulgo» (Horacio, 2019: 354) (N. del T.).

nec potentem amicum
Largiora flagito,
Satis beatus unicis Sabinis,
Truditur diez die, etc.[43]

Gracias a estas palabras sabemos que Horacio solo tuvo esta villa en la Sabina. Libro 3, oda 1 [vv. 45-48]:

Cur invidendis postibus, & novo
Sublime ritu moliar atrium?
Cur valle permutem Sabina
Divitias operosiores?[44]

Algunos lectores han imaginado que el poeta se estaba planteando aquí si cambiar o no su finca sabina por una más rica en otro lugar, pero yo creo que este no es su significado. Parece tratarse más bien de un proyecto de remodelación de su casa en un estilo más elevado, con pilares y otros ornamentos arquitectónicos costosos, que Horacio descarta diciéndose: «¿por qué he de cambiar la simplicidad rural de mi valle sabino por una vana magnificencia que me daría más problemas que comodidades?». A partir de varios pasajes de Horacio y otros escritores romanos, la palabra *sabina* parece haber sido utilizada para transmitir la idea de una pobreza honesta e industriosa. Oda 4 [libro 3, vv. 21-22]: «Vester, Camenae, vester in arduos / Tollor Sabinos».[45]

Aunque la granja de Horacio se halla en un valle, está muy alta con respecto al nivel del mar, como se deduce por el curso del agua. El Digencia se apresura a su través hasta el Anio, que fluye rápidamente hasta que se precipita desde una colina muy alta, formando en Tívoli una gran cascada, desde donde prosigue su curso hasta el

---

43. «No pido más al amigo poderoso, pues feliz soy con solo mi finca de la Sabina» (N. del T.).
44. Traducción de José Luis Moralejo: «¿para qué he de levantar un alto atrio de envidiables jambas y estilo novedoso?, ¿por qué he de cambiar mi sabino por riquezas que traen consigo más fatigas?» (Horacio, 2019: 369) (N. del T.).
45. «Vuestro soy, Camenas, vuestro en la abrupta tierra de los sabinos» (N. del T.).

Tíber. Oda 8 [libro 3, vv. 1-2]: «Martiis caelebs quid agam Calendis, / Quid velint flores, etc.».[46]

Esta oda fue escrita en su casa de campo con ocasión de un sacrificio y una fiesta que daba anualmente, cada primero de marzo, en conmemoración de haber salido incólume de la caída de uno de sus árboles, como mencionó en la oda 13 del libro 2. Parece que se la envió a Mecenas con ocasión de la asistencia de este a dicho festival rural. «Voveram dulcis epulas, et álbum / Libero caprum, prope funeratus / Arboris ictu».[47]

Es curioso que el poeta, después de confesar en la oda 17 del libro 2 [vv. 27-30] que debía su preservación a Fauno, dedique a Baco su sacrificio de acción de gracias:

> Me truncus inlabsus cerebro
> Sustulerat, nisi Faunus ictum
> Dextra levasset, Merculiarium
> Custos virorum.[48]

No se me ocurre cómo resolver esta aparente inconsistencia salvo suponiendo que consideró a Fauno como un delegado inferior de Baco, de manera que dando las gracias al más importante el asunto se podía considerar cerrado del todo. Parece que expresó la idea de que los sátiros y los faunos estaban subordinados a Baco en la epístola 19 [libro 1, vv. 3-4], donde dice: «ut male sanos, / Adscripsit Liber Satyris Faunisque poetas».[49]

---

46. «Qué hago yo, soltero, en las calendas de marzo con estas flores, etc.» (N. del T.).

47. Oda 3.8.6-8. Traducción de José Luis Moralejo: «Es que un sabroso festín y un cabrón blanco había prometido a Líber, después de que la caída de aquel árbol a punto estuviera de valerme un funeral» (Horacio, 2019: 392) (N. del T.).

48. Traducción de José Luis Moralejo: «a mí, el tronco que me cayó sobre la testa me habría quitado de en medio si no hubiera aliviado el golpe con su diestra Fauno, guardián de los hombres de Mercurio» (Horacio, 2019: 356-357) (N. del T.).

49. «Desde que Líber unió a los poco cuerdos poetas con los sátiros y con los faunos» (N. del T.).

«Occidit Daci Cotisonis agmen».[50] Aunque es algo alejado del tema de estas consideraciones, no puedo abandonar esta oda sin observar que el nombre de este jefe dacio se compone de dos palabras teutónicas muy comunes en Alemania e Inglaterra: *Gottes Sohn*, es decir, 'hijo de dios'. Nada hay más fácil que cambiar una G en una C en la escritura o la pronunciación. Es lo único que cambia aquí. Puesto que los teutones tienen, como los latinos, su genitivo en *is*, «Cotisonis agmen» es en inglés «Godson's army». Suetonio llama a este jefe norteño rey de los getas en su vida de Augusto.

Libro 3, oda 13 [vv. 1-16]:

O Fons Bandusiae, splendidior vitro
Dulce digne meno, non sine floribus,
Cras donaberis aedo,
Cui frons turgida cornibus
Primis & Venerem & proelia destinat,
Frustra: nam gelidos inficiet tibi
Rubro sanguine vivos,
Lascivi suboles gregis.
Te flagrantis atrox hora Caniculae
Nescit tangere: tu frigus amabile
Fessis vomere tauris
Praebes, & pecori vago.
Fies nobilium tu quoque fontium,
Me dicente cavis inpositam ilicem
Saxis, unde loquaces
Lymphae desiliunt tuae.[51]

---

50. «Cayó la tropa del dacio Cotisón» (Horacio, oda 3.8.18) (N. del T.).

51. Traducción de José Luis Moralejo: «¡Oh fuente de Bandusia, más reluciente que el vidrio, digna de dulce vino puro y no sin flores!: mañana se te ofrendará un cabrito al que su frente, hinchada por los cuernos que despuntan, ya le augura amores y combates... En vano será, pues con su roja sangre ha de teñir sus gélidas corrientes esa cría de una manada retozona.

»A ti no logra tocarte la estación atroz de la canícula encendida; tú das amable fresco a los bueyes cansados del arado y al ganado errante.

»También tú te contarás entre las fuentes renombradas, una vez que yo cante a la encina que se yergue sobre las huecas peñas de las que brotan locuaces tus aguas» (Horacio, 2019: 400-401) (N. del T.).

Esta oda está dedicada a la náyade de la fuente o, como la llama Juvenal en su sátira 3, «numen aquae».[52] En las ediciones usuales de Horacio esta ninfa es llamada *Blandusia*; es posible que los transcriptores se hayan equivocado por haber pensado que tenía alguna relación con la palabra *blandus*, pero el doctor Bentley, cuya edición sigo en general, ha eliminado la *l* basándose en la autoridad de los manuscritos más antiguos.[53] Es posible que fuera una palabra de origen griego, *Pandosia* ('generosa'), compuesta de πας y δίδωμι, que, por el cambio de dos letras, algo fácil y usual, dio lugar a *Bandusia*.

El antiguo escoliasta anteriormente citado dice «Blandusiae fonte sacrificium promittit in agro Sabino, ubi villam possidebat».[54] Dado que esta autoridad es muy antigua, ha conducido a error a todos los investigadores, haciéndoles creer que esta fuente era uno de los signos con que se podría hallar la villa sabina de Horacio, de manera que los lugares en los que no hallaron una fuente abundante manando de una roca les parecieron pistas falsas. Pero Horacio no dice en ningún lugar que esta fuente se hallara en el territorio sabino. Además, un poco de atención a los varios pasajes de los antiguos escoliastas referidos a esta villa debería haber convencido a los eruditos de que aquellos solo eran gramáticos que no sabían nada de la situación ni de las circunstancias de tales lugares, salvo lo que aprendieron o conjeturaron a partir de los libros que trataban de explicar. El abad Chaupy, que estuvo bastante intrigado con esta dificultad, fue el primero que dio con la solución al hallar la verdadera fuente Bandusia en un lugar en el que a nadie se le ocurrió buscarla previamente, a saber, en una de las bulas papales. Tras haberse topado con una copia

52. «Espíritu de la fuente» (N. del T.).
53. Ramsay se refiere a la edición de Richard Bentley: *Q. Horatius Flaccus ex recensione Richardi Bentleii*, Cambridge, 1711, p. 83, una edición que revolucionó los estudios horacianos al poner la interpretación del significado por encima de la literalidad del texto (N. del T.).
54. «Promete un sacrificio a la fuente Blandusia en el territorio sabino, donde poseía una villa» (N. del T.).

inusualmente barata compró el *Bullarium*, una colección de bulas en 30 volúmenes infolio. Antes de colocarlos en sus estantes, echando una ojeada sobre el primer volumen para ver qué tipo de asuntos podría contener en general, su ojo se fijó accidentalmente en la palabra *Bandusium*. Esto despertó la curiosidad del abad, de manera que se sentó para leer con atención la página ante él y halló que contenía una bula del papa Pascual II del año 1103 en la que confirmaba los derechos y posesiones del monasterio de Santa María de Bantium en Apulia, entre los que se especifican «Ecclesiam S. Salvatoris cum aliis de Castello Bandusii» y, algo después, «Ecclesiam Sanctorum Martyrum Gervasii et Protasii in Bandusino Venusiam». Aquí no solo había una fuente con el mismo nombre de la que había sido buscada en vano, sino una fuente cuyo nombre e importancia la convertían en un punto de referencia, conectada al mismo tiempo en la bula con otros lugares en los que se sabía que Horacio había estado, de manera que apenas cabía dudar de que era la misma fuente que este había celebrado en su oda. Para alguien como el abad, dotado de la vivacidad natural de los nativos del Garona y animado por un amor entusiasta del suelo clásico, esta información bastó para impulsarle a hacer un viaje de doscientas millas a lo largo de la Vía Apia, del cual nos ha proporcionado una narración muy erudita que contiene muchos descubrimientos propios y muchas correcciones de los escritos de otros sobre el mismo tema. A su llegada a Venosa, la antigua Venusia, halló fácilmente que la iglesia de San Gervasio y la fuente mencionada en la bula están en un lugar llamado Palazzo, a unas seis millas de Venosa, en la Vía Apia, camino de Brindisi. No obstante, aunque encontró el sitio donde, según el testimonio de la gente del lugar, habían estado la fuente y la iglesia de San Gervasio, tuvo la desgracia de hallar que la iglesia había sido trasladada desde la base hasta la cima de la colina y que unas manos sacrílegas habían destruido la famosa fuente, en la medida en la que una fuente puede ser destruida. Parece que el monasterio de Bantium había cedido el terreno en el que estaba la fuente a un seglar a cambio de un arrendamiento perpetuo y que el

nuevo propietario se halló en dificultades y aprietos a causa de la servidumbre que tenían sus vecinos sobre esta fuente. Trató de liberarse
de esta servidumbre deshaciéndose de la fuente, para lo cual condujo
la corriente bajo tierra hasta el exterior de su terreno, cubriendo el
cauce con la tierra sacada del suelo, del que formaba parte la roca.
Aunque con esto evitó que sus vecinos entrasen en su terreno, el agua
aún permanece allí, convirtiendo el suelo por el que antes corría clara
en una suerte de cenagal y brotando a alguna distancia sobre la carretera como una fuente clara y abundante que los lugareños llaman
fontana rotta, es decir, 'fuente rota'. Una prueba de la belleza y grandeza de esta fuente en su estado original es que la gente de la zona
todavía llama al lugar *fontana grande*, para distinguirla de otras dos
fuentes de Palazzo que son muy copiosas, resultando pequeñas solo
por comparación. Por otra parte, el abad Chaupy cuenta que, a partir de la idea tradicional de esta fuente, aún presente en el lugar, su
actual propietario, el príncipe de San Gervasio, trató de restaurarla
para que moviera un molino que tenía pensado construir, informán-
dole Michele Lavoro, a quien el príncipe contrató para la excavación
(y del que no se puede presuponer que conociera mucho de Horacio
ni de sus odas), que encontraron al excavar muchas piedras grandes y raíces de árboles que suponía habían pertenecido a la fuente.
Tal ha sido el destino de la *Fons Bandusiae*, expresándose Horacio de
una manera verdaderamente profética cuando dijo: «Fies nobilium
tu quoque fontium / Me dicente».[55]

   Pues, a pesar de que tales bárbaros iletrados le han arrancado su
«roble perenne», han cubierto su «roca hueca», han mutilado cada
rasgo que la distinguía de cualquier fuente vulgar y, por así decirlo,
la han enterrado viva, ella, como dijo Addison: «por el arte de la
musa siempre mana / Y en la suave descripción aún murmura».[56]

---

   55. «También tú serás renombrada cuando te cante» (Horacio, oda 3.13.13-
14) (N. del T.).
   56. La cita forma parte de la epístola poética «A Letter from Italy», que Joseph
Addison compuso en 1704 (N. del T.).

Pese a que Horacio no da a entender en ningún lugar que la fuente Bandusia sea parte de su villa sabina, resulta claro por el tono general de la oda que estaba particularmente conectada con ella. Tratemos de ver cuán próxima fue esta conexión. Tal y como cuenta en la sátira 1 del libro 2, Horacio fue por nacimiento un venusino, esto es, un nativo del territorio perteneciente a la colonia romana de Venusia,[57] la cual no estaba ni en Apulia ni en Lucania, sino que formaba parte de ambas: «Lucanus an Appulus, anceps: / Nam Venusinus arat finem sub utrumque colonus».[58]

Con la palabra *colonus* no ha de entenderse un mero agricultor, sino un colono.

> Missus ad hoc, pulsi (vetus es tut fama) Sabellis,
> Quo ne per vacuum Romano incurreret hostis;
> sive quod Appula gens, seu quod Lucania bellum
> Incuteret violenta.[59]

Ahora bien, la «Fons Bandusinus» no solo parece estar por su situación dentro del territorio venusino, sino que así se dice expresamente en la carta papal, escrita en una época en la que los antiguos nombres de ciudades y distritos romanos eran bien conocidos por los eclesiásticos, los únicos eruditos y juristas de la época. Nuestro poeta pasó en este vecindario sus años de infancia:

> Me fabulosae Volture in Appulo,
> Altricis extra limen Apuliae,
> Ludo fatigatumque somno,
> Fronde nova puerum palumbes

---

57. La actual Venosa, al sur de Italia (N. del T.).

58. Horacio, sátira 2.1.34-35. Traducción de José Luis Moralejo: «A este lo sigo yo, que no sé si soy de Lucania o de Apulia; pues por el confín de una y otra lleva su arado el venusino colono» (Horacio, 2015: 132) (N. del T.).

59. Horacio, sátira 2.1.36-39. Traducción de José Luis Moralejo: «que allí fue enviado, según cuentan las viejas historias, una vez que se expulsó a los sabelios, a fin de que el enemigo no cayera sobre los romanos marchando por tierra desierta, si el pueblo de Apulia o la violenta Lucania desencadenaban la guerra» (Horacio, 2015: 132) (N. del T.).

Texere: mirum quod foret omnibus,
Quicumque celsae nidum Acherontiae,
Saltusue Bantinos, &arvum
Pingue tenent humilis Ferenti:

Ut tuto ab corpore viperis
Dormirem & ursis; ut premerer sacra
Lauroque, conlataque myrto,
Non sine Dis animosus infans.[60]

Esta escena, pintada fielmente por Horacio a partir de la vida real, aún puede contemplarse desde Palazzo, incluidas las tres ciudades mencionadas, que forman un semicírculo al sur, con los nombres actuales de Acerenza, Banzi y Forenza. Vale la pena indicar adicionalmente que, junto con la «Fons Bandusinus apud Venusian», dos de estas ciudades (Acherontia y Bantium) son mencionadas en la citada bula papal.[61]

60. Horacio, oda 3.4.9-20. Traducción de José Luis Moralejo: «A mí, siendo niño, en el ápulo Vúlture, ante la casa de mi nodriza Pulia, cuando estaba fatigado por el juego y por el sueño, unas palomas fabulosas con hojas nuevas me cubrieron; para que cuantos habitan el alto nido de Aceruncia y los sotos de Bancia, y el fértil campo de Forento, allá en lo bajo, admiraran el prodigio de cómo dormía con mi cuerpo a resguardo de las víboras negras y los osos; de cómo me tapaban el sagrado laurel y el mirto con él amontonado, a mí, el niño valiente, aunque no sin la ayuda de los dioses» (Horacio, 2019: 377-378) (N. del T.).

61. Monasterium Bantinum in Apulia Acherentia / Diócesis sub protectione sedis Apostolicae / recipitur, eique bona Omnia confirmantur. / Paschalis Episcopus servus servorum Dei / dilecto in Christo filio Abbate coenobii / S. Maria, quod apud Bantium si- / tum est, ejusque successoribus / regulariter promovendis, / in perpetuum.
-unde tibi tuisque successoribus ad praedictae Domus regimen auctoritatem concedimus confirmamus siquidem vobis Coenobium ipsum et omnia, quae ad illud pertinente monasteria sive cellas cum suis pertinentiis videlicet Ecclesiam S. Salvatoris cum aliis Eclesiis de Castello Bandusii: item Ecclesiam S. Nicolai cum Casali suo: Ecclesiam S. Mariae de Cacunigio, S. Maria de Sala, S. Maria de Servaritiae cum Casali suo, Sancti Petri de Monachis, S. Michaelis de Monte Salvolo cum Ecclesiis et pertinentiis suis, Ecclesiam S. Maria de Calapano, S. Petri in Gennano cum Casali suo, Ecclesiam S. Vitalis in oppido Gentiano S. Michaelis in loc Firminiano cum villanis suis. Ecclesiam Sanctae Anastasiae apud Acheruntam, cum Ecclesiis ad eam pertinentibus; Ecclesiam sanctorum Martyrum Gervasii et Protasii in Bandusino fonte apud Venusiam, Ecclesiam Sancta Luciae, etc.

El que la fuente Bandusia estuviera en un lugar en el que Horacio, cuando niño, tuvo frecuentes ocasiones de verla y jugar hizo que después la recordara siempre con afecto. No obstante, la oda conduce algo más allá, pues muestra que en el momento de escribirla residía en el lugar en el que anunciaba el sacrificio a la fuente para el próximo día: «Cras donaberis haedo».[62]

No estamos ante la estancia accidental en una residencia alquilada o en la casa de un amigo, pues, de ser así, habría enviado a alguien al mercado que adquiriese un cabrito para la ceremonia prometida, lo que es contrario a tales sacrificios. Estos, dedicados a divinidades rurales tales como Pan, Baco, Ceres y Fauno, los hacían siempre los propietarios del terreno o los que lo cultivaban para que la protección de aquellos se mantuviera y las víctimas siempre las proporcionaban los rebaños u otros productos de los terrenos que se suponía prosperaban bajo su tutela. Horacio expuso esta práctica y el principio religioso sobre el que se sustentaba en muchos lugares, especialmente en la decimoctava oda del libro tercero [vv. 1-9], dedicada a Fauno:

[(N. del T.): «El monasterio de Banzi en la diócesis de Acerenza en Apulia es recibido bajo la protección de la Santa Sede, garantizándosele todas sus posesiones.

»El obispo Pascual II, siervo de los siervos de Dios, a nuestro querido hermano en Cristo, el abad del monasterio de Santa María de Banzi y a todos sus sucesores regularmente elegidos a perpetuidad:

»A ti y a todos tus sucesores en la administración de la citada casa religiosa, concedemos autoridad y confirmamos el monasterio mismo y todos los monasterios y ermitas que le pertenezcan, con sus posesiones, a saber: la iglesia de San Salvatore con las demás iglesias del castro de Bandusium; igualmente la iglesia de San Nicolás con sus terrenos; las iglesias de Santa María de Cacunigio, Santa María de la Sala, Santa María de Servaritia con sus terrenos, San Pedro de Monachis, San Miguel de Monte Salvolo con sus iglesias y posesiones, la iglesia de Santa María de Calapano, de San Pedro en Gennanum con sus terrenos, la iglesia de San Vital en la ciudad de Genzano, de San Miguel en la localidad de Firminium con sus campesinos, la iglesia de Santa Anastasia en Acerenza con sus iglesias y posesiones, la iglesia de los Sagrados Mártires Gervasio y Protasio en la fuente Bandusia en Venosa, la iglesia de Santa Lucía, etc.» (*Bullarum privilegiorum ac diplomatum Romanorum Pontificum amplissima collectio*, t. II, Roma, Hieronymi Mainardi, 1739, p. 123)].

62. «Mañana se sacrificará una cría» (Horacio, oda 3.13.3) (N. del T.).

Faune, Nympharum fugientum amator,
Per meos finis & aprica rura
Lenis incedas, abeasque parvis
Aequus alumnis:
Si tener pleno cadit aedus anno,
Larga nec desunt Veneris sodali
Vina craterae; vetus ara multo
Fumat odore.
Ludis herboso, etc.[63]

También en la vigésimo tercera del tercer libro [vv. 1-9], dedicada a Fídile:

Caelo supinas si tuleris manus,
Nascente Luna, rustica Phidyle;
Si ture placaris & horna
Fruge lares, avidaque porca;
Nec pestilentem sentiet Africum
Fecunda vitis, nec sterilem seges
Robiginem, aut dulces alumni
Pomifero grave tempus anno.
Nam quae nivali, etc.[64]

Hallamos también que la gente del campo se ponía a sí misma, además de sus propiedades, bajo la protección de estas divinidades rurales: «Pan curat oves, oviumque magistros».[65] Horacio atribuyó su salvaguarda de la caída del árbol a Fauno en la oda 17 del libro segundo y, en relación con lo mismo, en la oda 8 del tercer libro

---

63. Traducción de José Luis Moralejo: «Fauno, amador de las ninfas huidizas, entra benévolo por mis confines y mis campos soleados, y vete propicio para mis pequeñas crías; si un tierno cabrito cae sacrificado al cabo del año y a la crátera, compañera de Venus, no le falta el vino y humea el viejo altar rebosante de aromas» (Horacio, 2019: 410-411) (N. del T.).

64. Traducción de José Luis Moralejo: «Si alzas al cielo las palmas de tus manos en la luna nueva, rústica Fílide; si a los lares aplacas con incienso y frutos del año y con una voraz puerca, no sufrirá la peste del ábrego tu vid fecunda, ni tu mies la roya estéril, ni tus amadas crías los males del tiempo de la fruta» (Horacio, 2019: 418) (N. del T.).

65. «Pan cuida a las ovejas y a los pastores» (Virgilio, égloga 2.33) (N. del T.).

[vv. 1-17] realizó un sacrificio a Baco, con todo el júbilo que formaba parte de la antigua religión romana:

> Martiis caelebs quid agam Calendis,
> Quid velint flores & acerra turis
> Plena, miraris, positusque carbo in
> Cespite vivo,
> Docte sermones utriusque linguae.
> Voveram dulcis epulas, & álbum
> Libero caprum, prope funeratus
> Arboris ictu.
> Hic diez, anno redeunte, festus
> Corticem adstrictum pice dimovebit
> Amphorae, fumum bibere instituae
> Consule Tullo.
> Sume, Maecenas, cyathos amici
> Sospitis centum; &vigiles lucernas
> Perfer in lucem: procul omnis esto
> Clamor & ira.
> Mitte civilis etc.[66]

Hay una circunstancia peculiar del sacrificio a la fuente Bandusia que estrecha más aún el círculo de la adoración campestre, acercándolo al lugar que tengo en mente. Además de las deidades citadas, que eran adoradas por toda la gente de campo, había otras completamente locales, podríamos decir que *addicti glebae* ['propias de la gleba'], como las divinidades de un árbol y una fuente concretos, que

---

66. Traducción de José Luis Moralejo: «Qué hace un soltero como yo en las calendas de marzo; qué significan las flores y la naveta que rebosa de incienso, y las brasas puestas sobre el césped vivo: todo esto te preguntas extrañado tú, que eres ducho en las letras de una y otra lengua. Es que un sabroso festín y un cabrón blanco había prometido a Líber, después de que la caída de aquel árbol a punto estuviera de valerme un funeral.

»Este día de fiesta, al dar la vuelta el año, le quitará el corcho pegado con pez a un ánfora que aprendió a beber el humo cuando era cónsul Tulo; tómate, Mecenas, cien copas a cuenta del amigo que salvó su vida, y los candiles de vela déjalos que luzcan hasta el alba; lejos estén de aquí todos los gritos y las iras. Olvida los públicos etc.» (Horacio, 2019: 391-392) (N. del T.).

recibían el nombre genérico de dríades y náyades. Fueron una suerte de «lares territoriales» que, a diferencia del gentilicio, no pasaban de padre a hijo, sino de propietario a propietario, los cuales eran, en consecuencia, las únicas personas que podían ofrendarles sacrificios. Puede encontrarse un ejemplo de este tipo de culto también en la oda 22 del libro 3 [vv. 5-8] de Horacio, donde, tras invocar a Diana como «protectora de colinas y bosques», le consagra un alto pino cercano a su casa, al que promete el sacrificio anual de un jabalí joven:

> Inminens villae tua pinus esto,
> Quam per exactos ego laetus annos,
> Verris oblicuum meditantis ictum
> Sanguine donem.[67]

A partir de la cuidadosa consideración de todas las circunstancias relatadas arriba, me veo conducido a creer que esta Fons Bandusinus, actualmente propiedad del príncipe de San Gervasio, fue una vez parte de la pequeña villa que Horacio heredó de su padre, la cual perdió posteriormente a causa del nada filosófico intento, conducido por Bruto, de preservar el cadáver en descomposición de una república a la que su alma había abandonado y a la que el rumbo natural de las cosas impedía manifiestamente seguir existiendo.[68] Esta historia se narra mejor con sus propias palabras en la sátira 6 del libro 1 [vv. 65-78], dirigida a Mecenas, y en la epístola a Julio Floro, la segunda del libro 2:

---

67. Traducción de José Luis Moralejo: «el pino que sobre mi villa se cierne, tuyo sea; y así yo, feliz, al cumplirse cada año, le ofrende la sangre de un verraco que ya aprende a acometer de lado» (Horacio, 2019: 417) (N. del T.).

68. Horacio participó en la batalla de Filipos (42 a. C.) del lado republicano, encabezado por Marco Junio Bruto y Cayo Casio Longino, contra las tropas de Marco Antonio y Octavio, quienes se impusieron. Con el tiempo el poeta fue restablecido y llegó a ser uno de los preferidos de Octavio, con quien tuvo una relación bastante próxima (N. del T.).

Atqui si vitiis mediocribus ac mea paucis
Mendosa est natura, alioqui recta; (velut si
Egregio inspersos reprendas corpore naevos)
Si neque avaritiam, neque sordis, aut mala lustra
Objiciet vere quisquam mihi; purus & insons,
(Ut me collaudem) si & vivo carus amicis;
Causa fuit pater his: qui macro pauper agello
Nioluit in Flavi ludum me mittere; magni
Quo pueri magnis e centurionibus orti,
Laevo suspensi loculos tabulamque lacerto,
Iban octonis referentes Idibus aera:
Sed puerum est ausus Romam portare, docendum
Artis, quas doceat quivis eques atque senator
Semet prognatos.[69]

Romae nutriri mihi contigit, atque doceri
Iratus Graiis quantum nocuisset Achilles.
Adjecere bonae paullo plus artis Athenae:
Scilicet ut possem curvo dignoscere rectum,
Atque inter silvas Academi quaerere verum.
Dura sed emovere loco me tempora grato;
Civilisque rudem belli tulit aestus in arma,
Caesaris Augusti non responsura lacertis.
Unde simul primum me dimisere Philippi,
Decisis humilem pennis, inopemque paterni
Et laris & fundi, paupertas inpulit audax
Ut versus facerem.[70]

---

69. Traducción de José Luis Moralejo: «Pero si mi natural, honrado por lo demás, adolece de defectos medianos y no muy numerosos, cual los lunares que puedes ver que salpican la belleza de un cuerpo; si nadie me acusará con razón de avaricia ni de sordidez, ni de andar por tugurios infames; si –por alabarme yo mismo– llevo una vida limpia e intachable, y mis amigos me quieren, de todo ello fue causa mi padre, que, humilde dueño de un predio modesto, no quiso enviarme a la escuela de Flavio, adonde iban los niños ilustres, nacidos de centuriones ilustres, con su cartera y tablilla del brazo izquierdo colgadas, llevando a mediados de mes sus ocho monedas. Antes bien, se atrevió a llevarme a Roma cuando aún era niño, para que me enseñaran los mismos saberes que cualquier senador hace que aprendan sus hijos» (Horacio, 2015: 105) (N. del T.).

70. Horacio, epístola 2.2.41-52. Traducción de José Luis Moralejo: «Yo tuve la suerte de que me educaran en Roma y de aprender cuánto daño había causado a los griegos la ira de Aquiles. La amable Atenas me dio un poco más de saber: el afán de

Habiendo hallado la verdadera situación de la Fons Bandusia y su relación con Horacio, no será difícil establecer el periodo de su vida en el que compuso la oda que la celebraba, a saber, después de adquirir en Roma su gusto por la poesía, gracias al estudio de los mejores poetas griegos y romanos, y antes de ir a Atenas para acabar sus estudios.[71] Incluso es posible que fuera camino de esta, pues la fuente que he descrito está en el camino desde Roma hasta Bríndisi. No pudo haber sido después de su vuelta a Italia,[72] pues en esa época, como él mismo nos informa, fue despojado de la casa y la tierra paternas, con lo cual cesó el derecho a sacrificar a la fuente de Bandusia y, con él, la vanidad que suele acompañar a la posesión de algo raro y hermoso que probablemente inspiró la oda.

Sátira 6 del libro 2: «Hoc erat in votis: modus agri non ita magnus».[73] En relación con la extensión de la villa sabina de Horacio, véanse los comentarios a la epístola 14 [del libro 1].

«Hortus ubi».[74] Este jardín es mencionado en la oda 11 del libro 4 [vv. 1-3]: «Est mihi nonum superantis annum / Plenus Albani cadus; est in horto, / Phylii, nectendis apium coronis».[75] Y, de nuevo, al dirigirse a su *vilicus* ['criado'] en la epístola 14 del libro 1 [vv. 41-42]: «invidet usum / Lignorum & pecoris tibi calo argutus et horti».[76]

---

distinguir lo torcido y lo recto y de buscar la verdad entre los sotos de Academo. Pero los duros tiempos me echaron de tan agradable lugar y, aunque no sabía lo que era la guerra, la tempestad civil me llevó a tomar unas armas que no iban a estar a la altura del brazo de César Augusto. Tan pronto como Filipos me licenció, humillado y con las alas cortadas, privado del hogar y del fundo paterno, me empujó a hacer versos la osada pobreza» (Horacio, 2015: 324-325) (N. del T.).

71. Horacio llegó a Atenas a mediados de los años cuarenta a. C. (N. del T.).

72. Después de la batalla de Filipos, el 42 a. C. (N. del T.).

73. «Yo pedía una finca no muy grande» (Horacio, sátira 2.6.1) (N. del T.).

74. «Un huerto donde» (Horacio, sátira 2.6.2) (N. del T.).

75. Traducción de José Luis Moralejo: «Tengo un cántaro de vino albano lleno, de más de nueve años; hay apio en mi huerto, Filis» (Horacio, 2019: 464) (N. del T.).

76. «Te envidia la leña, el ganado y el huerto» (N. del T.).

Es difícil determinar actualmente junto a qué lado de la casa de Horacio estaba su jardín, pero yo creo que era al noroeste, en una zona aún llamada «il Pomario»,[77] donde hay otra fuente que discurre por una cascada artificial construida por los anteriores señores de Licenza. El suelo alrededor de la casa de Horacio es muy bueno, siendo particularmente conocido por las peras que hoy llamamos bergamotas, que se recogen todos los años para los mercados de Roma.

«Et tecto vicinus jugis aquae Fons».[78] Gracias a esta línea podemos descubrir con certeza la localización de la casa de Horacio, pues en ella nos informa de que estuvo cerca de una fuente que manaba perpetuamente. Hay varias en el valle de Licenza, pero solo una está en un lugar apropiado para casas o jardines. A esta la llaman las gentes del lugar «fonte Ratini», muy probablemente a partir de añadir a la palabra *Horatii* alguna de las terminaciones diminutivas tan comunes en su idioma. Aflora en la falda del monte Lucrétil, actualmente Gennaro, bajo la cima que se halla más al sur de las dos que componen el Campanile; en nuestros días su situación se detecta desde lejos gracias a dos cipreses, los únicos de la colina, que crecen muy cerca de ella. Descendiendo a través de la colina, pasa cerca de las ruinas de la casa de Horacio y, tras cruzar la carretera, desemboca en el Licenza casi a un tiro de piedra al norte del molino que pertenece a la villa de Licenza, después de unirse con otra corriente, una rama artificial de la misma fuente que desciende por la colina un poco al noroeste de la casa de Horacio y con la que el anterior conde de Orsini ha hecho una cascada cortando perpendicularmente parte de la roca. Además de las circunstancias generales del terreno, lo que muestra que se trata de un lugar totalmente apropiado para una casa o una villa es que todavía se pueden hallar allí las ruinas de dos viviendas antiguas, o dos partes de una más grande. Probablemente a causa de

---

77. «El huerto» (N. del T.).
78. «Y junto a mi casa una fuente de agua» (Horacio, sátira 2.6.2) (N. del T.).

ellas se le dio a este lugar en el siglo IV el nombre de *duae casae*, que aún se mantiene en el nombre de una ermita o capilla antigua que se halla en la colina sobre ellas, que es llamada L'Ermitaggio delle case. Lo que confirma adicionalmente la opinión de que esta es la «Possessio ad duas casas sub monte Lucretio» que Constantino dio a la iglesia de los santos Pedro y Marcelino es que el terreno en el que están aquellas ruinas, a través del que corre la fuente Ratini, se llama todavía «le vigne di san Pietro», como ya indiqué en mis observaciones a la oda 17 del libro 1. Los dos restos de construcción están a una distancia uno de otro de 100 yardas [91,44 metros]. El que está al este solo consiste en un pavimento de mosaico que posee un follaje de una elegancia y un coste de producción tales que están más allá de lo que cabe esperar de la simplicidad de la que Horacio hizo gala. Esto lo podemos probar por el descubrimiento reciente de dos tubos de plomo, en uno de los cuales puede leerse T. CLAUDI BURRI y en el otro TI. CLAUDI B.,[79] lo cual muestra que esta villa que han hecho ilustre los escritos de Horacio fue habitada después por un hombre

79. Hemos de agradecer al abad Chaupy el conocimiento de estas inscripciones, que de otra forma habrían sido destinadas al olvido eterno. Pues, tras vender la mayor parte de los tubos de plomo, el difunto arcipreste de Licenza conservó los dos que tenían el nombre de Burro, que habría transmitido a su sucesor si, desgraciadamente, una falta de perdigones para cazar perdices no hubiera hecho necesario emplearlos para eso. Sería necesario que se estableciera en Roma una sociedad de anticuarios similar a la de Londres, bajo la presidencia del anticuario del papa, la cual, teniendo un secretario y reuniéndose con regularidad semanalmente, recibiera y registrara los reportes que se le enviaran de los descubrimientos diarios que tuvieran lugar en cada parte de los dominios del papa. El anticuario papal suele ser un hombre erudito e ingenioso, como por ejemplo el señor Ridolfo Venuti, el abad Winckelmann o, actualmente, el señor Visconti, pero hay personas que escribirían cartas al secretario de una sociedad pública si tuvieran la seguridad de que serían leídas, registradas y preservadas, las cuales no se tomarían la misma molestia solo para informar privadamente a un caballero particular. Suponiendo que estuvieran dispuestos a escribirle, tampoco ha de suponerse que el anticuario papal se tomaría la molestia de leer y registrar toda esta información para que la república de las letras se beneficiara de ello en algún tiempo futuro. El público está en deuda con el presente papa Pío VI y con algunos de sus predecesores inmediatos por haber preservado tantas inscripciones en los corredores de Vaticano, pero son pocas en comparación con las que son destruidas o descuidadas diariamente.

no menos famoso, Burro,[80] el comandante de la guardia pretoriana y primer ministro del emperador Nerón, quien, habiendo heredado de Augusto esta pequeña posesión, probablemente se la dio o prestó a su gran oficial. Actualmente no es fácil determinar si estos escasos restos fueron la obra de Burro o si en alguno de ellos habitó Horacio, aunque es muy probable que Burro preservara lo que había pertenecido al famoso poeta, agrandándolo y adornándolo de acuerdo con su propia fortuna y con el mayor lujo de la época en la que vivió.

«Et paulum silvae super his foret».[81] Habiendo hallado el lugar de la fuente y de la casa, no podremos dejar de encontrar el bosque que se describe como estando *sobre ellas*; es decir, al oeste, sobre el declive del monte Gennaro; en efecto, suponiendo que la palabra *super* no tenga relación con la situación, este es el único lugar donde podría estar. Según recuerdan las personas que actualmente viven en Licenza, en este sitio hubo mucha y muy buena madera, la cual en su mayor parte ha sido cortada para dejar espacio al cultivo más rentable del aceite, el vino y los cereales, principalmente maíz. En el territorio de los alrededores de Rocca Giovane, donde eso no ha sucedido, el bosque subsiste todavía y abunda en nobles árboles, principalmente robles, y fue probablemente por ahí por donde Horacio se topó con el lobo que menciona en la oda 22 del libro 1 [vv. 9-12]:

> Namque me silva lupus in Sabina,
> Dum meam canto Lalagen, & ultra
> Terminum curis vagor expeditus,
> Fugit inermen.[82]

---

80. Sexto Afranio Burro (1-62) desarrolló una carrera política que se inició con Augusto. Tras colaborar con Agripina en el acceso al poder de Nerón, tuvo una gran influencia sobre este, que fue perdiendo hasta morir, posiblemente envenenado, el año 62 de nuestra era. Sin embargo, no se trata de Sexto Afranio Burro, sino de Claudio Burro, hijo del chambelán de Domiciano (N. del T.).

81. «Y además algo de bosque junto a esto» (Horacio, sátira 2.6.3) (N. del T.).

82. Traducción de José Luis Moralejo: «Pues en el bosque sabino, cuando cantando a Lálage erraba yo más allá de mis linderos, de cuitas olvidado, el lobo huyó de mí, que estaba inerme» (Horacio, 2019: 293) (N. del T.).

Véase, en relación con este límite, la observación de la epístola [10, libro 1]: «Cervius haec inter vicinus garrit anilis / Ex re fabellas».[83] En otra de sus epístolas menciona también a sus vecinos: «Rident vicini glebas & saxa moventem».[84]

No obstante, somos dejados en la oscuridad con respecto a los lugares concretos de las viviendas. Sobre una pequeña colina llamada Colle Franco, al este del Digencia, desde la cual se tiene la vista más placentera del valle, se desenterró hace algunos años un carro de mármol y dos columnas jónicas de mármol. Los fustes de las columnas y el carro fueron reducidos a pedazos por la gente del lugar por la absurda esperanza de encontrar dinero entre ellos, pero los capiteles aún se conservan en la puerta de un herrero, en la parte más alejada de la ciudad de Licenza. Su manufactura es elegante y muestran que el diámetro superior de la columna fue de [...][85] pulgadas. En el espacio llano de la base de esta colina, cerca del riachuelo –y directamente en frente de aquella parte que en mis observaciones sobre la epístola 14 [del libro 1] mencioné como el portón de la finca de Horacio–, se halló también un altar consagrado a Júpiter que estuvo durante un tiempo en la puerta de la casa de un campesino de Licenza como contenedor de agua para sus pollos. La línea o, tal vez, las dos líneas inferiores se han perdido o desfigurado, pero las letras que no han sido violentadas están formadas de una manera clara y elegante:

I O M
T·COCCEIUS·FELIX·HORR
SEVIR·AUG·UXOR·AEMILIA
AMERCISI...

83. Sátira 2.6.77-78. Traducción de José Luis Moralejo: «En medio de todo esto, mi vecino Cervio no para de hablar contando historias de viejas» (Horacio, 2015: 179) (N. del T.).
84. «Los vecinos se ríen cuando remuevo la tierra y las piedras» (Horacio, epístola 1.14.39) (N. del T.).
85. Hueco en blanco en el manuscrito (N. del T.).

Habiendo copiado esta inscripción lo mejor que pude, dejé diez paulos[86] al arcipreste de Licenza para que se la comprara al propietario y la ubicara en algún lugar de la villa del conde Orsini donde se conservara para que la inspeccionaran los estudiosos. Quizás estos diez paulos sean un medio para conservar otras inscripciones a las que la gente de campo no daría valor o que emplearía en algún mísero edificio, volviendo las letras hacia atrás para no deformar los muros. El nombre de Coceyo fue muy ilustre entre los romanos y se halla en muchas inscripciones.[87]

Epístola 10 del libro 1 [vv. 12-17]:

> Vivere naturae si convenienter oportet,
> Ponendaeque domo quarenda est área primum;
> Novistine Iocum potiorem rure beato?
> Est, ubi plus tepeant hiemes? ubi gratior aura
> Leniat & rabiem Canis, & momenta Leonis,
> Cum semel accepit solem furibundus acutum?[88]

Aunque en su conjunto esta epístola suena como un panegírico del campo en general, hace una referencia particular al valle sabino en el que fue redactada, pues no sería estrictamente verdadera si se interpretara de otra manera. Lo que dice aquí de que es cálido en invierno y fresco en verano es confirmado por sus habitantes,

---

86. El paulo fue una moneda de plata de la época (N. del T.).

87. En el verano de 1783 fue hallado un sepulcro en el lado derecho de la carretera que conduce desde Santa María la Mayor hasta Santa Cruz de Jerusalén, muy cerca del acueducto antiguo, que contenía unas cuarenta o cincuenta inscripciones de la familia Coceyo, todas en mármol. Fueron extraídas y llevadas a la viña vecina. Este sepulcro está *in extremis Esquiliis*; los de Mecenas y Horacio seguramente no estén lejos [(N. del T.): el más famoso de los coceyos fue Marco Coceyo Nerva, emperador de Roma entre los años 96 y 98].

88. Traducción de José Luis Moralejo: «Si hay que vivir de acuerdo con la naturaleza, y para hacer una casa primero hay que procurarse el solar, ¿conoces un sitio mejor que el campo bienaventurado? ¿Hay un lugar donde más templado sea el invierno, donde una brisa más grata cambie la rabia del Can y el ímpetu del León, cuando recibe furioso el puntazo del sol?» (Horacio, 2015: 268) (N. del T.).

debiéndose probablemente a la forma en la que está protegido por todas sus partes de los vientos, que en Italia a veces soplan muy fríos del norte y muy cálidos e insalubres del sur y el sureste. Al menos, Horacio fue sincero en sus alabanzas a este valle, que, a causa de su naturaleza enfermiza, convirtió en su lugar de residencia durante todas las estaciones del año, como puede observarse en varias partes de sus escritos. En la sátira 3 del libro 2 [vv. 9-10] Damasipo de dijo: «Atqui voltus erat multa & praeclara minantis, / Si vacuum tepido cepisset villula tecto».[89] Y un poco antes: «at ipsis / Saturnalibus huc fugisti sobrius. ergo».[90] Es decir, a mediados de diciembre. Además, lo hallamos (en la oda 18 del libro 3 [vv. 10-12]) prometiendo a todos los servidores el pago de un sacrificio a Fauno y una fiesta con motivo de la faunalia del quinto día de dicho mes: «Cum tibi Nonae redeunt Decembres: / Festus in pratis vacat otioso / Cum bove pagus».[91]

En la oda 17 del libro 1 [vv. 16-17] también lo hallamos invitando a Tindáride a participar de su refrigerio en el momento más tórrido del verano: «Hic in reducta valle caniculae / Vitabis aestus».[92]

En la oda 29 del libro 3 [vv. 17-20], invitando a Mecenas, dice:

> Jam clarus occultum Andromedae pater
> Ostendit ignem; jam Procyon furit,
> Et sella vesani Leonis,
> Sole dies referente siccos.[93]

---

89. Traducción de José Luis Moralejo: «Y eso que tu expresión era la de quien amenaza con muchas cosas preclaras, para el caso de que tu casita te acogiera desocupado al calor de su techo» (Horacio, 2015: 145) (N. del T.).

90. «En plenas saturnales aquí has escapado sobrio» (Horacio, sátira 2.3.4-5) (N. del T.).

91. Traducción de José Luis Moralejo: «Todo el rebaño retoza en el herboso campo cuando vuelven tus nonas en diciembre» (Horacio, 2019: 411) (N. del T.).

92. «Aquí, en el valle escondido, evitarás el calor de la canícula» (N. del T.).

93. Traducción de José Luis Moralejo: «Ya el brillante padre de Andrómeda muestra su fuego escondido; ya enloquecen Proción y la estrella del León furibundo, en tanto que el Sol trae de nuevo el estiaje» (Horacio, 2019: 431) (N. del T.).

En la oda 8 del libro 3 [v. 1] lo hallamos haciendo un sacrificio el primer día de marzo en conmemoración de haber escapado por poco de la muerte a causa de la caída de un árbol de su propiedad, el mismo día de un año anterior: «Martiis caelebs quid agam Calendis».[94]

Y en la oda 11 del libro 4 [vv. 14-16] invita a Filis a participar en una fiesta que organiza en su villa el 13 de abril, el día del cumpleaños de su patrón Mecenas: «Idus tibi sunt agendae, / Qui diez mensem Veneris marinae / Findit Aprilem».[95]

Comienza la epístola 7 del libro 1 [vv. 1-2] de la siguiente manera: «Quinque dies tibi pollicitus me rure futurum / *Sextilem* totum mendax desideror».[96]

Y en la epístola 16 del libro 1 [vv. 15-16], dedicada a Quincio, dice: «Hae latebrae dulces, & (jam si credis) amoenae, / Incolumem tibi me praestant Septembribus horis».[97]

En suma, parece que todo su deleite residía en su retiro y que nunca iba a Roma, excepto cuando lo conducían allí, como dice en la epístola a su *vilicus*, los *negocios odiosos*.

«post fanum putre Vacunae».[98] Porfirión, el antiguo comentador de Horacio,[99] dice en su anotación a este pasaje: «Vacuna apud Sabinos plurimum colitur. Quidam Minervam alii Dianam, nonnulli Cererem, et Bellonam, esse dixerunt. Sed M. Varro in 1 Res Divin. Victoriam ait, et ea maxime hi gaudent, qui sapientia vincunt».[100]

---

94. «Qué hace un soltero en las calendas de marzo» (N. del T.).

95. Traducción de José Luis Moralejo: «Has de celebrar las idus que el mes de abril dividen, el que a la marina Venus se consagra» (Horacio, 2019: 465) (N. del T.).

96. Traducción de José Luis Moralejo: «Tras prometerte que solo cinco días estaría en el campo, quedo como un mentiroso y todo el mes de agosto se me echa de menos» (Horacio, 2015: 259) (N. del T.).

97. Traducción de José Luis Moralejo: «Este escondrijo querido y, si ya me crees, tan grato, es el que para ti me mantiene sano en el mes de septiembre» (Horacio, 2015: 282) (N. del T.).

98. «Tras el santuario ruinoso de Vacuna» (Horacio, epístola 1.10.49) (N. del T.).

99. El africano Pomponio Porfirión vivió entre los siglos II y III y es conocido como escoliasta de las obras de Horacio (N. del T.).

100. «Vacuna es adorada con frecuencia por los sabinos. Algunos han afirmado que equivalía a Minerva, otros que a Diana y algunos que a Ceres y Belona.

No es fácil actualmente determinar la situación precisa de este templo, aunque pudo haber estado en Rocca Giovine o cerca de allí, como se sigue de la siguiente inscripción, que aún se halla sobre la puerta de una casa:

> CAESAR VESPASIANUS
> ONTIFEX MAXIMUS TRIB
> ATIS CENSOR AEDEM VICTORIAE
> ATE DILAPSAM SUAM PENSA
> RESTITUIT.[101]

Es posible que Vespasiano se viera conducido a reconstruir de manera privada este pequeño templo a causa de una devoción provincial, puesto que él fue sabino, pero sin establecer algún otro tipo de relación es difícil conjeturar cómo llegó a conocer una capilla arruinada en una parte oscura y poco accesible del campo sabino a treinta millas de Rieti, donde nació, así como por qué llegó a ser objeto de su atención. Para resolver esto, hemos de tener en mente que Horacio legó en su testamento toda su finca a Augusto, y que continuó en manos de sus sucesores en el Imperio como su propiedad privada. Esto, naturalmente, pudo conducir a Vespasiano a visitar este valle o, al menos, a informarse sobre todo lo que contenía, especialmente desde que llegó a ser ilustre por haber sido la residencia de dos personas tan famosas como Horacio y Burro. Hay un trozo de terreno muy agradable en la falda del monte Lucrétil, entre Rocca Giovine y lo que yo considero el límite [de la finca] de Horacio, donde están los fundamentos y sótanos de lo que el abad Chaupy interpretó como los restos del santuario de Vacuna. El sitio

---

No obstante, M. Varro, en el libro 1 de su *Res Divin*. dice que equivalía a la diosa Victoria y que se complacen más en esto quienes son convencidos por la sabiduría» (N. del T.).

101. «El emperador Vespasiano, pontífice máximo, poseedor del poder tribunicio, censor, restauró a sus expensas el templo de la Victoria que la edad arruinó» (N. del T.).

es llamado por los lugareños Formicella, probablemente a causa de
una pequeña corriente de agua clara que discurre cerca de él. Es
posible que Horacio escribiera aquí su epístola a Aristio Fusco, sugi-
riendo naturalmente el pequeño riachuelo con las siguientes líneas:
«Purior in vicis aqua tendit rumpere plumbum, / Quam quae per
pronum trepidat cum murmure rivum».[102]

También es posible que el santuario de Vacuna se hallara donde está actualmente la capilla de La Madonna delle Case, pues era
común entre los primeros cristianos despojar a las divinidades pa-
ganas de sus residencias, colocando las suyas propias en su lugar,
sustituyendo un dios con un santo y una diosa con una madona o
una santa. Esta capilla está sobre lo que creo que fue el límite sur
de la villa de Horacio y, como indica el sintagma *delle Case*, estaba
seguramente en su interior. Una pequeña excavación alrededor de
los cimientos de estos edificios podría arrojar posiblemente luz adicional. La última vez que estuve en Rocca Giovane, el 15 de junio
de 1777, el propietario de la casa sobre cuya puerta estaba la inscripción de Vespasiano me introdujo en ella y me mostró, como parte
del pavimento, una pieza de mármol que contenía la mayor parte de
lo que faltaba en la anterior inscripción: «IMP / AUG P / POTE».

Ninguno de los otros estudiosos de los asuntos de Horacio ha
visto jamás este fragmento y yo lamenté haberlo visto, pues tenía
esperanzas de que su desentierro hubiera indicado la situación original del viejo templo. Quizás, según la primera idea de Holstenius,
el santuario de Vacuna se hallaba sobre Rocca Giovane, donde se
conserva actualmente la inscripción. Es una situación muy peculiar,
pues el terreno que lo rodea, no más allá de una milla de la casa de
Horacio, es inusitadamente placentero, con multitud de árboles y
fuentes; con todo, consideré adecuado indicar todo lo que conocía o

---

102. Traducción de José Luis Moralejo: «¿Es más pura el agua que pugna en
las calles por romper el plomo de las cañerías, que la que murmurando discurre por
empinado torrente?» (Horacio, 2015: 268) (N. del T.).

podía conjeturar sobre la situación del viejo templo, para favorecer ulteriores investigaciones más determinantes.

Epístola 14 del libro 1 [v. 1]: «Villice silvarum & mihi me reddentis agelli».[103] Siempre que Horacio menciona su finca favorita lo hace con términos diminutivos. Aquí es *agellum*,[104] pero en otras ocasiones es *modus agri non ita magnus*,[105] *mihi parva rura*[106] y así sucesivamente. De la misma manera, cuando habla de su bosque dice *paullum silvae*[107] o *silva iugerum paucorum*.[108] No obstante, todas estas maneras de hablar son relativas y sirven de poco para darnos una idea adecuada de la extensión real de los objetos. Ni siquiera la totalidad del valle de Licenza haría muy rico a su propietario, siendo así que no le pertenecía todo, pues él tuvo vecinos que estaban lo suficientemente cerca como para observar y reírse de sus propios trabajos agrícolas, como cuenta en esta epístola: «Rident Vicini glebas & saxa moventem».[109] También iban por la noche a cenar con él, como dice en la sátira 6 del libro 2 [vv. 77-78]: «Cervius hace inter vicinus garrit anilis / Ex re fabellas».[110]

Ante la incerteza en la que nos dejan sus escritos, he tratado de hallar, mediante la inspección sobre el terreno, algunos de los lindes naturales que pudieran limitar su propiedad con probabilidad; creo que al este estaba limitada por el Digencia, al oeste por la cima del monte Lucrétil, al norte por la corriente de Fonte Bello, antes y

---

103. «Capataz de los bosques y del terruño que me devuelve a mí mismo» (N. del T.).

104. «Terruño» (N. del T.).

105. «Finca no muy grande» (Horacio, sátira 2.6.1) (N. del T.).

106. «Mis campos pequeños» (Horacio, odas 2.16.37) (N. del T.).

107. «Un poco de bosque» (Horacio, sátira 2.6.3) (N. del T.).

108. «Bosque de pocas yugadas» (Horacio, oda 3.16.29-30) (N. del T.).

109. «Los vecinos se ríen cuando remuevo la tierra y las piedras» (Horacio, epístola 1.14.39) (N. del T.).

110. Traducción de José Luis Moralejo: «En medio de todo esto, mi vecino Cervio no para de hablar contando historias de viejas» (Horacio, 2015: 179) (N. del T.).

después de su unión con el Maricella, y al sur por un profundo barranco, llamado Fossa Sainese, que actualmente separa las tierras de Licenza de las de Rocca Giovane. En la parte superior, u occidental, de este barranco está la pequeña capilla llamada La Madonna delle Case, que actualmente forma parte del territorio de Rocca Giovane, pero que, debido a la naturaleza del terreno, que aquí es llano, antiguamente podría haber pertenecido a cualquiera de las dos. Dentro de los límites que he descrito, en su esquina sudeste, hay una colina llamada Colle Franchisi, que es parte de la base del monte Lucrétil. Bernardo Pomfili, el propietario, me contó que hace algunos años desenterró cerca de la carretera de Vicovaro, en el lugar en el que, al bordear la esquina este de esta colina, vemos por primera vez abrirse el valle y la villa de Horacio, las jambas de un *portone* o puerta que señalaba a aquella parte de la carretera y se inclinaba hacia la casa de Horacio; también me contó que desenterró un elegante pavimento que procedía de dicha puerta, parte del cual también desenterró. No tuve la oportunidad de excavar cuando estuve en Licenza en junio de 1777, pero me mostraron sobre el terreno algunas docenas de piedras que, según se decía, pertenecieron a este pavimento y estaban dispersas por el suelo. Hay una suerte de cuñas de unas siete pulgadas de largo, siendo la cabeza de las que forman el exterior del pavimento un cuadrado de unas tres pulgadas y media de la roca blanca común en esas colinas, que es un tipo de mármol tosco. El asunto, tal y como me lo relató Bernardo [Pomfili], habría sido relevante para mostrar que el terreno de Horacio se extendía al sur al menos hasta ese punto, lo que resulta más conclusivo que los restos de la villa misma, pues en torno a unos tres cuartos de milla hay miles de piedras desperdigadas que tienen la misma forma que las de este presunto pavimento. No obstante, aunque estas piedras –a pesar de ser muy apropiadas para carreteras– están formadas exactamente como las que se encuentran en el *opus reticulatum* del mausoleo de Augusto y en casi todos los edificios de los primeros emperadores hasta la época de Caracalla, de la siguiente manera:

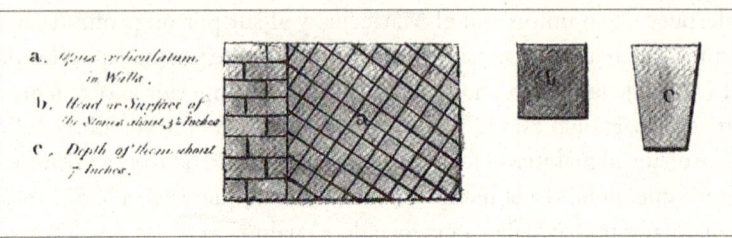

hemos de suspender cualquier afirmación sobre dicho pavimento hasta que sea desenterrado y visto en su estado íntegro.[111]

Siguiendo hacia el oeste el cerro Franchisi, o Francolisi, hacia el Lucretilis y a lo largo del lado norte de Fossa Sainese, el terreno recibe el nombre de Il Sainese, es decir, 'el sabinense', tal y como supe de boca de varios lugareños. El abad Chaupy ha recibido alguna información parecida, pero apresurándose lógicamente a aplicarla a su sistema preconcebido, ha ampliado esta descripción a todo el terreno que se halla al oeste del Digencia, distinguiéndolo del lado este, que según él fue el terreno de los marsos. Puede que su distinción sea justa, pero como estoy redactando una *investigación* actuaría muy inconsistentemente si me atreviera a buscar en otros lo que yo no averigüé, no yendo más lejos de aquello a lo que mi evidencia me conduce; creo que es mejor dejar que los investigadores futuros, disponiendo de una información más completa, amplíen, expliquen o rechacen lo que les propongo. Mientras tanto, de la anterior información parece seguirse que la hacienda de Horacio, incluida la capilla de la Madonna delle Case (probablemente el *Fanum Vacunae*), estaba en el territorio sabino y que las tierras de Rocca Giovane pertenecían a otro distrito. Con respecto a esto, no puedo dejar de observar que en la parte de la Fossa Sainese que está en Rocca Giovane hay una casa, actualmente empleada como vaquería, llamada

111. El *opus reticulatum* consiste en ladrillos cuadrados que se giran 45 grados y se disponen en forma de rombo, generando un motivo diagonal con forma de red, de donde procede su nombre (N. del T.).

La Romina, en la cual los lugareños dicen que hay muros antiguos, aunque no pueden dar explicación alguna de su nombre.

«habitatum quinque focis, et / Quinque bonos solitum Variam dimittere Patres».[112] Aquí Horacio trata de mostrar a su *vilicus* que su hacienda no era nada despreciable, dado que fue suficiente para mantener a cinco familias distinguidas. En las ediciones comunes la ciudad mencionada más arriba es llamada Baria a causa de un cambio muy corriente en el bajo Imperio romano, cuyas inscripciones a veces dicen BIXIT y SEBIBO en lugar de *vixit* y *sevivo*. No obstante, el doctor Bentley la llama Variam,[113] basándose en la autoridad de los manuscritos más antiguos. Actualmente se llama Vicovaro y se halla sobre la calzada Valeria, a ocho millas de Tívoli. Parece que en la baja Roma se confundió con la calzada junto a la que estaba, obteniendo para sí misma el nombre de Valeria. Esto probablemente confundió en esa época a los transcriptores de Estrabón, quien en su reporte de las ciudades de la calzada Valeria, que comenzaba en Tívoli, habla primero de Valeria, después de Carseoli y entonces de Alba Fusiensis: εισὶ δ'ἐν αὐτῇ, es decir, 'en la calzada Valeria', Οὐαλέρια καὶ Καρσέολοι καὶνἌλβα; esta ciudad es realmente la que, con el nombre de Valeria, es mencionada por Anastasio el Bibliotecario como el lugar de nacimiento del papa Bonifacio IV, aunque habla de ella como si estuviera en la zona de Marsi, un lugar que en los tiempos más antiguos estaba situado al este del Digencia, más de una milla más allá de Vivocaro. En las tablas de Peutinger,[114] que se creen anteriores a Anastasio, se menciona como Varia y se dice que está ocho millas más allá de Tívoli, que es precisamente la distancia

---

112. «Que habitan cinco hogares y envía cinco buenos padres a Varia» (Horacio, epístola 1.14.2-3) (N. del T.).

113. Richard Bentley: *Q. Horatius Flaccus, ex recensione & cum notis atque emendationibus*, op. cit., p. 258 (N. del T.).

114. Se trata de un antiguo itinerario de las calzadas romanas del Imperio realizado a partir del siglo IV. Recibe este nombre por el anticuario Konrad Peutinger (1465-1547) (N. del T.).

de Vicovaro. Fue un *municipium* o ciudad corporativa, como aparece en la siguiente inscripción, aún existente en la escalera de la villa Bolognetti en Vicovaro, donde fue desenterrada:

M·HELVIVS·M·F·CAM·RVFVS
CIVICA·PRIM·PIL
BALNEVN
MVNICIPIBVS·ET·INCOLIS
DEDIT

Parece, además, por esta inscripción, que había *incolae*[115] en esta ciudad que no eran *municipes*,[116] y es probable que hubiera *municipes* en el territorio adyacente que no fueran *incolae*; hemos de suponer que a esta última clase pertenecieron los *quinque boni patres* o senadores, pues la interpretación común de que eran campesinos o granjeros que cultivaban la tierra de Horacio no concuerda con la de que eran miembros de un consejo urbano.[117] Esto tampoco lo dan a entender sus propias palabras. Las casas podrían estar *habitati* por sus sirvientes, de los que conocemos que tuvo ocho, pero el *solitum dimittere* es una circunstancia separada que alude al tiempo pasado. Sin embargo, sabemos que algunos de sus esclavos habitaron bajo su mismo techo, pues en la sátira 6 del libro 2 [vv. 65-67] dice que daba la cena a sus hijos: «O noctes, cenaeque Deûm! quibus ipse meique / Ante Larem proprium vescor, vernasque procacis / Pasco libatis dapibus: cum, ut cuique libido est».[118] Estos *vernae* son sin duda los mismos que menciona en la oda 11 del libro 4 [vv. 9-10], donde, al hablar de los preparativos para celebrar el cumpleaños de Mecenas,

---

115. 'Habitantes' (N. del T.).
116. 'Ciudadanos' (N. del T.).
117. Ramsay traduce *patres* como «senadores», lo que explica su observación de que no podían ser campesinos o granjeros (N. del T.).
118. Traducción de José Luis Moralejo: «¡Oh, noches y cenas divinas, en las que como con los míos ante mi propio hogar, y a los traviesos esclavos nacidos en casa les doy un bocado de cuanto yo pruebo! Al gusto de cada cual» (Horacio, 2015: 179) (N. del T.).

dice: «Cuncta festinat manus: huc & illuc / Cursitant mixtae pueris puellae».[119]

No sé si por salud o por seguridad ante los invasores, la gente campestre de la zona del centro de Italia vive actualmente en villas incómodamente encaramadas en lo alto de colinas muy inclinadas y no hay en todo el valle de Licenza un hogar ni una cama en la que dormir –el molinero cercano a la villa de Horacio cierra cada noche su molino y se retira con su familia a Licenza, de la que dista en torno a una milla–.

«& quod / Angulus iste feret et tus ocius uva».[120] Con esta expresión parece que se alude a una reflexión malhumorada del *vilicus*, y si por *angulus* se quiere dar a entender alguna esquina particular del terreno de Horacio, como el barranco de Fonte Bello, donde actualmente hay diseminadas algunas vides, sería adecuado, pero no si se aplica al conjunto. Horacio menciona su vino como tolerable en la epístola 15 del libro 1 [vv. 16-19]:

> nam vina nihil moror illius orae:
> Rure meo possum quidvis perferre patique:
> Ad mare cum veni, generosum & lene require,
> Quod curas abigat etc.[121]

Y en la oda 20 del libro 1 [vv. 1-3] lo encuentra suficientemente bueno para agasajar a Mecenas: «Vile potabis modicis Sabinum / Cantharis, Graeca quod ego ipse testa / Conditum levi-».[122] En una

---

119. «La servidumbre se apresura: por aquí y por allá corren mezclados mozos y mozas» (Horacio, oda 4.11.9-10) (N. del T.).

120. «Aquel rincón producirá más bien pimiento e incienso que uva» (Horacio, epístola 1.14.22-23) (N. del T.).

121. Traducción de José Luis Moralejo: «Pues nada me importan los vinos de aquellos confines. En mi finca puedo aguantar y sufrir lo que sea; en llegando al mar, pido del generoso y suave, que me ahuyente las preocupaciones» (Horacio, 2015: 280) (N. del T.).

122. Traducción de José Luis Moralejo: «Vas a beber vulgar sabino, y no en copas de lujo, el vino que yo mismo sellé, tras guardarlo en una jarra griega» (Horacio, 2019: 291) (N. del T.).

ocasión el arcipreste de Licenza me envió vino hecho con uvas que crecen cerca de las ruinas de la casa de Horacio, cuyo color y sabor se parecían a los de un borgoña medio. El vino usual en el valle es blanco y tolerablemente bueno, a pesar de que por su pobreza la gente carece de los recipientes, instrumentos y demás medios para hacerlo y almacenarlo de manera adecuada. Aquí crecen perfectamente todo tipo de frutas, pero lo hacen al menos tres semanas después que en la Campaña romana.

«Addit opus pigro rivus, si decidit imber, / Multa mole docendus aprico parcere prato».[123] Estas dos líneas concuerdan muy bien con la situación actual del valle de Licenza, particularmente con la parte que he conectado con Horacio. El valle tiene en su base una extensión no excesiva de prado muy fértil, a través de la cual discurren el Digencia y las corrientes asociadas a él, las cuales corren a veces tan impetuosamente cuando las grandes lluvias son recogidas por las colinas cercanas que producen canales por sí mismas a cierta distancia de donde corrían el día anterior. Como esto ocasiona una gran pérdida y confusión a los propietarios de los distintos lugares de este valioso terreno, los más industriosos entre ellos se defienden con montones de piedras blancas áridas que no disponen verticales como un muro, sino inclinadas como una ribera, para asegurar las partes de la ribera natural que probablemente podrían ceder. En junio de 1777 vi algunas partes del prado que conformó la parte norte de la propiedad de Horacio preservadas de esta forma. El prado más considerable de este valle es el que se halla en su parte norte, a través del cual fluyen las corrientes de Fonte Bello y Maricella. Solo se usa como pasto para el ganado, lo que, junto con la adición de algunos buenos árboles aquí y allá y de las mujeres lavando sus

---

123. Horacio, epístola 1.14.29-30. Traducción de José Luis Moralejo: «te procura el arroyo nuevas tareas si caen las lluvias; pues hay que enseñarle con no pocas fatigas a respetar los pastos soleados» (Horacio, 2015: 277) (N. del T.).

ropas, compone una escena pastoral de lo más placentero.[124] Sin duda, Horacio tenía este lugar a la vista cuando dijo lo siguiente en la oda 18 del libro 3 [vv. 11-12]: «Festus in pratis vacat otioso / Cum bove pagus».[125]

Epístola 16 del libro 1 [vv. 5-6]: «Continui montes nisi dissocientur opaca / Valle».[126] Esta es una buena y hermosa descripción general del actual valle de Licenza, el cual le parece a quienes permanecen en su centro cercado por todas partes con altas colinas. El acceso a él desde San Cosimato, en la base de Rocca Giovane, la única entrada llana, es demasiado estrecho para ser visible desde allí, siendo poco más ancho de lo necesario para el paso del arroyo Digencia. Tras pasar este estrecho, el valle se abre considerablemente a lo largo de dos millas hasta que se cierra completamente al norte con las colinas de Licenza y Civitella.

«sed ut veniens dextrum latus aspiciat Sol, / Laevum decedens curru fugiente vaporet».[127] Por recibir tan fácilmente el sol naciente y poniente, quienes han leído anteriormente este pasaje han creído que el valle de Horacio se extendía del este al oeste. Teniendo esto en mente, lo han buscado en distintos lugares del territorio sabino. Sin embargo, observando el sitio mismo –de cuya identidad, a causa de la concurrencia de circunstancias, no se puede dudar– vemos que no es así. El valle tiene una figura oval, más largo en la dirección de sur a norte, donde se curva un poco hacia el noroeste. En dirección sur corre el arroyo Digencia con numerosas pequeñas curvas, hallándose el convento de San Cosimato y la villa de Licenza, según el compás, aproximadamente en el mismo meridiano, como he

124. Exactamente así representó Jacob Philipp Hackert sus diez vistas de la zona en 1780, de las cuales Ramsay tuvo conocimiento. Este es un ejemplo de paisajismo pintoresco (N. del T.).

125. «La aldea goza en fiestas, el buey descansa en el prado» (N. del T.).

126. «A una cadena de montes la divide un valle umbrío» (N. del T.).

127. «De manera que el sol naciente ilumine el lado derecho y al huir con su carro al ponerse caliente el izquierdo» (Horacio, epístola 1.16.6-7) (N. del T.).

podido observar con suficiente exactitud en mis varias visitas al lugar. Están marcados de la misma manera en el mapa del padre Boscovich de la provincia eclesiástica y en otros mapas de la zona.[128] Sin embargo, en el del valle de Licenza dibujado por el abad De Chaupy para la ilustración de su libro sobre la casa de campo de Horacio, el buen abad ha sido guiado por sus prejuicios más que por su vista y ha movido cielo y tierra para hacer que la situación de las cosas se correspondiera con la que él creía que era la descripción de Horacio. En este mapa la villa de Licenza se ubica casi al oeste de San Cosimato y no en el norte, donde se halla realmente. Juzgó correctamente cuando supuso que Horacio no podía estar equivocado con respecto a los puntos cardinales en un lugar en el que pasó todas las horas del día y todos los meses del año. Sin embargo, tras comprobar que la situación del terreno no coincidía con la descripción [de Horacio], tendría que haber sospechado que interpretó mal a Horacio. Al reconsiderar el pasaje me parece que se puede construir de una manera menos rebatible de la que suele presentarse, haciendo que *sed ut* no se conecte con *dissocientur* sino con *opaca*, pudiéndose interpretar así: un grupo de colinas, excepto en el lugar en el que están separadas por un valle *profundo, aunque no tan profundo* como para estar privado de los rayos del sol naciente y del sol poniente. Aquí se puede hacer una pequeña concesión a la exageración del poeta y al cariño del propietario, pues esta descripción no puede ser estrictamente verdadera de ningún pequeño valle rodeado de colinas y, según mi conocimiento, no es verdad en lo que se refiere al valle de Licenza. Sin embargo, la distinción que hace entre el sol naciente y el sol poniente posee esa corrección que nunca deja de acompañar a quienes escriben a partir de la vida real. La posición elevada que he asignado a la situación de la casa de Horacio en mis

128. Aquí Ramsay se equivoca, pues en la *Carta geográfica* (1769) de C. Maire y el famoso R. Boscovich no se incluía San Cosimato (N. del T.).

observaciones a la sátira 6 del libro 2 está a una considerable distancia de las colinas del este, las cuales, por lo demás, no son las más altas que rodean el valle, pues al oeste está el Lucrétil, la montaña más alta de la zona, de la que está tan cerca que se pueden considerar propiamente una prolongación suya; de modo que, aunque podría haber gozado del sol poco después de su orto, debe haber estado privado de él en determinadas estaciones del año bastante antes de su ocaso. Solo en la época del solsticio de verano, cuando el sol se pone al norte del Campanile (la cima ahorquillada del Lucrétil), aquella descripción se acerca a la verdad. A causa de una peculiaridad en la pequeña elevación en la que se halla la casa de Horacio, disfruta del sol media hora más que el resto del valle, pero observé a la vez que una hora después de que el sol se pone también para Horacio sigue luciendo en las colinas de Saracinesco, en el otro lado del Anio.[129]

«dextrum latus ... laevum».[130] Es difícil decir qué se puede interpretar como las partes *derecha* e *izquierda* de un valle, siendo por tanto probable que la descripción aluda a algo que no se expresa en ella. Para mí, que tengo algún conocimiento de este valle concreto y sus circunstancias, las palabras dan lugar a dos conjeturas de diferente origen que conducen a lo mismo. La primera es que Horacio formó

129. Soy consciente de que para hacer esta descripción completamente inteligible es necesario un mapa; en la primavera de 1783 me hallaba buscando un topógrafo para esto cuando, afortunadamente, fui librado de esta tarea por una persona mucho más capacitada que yo para ejecutarla debidamente. Se trata del Sr. Philip Hackert, el paisajista de Roma, quien estaba realizando, para su publicación mediante subscripción, diez vistas del entorno de la villa de Horacio, y que, charlando conmigo sobre el tema, pensó que, además del placer que surge de la contemplación de vistas pintorescas de la naturaleza, la obra llegaría a ser más aceptable para personas de erudición si pudiera indicar con precisión la relación que estas vistas tenían con su poeta favorito. El mapa fue por tanto dibujado con toda la exactitud y elegancia que cabía esperar del control y asistencia de un artista tan eminente. [(N. del T.): Jakob Philipp Hackert pintó en 1780 diez gouaches de vistas del lugar, publicando en 1784 una serie de diez grabados a partir de ellos. Acompañó esta segunda serie del mapa de la zona al que hace referencia Ramsay, quien pudo verlo seguramente en 1783, antes de su publicación].

130. «Al lado derecho ... al izquierdo» (Horacio, epístola 1.16.6-7) (N. del T.).

esta descripción del valle partiendo del curso del arroyo, el cual, corriendo a su través de norte a sur, hace que el oeste esté a la derecha
y el este a la izquierda.

La otra conjetura es que, sabiendo que su casa tenía orientados
al norte su frente y su vista principal, él [Horacio] entiende por *derecha* e *izquierda* los lados derecho e izquierdo de su casa, una descripción que, si se invierte la posición de quien describe, coincide
con la anterior con respecto al sol, pues la primera se conecta con el
interior del valle y esta con el exterior de la casa.

Que la casa de Horacio debe tener su vista principal hacia el
norte resulta evidente cuando se ve por primera vez el terreno en
el que se halla, pues carece de perspectiva hacia el sudeste a causa
de un montículo de su propiedad, las ventanas que miran al oeste
tienen el Lucrétil demasiado cerca y hacia el sur, aunque las colinas están a una milla de distancia, no hay nada particularmente
hermoso; por el contrario, las del norte, observadas a través del declive, muestran una hermosa vista, con los arroyos que conforman
el Digencia y sus prados y, más allá, las pintorescas colinas donde
están actualmente las villas de Licenza, Civitella, etc. La última vez
que estuve en este lugar, el 27 de junio de 1777, pedí que el patrón
del viñedo tomara su pala y sacara a la luz una parte del pavimento
de mosaico, por cuyas líneas pude comprobar que el edificio estaba
orientado exactamente según los puntos cardinales. En otras ocasiones se me mostraron partes de este mosaico que estaban compuestas
de follajes floridos, pero lo que vi en esta ocasión fue un borde de
mármol negro y blanco con el siguiente motivo:[131]

131. El 27 de septiembre de 1783 fui con mi hijo a ver de nuevo este pavimento,
pero como es bastante amplio y su diseño es desconocido, la gente del lugar descubrió una parte del borde diferente de la que vi anteriormente, la cual era aproximadamente así:

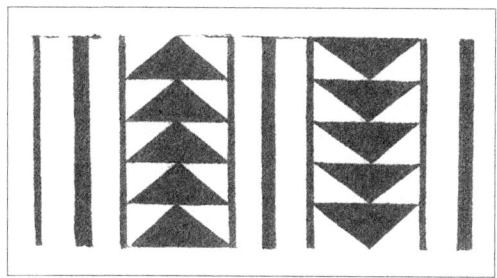

Temperiem laudes. quid, si rubicunda benigni
Corna vepres & pruna ferunt? si quercus et ilex
Multa fruge pecus, multa dominum juvat umbra?
Dicas adductum propius frondere tarentum.[132]

Sobre este bosque, mencionado tan a menudo por Horacio, véanse mis observaciones sobre la sátira 6 del libro 2. En el lugar que indico aquí hay todavía un bosque que produce todos los árboles y plantas que se mencionan, con abundancia además de otras frutas silvestres, como el *sorbe* o pera silvestre.

«Fons etiam rivo dare nomen idoneus, ut nec / Frigidor thracam nec purior ambiat Hebrus, / Infirmo capiti fluit utilis, utilis alvo».[133] Esta es la Fonte Ratini (o más bien Fonte de' Ratini, pues la gente del lugar da el nombre de Ratini a todo el terreno que hay bajo ella), la cual, tanto para el ojo como para el paladar, responde bien a la descripción proporcionada. Los lugareños estiman que esta agua es muy saludable y afirman que a menudo se envía a gente enferma

---

132. Horacio, epístola 1.16.8-11. Traducción de José Luis Moralejo: «¿Y si unos matorrales mansos dan rubicundas granas de cornejo y de pruno; y si la encina y el roble regalan con fruto abundoso al ganado y con abundosa sombra a su dueño?» (Horacio, 2015: 282) (N. del T.).

133. Horacio, *Epístolas* 1.16.12-14. Traducción de José Luis Moralejo: «Y, además, una fuente digna de dar a un río su nombre, tal que ni más frío ni más puro bordea el Hebro la tracia, fluye para hacer bien a quien tiene dolor de cabeza o está mal del vientre» (Horacio, 2015: 282) (N. del T.).

que vive lejos. Con respecto a su salubridad podemos confiar en Horacio, cuya salud parece haber sido muy delicada, lo que lo hizo muy cuidadoso en su preservación. Las virtudes que él le atribuye puede que se deban solo a su liviandad y pureza en comparación con el agua más turbia de Roma, lo que la hace digna de las alabanzas que le dedica, al menos en relación con su propia constitución. Sus sutilezas con respecto al agua saludable aparecen con intensidad en la epístola 15 del libro 1 [vv. 15-16], escrita en un momento en el que su salud parecía estar declinando y en el que estaba haciendo diligentes indagaciones sobre si el lugar más apropiado de la costa para pasar el invierno era Velia o Salerno, deseando que, entre otras cosas, su amigo Vala le informara de si «Collectosne bibant imbris, puteosne perennis / Jugis aquae».[134]

Considerando en general esta epístola, creo que nos ha llegado mutilada y desordenada, muy diferente de lo que tuvo que haber sido cuando fue enviada por Horacio a su amigo, si es que fue enviada. Comienza con una serie de cuestiones relativas al producto de su granja, a todas las cuales promete responder *locuaciter*[135] o de una manera pormenorizada. No obstante, buscaremos en vano tales respuestas y tras dieciséis líneas de consejos generales e incoherentes deriva en una sarta de preceptos morales, buenos en sí mismos y concordes con el espíritu de Horacio, pero poco conectados entre sí y con el tema manifiesto de la epístola. El conjunto está hecho seguramente con anotaciones que quedaron inacabadas a la muerte del autor, o bien con fragmentos de sus obras acabadas seleccionados posteriormente por sus admiradores y reunidos de la mejor manera que pudieron. Esperemos que plazca al cielo inspirar al rey de Nápoles o a alguno de sus ministros con la curiosidad de conocer lo que podrían contener los 800 volúmenes manuscritos hallados en

---

134. «Beben agua de la lluvia o de pozos perennes» (N. del T.).
135. 'Locuazmente' (N. del T.).

Herculano, que actualmente están apilados, como en una carbonera, en un armario en Portici. Quizás entre ellos se hallen las obras de Horacio escritas de su propia mano, lo que aclararía esta y muchas otras dificultades en las que no ha podido ayudarnos el genio y la erudición de Bentley.[136]

Epístola 18 del libro 1 [v. 104]: «Me quotiens reficit gelidus Digentia rivus».[137] Este arroyo es denominado actualmente Licenza, lo que se obtiene por cambiar un poco el viejo nombre mediante una pronunciación descuidada. Brota en tres fuentes principales, una que viene de Percile y se llama La Risecca; otra de Civitella, llamada la Maricella, y la tercera denominada Fonte Bello, a la que se une la fuente Ratini al norte del valle, corriendo juntas a su través a lo largo de media milla, hasta que al este del convento de San Cosimato cae en el Anio, uniéndose a la masa de agua que da lugar a las varias cascadas de Tívoli. Esta es la circunstancia a la que Horacio alude probablemente en la oda 3 del libro 4 [vv. 10-12], dedicada a Melpómene: «Sed quae Tibur aquae fertile praefluunt, / Et spissae nemorum comae, / Finget Aeolio carmine nobilem».[138]

El Digencia dividía antiguamente la Sabina de la tierra de los marsos y los lugareños actualmente llaman a parte del terreno al oeste del río el Sainese, es decir, el Sabinensis. Nunca se halla sin una corriente de agua aceptable porque las colinas que rodean este valle están bien provistas de fuentes perpetuas, aunque sin proporción con su cauce, el cual, pese a ser ancho y profundo, en ocasiones, tras las grandes lluvias, no solo se llena, sino que se desborda hasta un grado terrible y destructivo.

---

136. Estos volúmenes almacenados formaron parte de una biblioteca epicúrea y no contienen nada de Horacio (N. del T.).

137. «A mí siempre me restauran las frías aguas del río Digencia» (N. del T.).

138. Traducción de José Luis Moralejo: «Sin embargo, las aguas que riegan a la fértil Tíbur y las espesas cabelleras de los bosques ilustre lo harán en el eolio canto» (Horacio, 2019: 444-445) (N. del T.).

«Quem Mandela bibit, rugosus frigore pagus».[139] Mandela fue
un *pagus*, es decir, un *paese* o trozo de terreno al este del Digencia.
El nombre, corrompido como Bardela, es usado por los habitantes actuales y es uno de los títulos de la familia Núñez, propietaria
de Cantalupo. En los planos de Revillas y Ameti hallamos una villa
al sur de Cantalupo marcada como Bardella, *olim* Mandela, pero,
tras preguntar a la gente del lugar, hallé que no había ninguna po-
blación con ese nombre, sino que hablaban de Cantalupo di Bardela, lo que concuerda mucho mejor con la categoría de *pagus* que
le concede Horacio. No obstante, lo que deja fuera de toda duda
que este terreno es el verdadero Mandela es una inscripción que fue
descubierta en torno a 1766, cuyas vicisitudes –cómo fue enterrada
por segunda vez como si fuera una piedra más en la reparación del
altar de la iglesia de San Cosimato, cómo fue rescatada de allí y,
finalmente, cómo fue fijada para su preservación en la escalera de
la villa Bolognetti en Vicovaro– son relatadas con minuciosidad por
el abad Chaupy, cuyo celo y gestiones en dicha ocasión merecen el
reconocimiento agradecido de todos los verdaderos amantes de la
Antigüedad. La inscripción es como sigue:

VAL·MAXIMA MATER
DOMNIPREDIA VAL
DVLCISSIMA FILIA
QVE VIXIT ANNIS XXX
VIMENIIDXII IN PRE
DIIS SVIS MASSE MAN
DELANE SEPRETORVM
HERCVLES QVESQN PACE

Puesto que esta inscripción es probablemente de los siglos II
o III, obra de gente rústica y poco instruida en la gramática y orto-

---

139. «Del que bebe Mandela, aldea encogida de frío» (Horacio, epístola
1.18.105) (N. del T.).

grafía latinas, cuyo deficiente deletreo podría haber sido incluso empeorado por obra de un torpe cantero, no puede ser interpretada correctamente en todas sus partes. No obstante, resulta absolutamente clara y conclusiva la parte que se refiere a mi tema, a saber, la determinación de la situación de la Massa Mandelana o, como Horacio la habría denominado, el Pagus Mandelanus. Sin embargo, como una explicación del conjunto podría ser deseable, trataré tan bien como pueda de aprovechar algunas conjeturas del abad Chaupy que son ingeniosas y posiblemente verdaderas.

Las numerosas inexactitudes evidentes de esta inscripción, tanto en la gramática como en la ortografía –como poner todos los nombres de personas, tanto de las que construyeron el monumento como de aquellas a las que se destinaba, en nominativo o acabar las palabras con una simple E cuando tendrían que haber finalizado con el diptongo Æ–, hicieron que el abad supusiera correctamente que podría haber inexactitudes similares en otras palabras menos comprendidas, de manera que donde la palabra fuera completamente ininteligible, como SEPRETORVM, podría intentar dividirla en algunas iniciales y abreviaciones que dieran lugar a un significado consistente, sin presuponer que los autores de la inscripción hubieran estado familiarizados con las reglas o la práctica de la abreviación (habiendo dado pruebas de ello en su manera de marcar las tres últimas palabras en Q[V]ESQN PACE). Tras estas consideraciones preliminares, el abad halló que este monumento sepulcral hubo sido erigido por Valerio Máximo Hércules en su propia finca a la memoria de su madre y de su hija, cuyo monumento hubo sido mutilado accidentalmente o erigido en un lugar menos adecuado. Solo difiero del abad en el significado que concedió a las palabras DOMNI PREDIA, a las que ha dado diversos matices, ninguno de los cuales concuerda con las otras palabras de la inscripción ni ayuda a ratificar su propia hipótesis, como *doti omni*, *dotibus omnibus praedita* o *domini prebia* o *praevia*. Mi conjetura es que las palabras grabadas deben haber sido *domini predii*,[140] que se deben conectar con la palabra *ma-ter*, que las precede inmediatamente y que fueron insertadas para mostrar que la primera Valeria no fue la madre sino la abuela de la segunda, estando la madre probablemente viva en la época en la que el monumento se restauró. A partir de esta suposición el conjunto se podría leer como sigue:

> Valeriae Maximae, matri domini praedii,
> Valeriae, dulcissima filiae, quae vixit annis 36,
> Mensibus 2, diebus 12. In praedis suis
> Massae Mandelanae sepulchrum restituit /
> et ornavit Valerius Maximus Hercules
> Quiescant in pace.[141]

«Quem Mandela bibit, rugosus frigore pagus».[142] A partir de una larga y atenta consideración de las obras de Horacio, me he formado tal opinión de su *curiosa felicitas* que si alguna de sus descripciones o epítetos muestra un significado superficial o dudoso concluyo inmediatamente que el texto ha sido modificado por los transcriptores o mal comprendido por mi parte.[143] Solo encuentro dos dificultades de este tipo en la última línea citada. «Quem Mandela bibit» es ciertamente una descripción extraordinaria. Los ríos son objetos fijos y permanentes en la naturaleza y a menudo son utilizados adecuadamente por los poetas para determinar la situación geográfica de un pueblo. Así, Virgilio dice «Qui Tyberim Fabrimque

---

140. 'Señor de la hacienda' (N. del T.).

141. «Valerio Máximo Hércules, señor de la hacienda, restauró y adornó en su propiedad de Massa Mandelanae el sepulcro de Valeria Máxima, su madre, y de Valeria, su dulcísima hija, que vivió 36 años, 2 meses y 12 días. Reposen en paz» (N. del T.).

142. «Del que bebe Mandela, aldea encogida de frío» (Horacio, epístola 1.18.105) (N. del T.).

143. Es decir, Ramsay parte de la absoluta certeza de la teoría imitativa del arte como la clave interpretativa fundamental de las referencias de Horacio a su casa de campo (N. del T.).

bibunt»,[144] lo que nos proporciona la situación exacta de la nación que trata de describir, en la confluencia de ambos ríos, y Horacio dice «Rhodanique portor»[145] para describir a un habitante del centro de la Galia. Pero aquí el Digencia, que está primero y es inmortal, viene señalado por su proximidad a una villa cuyo nombre se habría olvidado hace tiempo de no ser por esta única línea de Horacio. Me veo conducido a sospechar, por tanto, que este trataba de transmitir la idea de un sitio muy concreto y al buscarlo me viene a la memoria que en mis exploraciones sobre el Digencia nunca hallé ningún arroyo ni fuente en la parte este, que siempre supuse el lugar del Mandela, mientras que ahora recuerdo distintamente no menos de siete de excelente agua en la parte sabina, de los que tres podrían surtir de agua a una ciudad capital. Quizás Horacio, que se orgullecía de su pequeña propiedad, trataba de indicar que era más valiosa que las de sus vecinos, insinuando que estas carecían de agua, de la que tan felizmente abundaba la suya. Un examen más exacto del terreno aumentaría o disminuiría el peso de esta conjetura, pues solo la proporciono en calidad de tal.

La otra dificultad reside en «rugosus frigore pagus», pues no parece que ninguna parte del entorno que no sea más alta sea más fría que las demás. El abad Chaupy dice (volumen 3, página 279), por su parte, que él era sensible a la corrección de esta descripción porque sintió un penetrante viento frío cuando estaba dibujando su mapa entre Cantalupo y San Cosimato, cerca del lugar donde se halló la inscripción sepulcral de la familia Valeria. Tuvo la curiosidad de seguir tan rápido como pudo durante cuatro millas la procedencia de este viento, acompañado de una *brouillard* o niebla, hallando que procedía de la parte de La Scarpa, Rio Freddo y Valle in Fredo, precipitándose como una columna entre las colinas de Anticoli y

---

144. *Eneida* VII.715: «quienes beben el agua del Tíber y el Fábaris» (N. del T.).
145. Horacio, oda 2.20.20: «quien bebe del Ródano» (N. del T.).

Saracinesco a la izquierda y los *continui montes* que cerraban el valle de Horacio a la derecha, a través de un valle en el que no hallaba resistencia alguna. Nunca tuve la oportunidad de confirmar esta observación del abad, así que debo dejarla como la hallé y concluir estas consideraciones observando que, a pesar de que lo he aclarado cuanto he podido, estoy lejos de pensar que el tema haya recibido toda la luz que se puede arrojar sobre él. Algo más cierto y preciso se podría averiguar todavía sobre la ubicación concreta de Mandela y la extensión de la Massa Mandelana examinando las escrituras de propiedad de la familia Orsini, antiguamente señores de todo este territorio, o las de Núñez y Borghese, que derivan de ellos, incluso más aún de los archivos vaticanos y de los de la iglesia de San Juan de Letrán, si fueran accesibles. Igualmente, mucho podría aprenderse aún sobre la situación de la Fanum Vacunae y de otras particularidades de este interesante valle si alguien, dotado de curiosidad clásica y con 20 o 30 cequíes disponibles en su bolsillo, empleara a los lugareños en excavar Colle Franco y otros lugares que ya he mencionado en estas observaciones. Debo advertir a tal virtuoso de que comience sus excavaciones al comienzo de la primavera o las retrase hasta después de la cosecha, pues la gente de campo, que nada sabe de odas ni epístolas, cree que todo el que excava lo hace con la esperanza de hallar algún tesoro escondido y que el demonio que vigila tal tesoro podría levantar un viento que destruyera su pequeña cosecha de trigo, vino o aceite.

Ya que he hablado de la gente del campo, no le haría justicia si no la menciono entre las antigüedades del lugar, pues, dejando de lado su religión (lo que apenas es necesario indicar), parece estar hecha con el mismo molde que aquellos que, según los poetas y los historiadores, habitaron el país en los días de Numa Pompilio,[146]

146. Hijo de Rómulo y segundo rey de Roma, entre el 716 y el 674 a. C. (N. del T.).

con la misma trabajosa forma de vivir, la misma pobreza satisfecha y la misma inocencia, de manera que cuando mi esposa, mi hija Amelia y yo los dejamos el 28 de junio de 1777, lo hicimos con gran pesar.[147]

147. Como puede comprobarse, un final muy roussoniano. Según vimos, Ramsay conoció y retrató a Rousseau en 1766 (N. del T.).

Referencias bibliográficas

ANDREW, Patricia R. (2001): «Illustrating Horace's Villa: Allan Ramsay, Jacob More and Jakob Phillipp Hackert», en Bernard D. Frischer e Iain Gordon Brown (eds.): *Allan Ramsay and the Search for Horace's*, Aldershot, Ashgate, pp. 51-71.

ARISTÓTELES (1990): *Retórica*, trad. de Quintín Racionero, Madrid, Gredos.

ARISTÓTELES (2010): *Poética*, trad. de Valentín García Yebra, Madrid, Gredos.

AYRES, Philip (1997): *Classical Culture ant the Ideal of Rome in Eighteenth Century England*, Cambridge, Cambridge University Press.

BARLOW, Clare (2013): «Virtue, patriotism and female scholarship in bluestocking portraiture», en Elizabeth Eger (ed.): *Bluestockings Displayed. Portraiture, Performance and Patronage, 1730-1830*, Cambridge, Cambridge University Press, pp. 60-80.

BEAUMONT, sir Harry (Joseph Spence) (1752): *Crito: Or, a Dialogue on Beauty*, Londres, R. Dodsley.

BONEHILL, John (2013): «Ramsay's "Classical Curiosity"», en VV. AA.: *Allan Ramsay. Portraits of the Enlightenment*, Múnich, Prestel, pp. 91-109.

BROWN, Iain Gordon (1984): *Poet and Painter. Allan Ramsay Father and Son, 1684-1784*, Edimburgo, National Library of Scotland.

BROWN, Iain Gordon (1987): *The Clerks of Penicuik. Portraits of Taste and Talent*, Loanhead, MacDonald Printers.

BROWNELL, Morris R. (1978): *Alexander Pope and the Arts of Georgian England*, Oxford, Clarendon Press.

BURKE, Edmund (1968): *A Philosophical Enquiry into the Origin of Our Ideas of the Sublime and the Beautiful*, Notre Dame (Indiana), University of Notre Dame Press.

CAMPBELL, Mungo (2013): «A Rational Taste for Resemblance: Redefining Ramsay's Reputation», en VV. AA.: *Allan Ramsay. Portraits of the Enlightenment*, Múnich, Prestel, pp. 9-49.

CLARK, Kenneth (1962): *The Gothic Revival*, Londres, John Murray.

CONSTANTINE, David (1984): *Early Greek Travelers and the Hellenic Ideal*, Cambridge, Cambridge University Press.

COOPER, John Gilbert (1757): *Letters Concerning Taste*, Londres, J. Dodsley.

COSTELLOE, Timothy M. (2013): *The British Aesthetic Tradition. From Shaftesbury to Wittgenstein*, Cambridge, Cambridge University Press.

CRANSTON, Maurice (1997): *The Solitary Self. Jean-Jacques Rousseau in Exile and Adversity*, Chicago, The University of Chicago Press.

CUNNINGTON, C. Willett y Phillis CUNNINGTON (1964): *Handbook of English Costume in the Eighteenth Century*, Londres, Faber and Faber.

DE ANGELIS, Gilberto (1993): *Le «dieci vedute della casa di campagna di Orazio» (1780) di Jacob Philipp Hackert*, Tivoli, Parco Naturale Regionale Monti Lucretili.

DE PILES, Roger (1989): *Cours de peinture par príncipes*, París, Gallimard.

DICKIE, George (2003): *El siglo del gusto. La odisea filosófica del gusto en el siglo XVIII*, Madrid, Antonio Machado.

DULAU, Anne (2013): «Women of Sense and Education», en VV. AA.: *Allan Ramsay. Portraits of the Enlightenment*, Múnich, Prestel, pp. 67-89.

ENGELL, James (1981): *The Creative Imagination. Enlightenment to Romanticism*, Cambridge (Massachusetts), Harvard University Press.

FINNEGAN, Rachel y Lynda MULVIN (2022): *The Life and Work of Robert Wood, Classicist and Traveller (1717-1771)*, Oxford, Archaeopress Publishing.

FLEISCHACKER, Samuel (2013): «Sympathy in Hume and Smith: A Contrast, Critique, and Reconstruction», en C. Fricke y D. Føllesdsal (eds.): *Intersubjectivity and Objectivity in Adam Smith and Edmund Husserl*, Berlín, De Gruyter, pp. 273-311.

FLEMING, John (1962): *Robert Adam and his Circle*, Londres, John Murray.

FLESSENKÄMPER, Iris (2010): *Considerations, Encouragements, Improvements. Die* Select Society *in Edinburgh 1754-1764*, Berlín, Akademie Verlag.

FORMAN-BARZILAI, Fonna (2010): *Adam Smith and the Circles of Sympathy. Cosmopolitanism and Moral Theory*, Cambridge, Cambridge University Press.

FRANZINI, Elio (2000): *La estética del siglo XVIII*, Madrid, Visor.

FRISCHER, Bernard D. (2001): «Ramsay's "Enquiry": Text and Context», en Bernard D. Frischer e Iain Gordon Brown (eds.): *Allan Ramsay and the Search for Horace's*, Aldershot, Ashgate, pp. 73-104.

FRISCHER, Bernard D. e Iain Gordon BROWN (2001): *Allan Ramsay and the Search for Horace's Villa*, Aldershot, Ashgate.

GERARD, Alexander (1963): *An Essay on Taste*, Gainesville (Florida), Scholar's Facsimiles and Reprints.

GERMANN, Jennifer G. (2020): *Picturing Marie Leszczinska (1703-1768). Representing Queenship in Eighteenth-Century France*, Londres, Routledge.

GIBSON-WOOD, Carol (2000): *Jonatham Richardson. Art Theorist of the English Enlightenment*, New Haven, Yale University Press.

GRAHAM, Roderick (2009): *Arbiter of Elegance. A Biography of Robert Adam*, Edimburgo, Birlinn.

GRAY, John M. (ed.) (1892): *Memoirs of the Life of Sir John Clerk of Penicuik ... 1767-1755*, Edimburgo, Edinburgh University Press.

GREIG, J. Y. T. (ed.) (1932): *The Letters of David Hume*, vol. I, *1727-1765*, Oxford, Oxford University Press.

HAGSTRUM, Jean H. (1958): *The Sister Arts. The Tradition of Literary Pictorialism and English Poetry from Dryden to Gray*, Chicago, The University of Chicago Press.

HARLOE, Katherine (2013): *Winckelmann and the Invention of Antiquity: History and Aesthetics in the Age of Altertumwissenschaft*, Oxford, Oxford University Press.

HIPPLE, Walter John (1957): *The Beautiful, the Sublime, and the Picturesque in Eighteenth-Century British Aesthetic Theory*, Carbondale, Southern Illinois University Press.

HOGARTH, William (1997): *Análisis de la belleza*, trad. de Miguel Cereceda y Rosa María Criado Talavera, Madrid, Visor.

HOME, Henry (lord Kames) (2005): *Elements of Criticism*, vol. II, Indianapolis, Liberty Fund.

HORACIO (2010): *Arte poética*, trad. de Juan Gil, Madrid, Dykinson.

HORACIO (2015): *Sátiras. Epístolas. Arte poética*, trad. de José Luis Moralejo, Madrid, Gredos.

HORACIO (2019): *Odas. Canto secular. Epodos*, trad. de José Luis Moralejo, Madrid, Gredos.

HUME, David (1994): *Essays. Moral, Political, and Literary*, Indianapolis, Liberty Fund.

HUNT, John Dixon (2001): «Some reflections on the idea of Horace's farm», en Bernard D. Frischer e Iain Gordon Brown (eds.): *Allan Ramsay and the Search for Horace's*, Aldershot, Ashgate, pp. 27-36.

HUNT, John Dixon y Peter WILLIS (eds.) (1975): *The Genius of Place. The English Landscape Garden 1620-1820*, Londres, Paul Elek.

HUTCHESON, Francis (2008): *An Inquiry into the Original of Our Ideas of Beauty and Virtue*, Indianapolis, Liberty Fund.

INGAMELLS, John (ed.) (1999): *Allan Ramsay. A Complete Catalogue of his Paintings*, New Haven, The Paul Mellon Centre for Studies in British Art.

JOHNSON, Samuel (1861): *Lives of the Most Eminet English Poets*, Londres, Frederick Warne.

KIVY, Peter (2003): *The Seventh Sense. Francis Hutcheson and Eighteenth-Century Aesthetics*, Oxford, Clarendon Press.

KRÖNIG, Wolfgang (1983): *Philipp Hackert «Zehn Aussichten von dem Landhause des Horaz»*, Düsseldorf, Goethe-Museum.

LEES-MILNE, James (1947): *The Age of Adam*, Londres, B. T. Batsford.

LÓPEZ LLORET, Jorge (2003): «De la utilidad de la belleza. Argumentos sobre el clasicismo en la estética de David Hume», *Daimon. Revista de Filosofía* 28, pp. 25-40.

LÓPEZ LLORET, Jorge (2010): «Perversa segunda piel. Ética, estética y política en el vestido según Jean-Jacques Rousseau», *Cuadernos Dieciochistas* 11, pp. 235-270.

LÓPEZ LLORET, Jorge (2020): «Belleza, probabilidad y adaptación en la estética de Francis Hutcheson», *Pensamiento* 76/292, pp. 1493-1516.

MACLAREN, Sarah Fiona (2005): *La Magnificenza e il suo doppio. Il pensiero estetico di Giovanni Battista Piranesi*, Milán, Mimesis.

MCELROY, D. D. (1951-1952): *The Literary Clubs and Societies of Eighteenth Century Scotland*, tesis doctoral, Edinburgh University.

MIDDLETON, Robin (2004): «Introduction», en Julien-David Le Roy: *The Ruins of the Most Beautiful Monuments of Greece*, Los Ángeles, Getty Research Institute, pp. 1-199.

MILTON, John (2005): *Paraíso perdido*, trad. de Bel Atreides, Barcelona, Círculo de Lectores.

MONTOYA GONZÁLEZ, Rubén (2015): «Herculano y Pompeya. Historia de las excavaciones arqueológicas desde el siglo XVIII hasta la actualidad», en Macarena Calderón Sánchez, Sergio España-Chamorro y Rubén Montoya González (eds.): *Estudios arqueológicos del Área Vesubiana I*, Oxford, Archaeopress, pp. 44-55.

MORALEJO, José Luis (2019): «Introducción general», en Horacio: *Odas. Canto secular. Epodos*, Madrid, Gredos, pp. 7-119.

MOSSNER, E. C. (2001): *The Life of David Hume*, Oxford, Oxford University Press.

MYRONE, Martin (2007): «The Society of Antiquaries and the Graphic Arts: George Vertue and his Legacy», en Susan Pearce (ed.): *Visions of Antiquity. The Society of Antiquaries of London 1707-2007*, Londres, The Society of Antiquaries of London, pp. 99-121.

NISBET, R. G. M. y Margaret HUBBARD (2001): *A Commentary on Horace* Odes, *Book I*, Oxford, Clarendon Press.

PERSIO (2006): *Sátiras*, trad. de Bartolomé Segura Ramos, Madrid, Consejo Superior de Investigaciones Científicas.

PIGGOTT, Stuart (1976): *Ruins in a Landscape. Essays in Antiquarianism*, Edimburgo, Edinburgh University Press.

PIGGOTT, Stuart (1978): *Antiquity Depicted. Aspects of Archaeological Illustration*, Londres, Thames and Hudson.

PIRANESI, Giovanni Battista (1998): *De la magnificencia y arquitectura de los romanos y otros escritos*, trad. de Juan Calatrava Escobar, Madrid, Akal.

PRAZ, Mario (1974): *Mnemosyne. The Parallel Between Literature and the Visual Arts*, Princeton, Princeton University Press.

RAMSAY, Allan (1762): *The Investigator*, Londres, 2.ª ed.

RAMSAY, Allan (2001): «An Enquiry into the Situation and Circumstances of Horace's Sabine Villa», en Bernard D. Frischer e Iain Gordon Brown (eds.): *Allan Ramsay and the Search for Horace's*, Aldershot, Ashgate, pp. 109-156.

REID, Thomas (1969): *Essays on the Intellectual Powers of Man*, Cambridge (Massachusetts), The MIT Press.

RIBEIRO, Aileen (1986): «Fashion and Fantasy: The Use of Costume in Eighteenth Century British Portraiture», en VV. AA.: *The British Face. A View of Portraiture 1625-1850*, Londres, P and D Colnaghi, pp. 20-23.

RICHARDSON, Jonathan (1719): *Two Discourses*, Londres, W. Churchill.

RICHARDSON, Jonathan (1971): *An Essay on the Theory of Painting*, Menston, Scholar Press.

ROUQUET, André (1970): *The Present State of the Arts in England*, Londres, Cornmarket Press.

ROUSSEAU, Jean-Jacques (2015): *Rousseau, juez de Jean-Jacques. Diálogos*, trad. de Manuel Arranz, Valencia, Pretextos.

SHAKESPEARE, W. (2015): *Obras completas 3: dramas históricos*, trad. de Andreu Jaume, Barcelona, Penguin.

SHAWE-TAYLOR, Desmond (1990): *The Georgians. Eighteenth-Century Portraiture and Society*, Londres, Barrie and Jenkins.

SMART, Alastair (1952): *Allan Ramsay*, Londres, Routledge and Kegan Paul.

SMART, Alastair (1992a): *Allan Ramsay 1713-1784*, Edimburgo, Scottish National Portrait Gallery.

SMART, Alastair (1992b): *Allan Ramsay. Painter, Essayist and Man of the Enlightenment*, New Haven, The Paul Mellon Centre for Studies in British Art.

SMITH, Adam (1997): *La teoría de los sentimientos morales*, trad. de Carlos Rodríguez Braun, Madrid, Alianza.

SMITH, Adam (2021): *Lecciones sobre retórica*, trad. de Jorge López Lloret, Oviedo, KRK.

SWEET, Rosemary (2004): *Antiquaries: The Discovery of the Past in Eighteenth-Century Britain*, Londres, Hambledon and London.

TATARKIEWICZ, Wladislaw (1990): *Historia de seis ideas*, trad. de Francisco Rodríguez Martín, Madrid, Tecnos.

TREADWELL, Penelope (2009): *Johan Zoffany. Artist and Adventurer*, Londres, Paul Holberton.

TURNBULL, George (1971): *A Treatise on Ancient Painting*, Múnich, Wilhelm Fink Verlag.

VOLTAIRE (FRANÇOIS-MARIE AROUET) (1954): *El siglo de Luis XIV*, México, FCE.

WALLACE-HADRILL, Andrew (2011): *Herculaneum. Past and Future*, Londres, Frances Lincoln.

WARNICK, Barbara (1993): *The Sixth Canon. Belletristic Rhetorical Theory and Its French Antecedents*, Columbia, University of South Carolina Press.

WATERHOUSE, Ellis (1994): *Painting in Britain 1530-1790*, New Haven, Yale University Press.

WATKIN, David (1982): *Athenian Stuart. Pioneer of the Greek Revival*, Londres, George Allen and Unwin.

WEST, Shearer (2004): *Portraiture*, Oxford, Oxford University Press.

WITTKOWER, Rudolf (1938): «Piranesi's "Parere su L'Architettura"», *Journal of the Warburg Institute* 2/2, pp. 147-158.

YONA, Sergio (2018): *Epicurean Ethics in Horace. The Psychology of Satire*, Oxford, Oxford University Press.

ZARETSKY, Robert y John T. SCOTT (2010): *La querella de los filósofos. Rousseau, Hume y los límites del entendimiento humano*, trad. de Josep Sarret Grau, Barcelona, Biblioteca Buridán.